2021

BLUE BOOK OF

NINGBO DEVELOPMENT

BLUE BOOK OF NINGBO DEVELOPMENT

宁波发展蓝皮书 2021

主　编　徐　方

副主编　鲁焕清　童明荣　李建国

ZHEJIANG UNIVERSITY PRESS
浙江大学出版社

图书在版编目(CIP)数据

宁波发展蓝皮书.2021 / 徐方主编. —杭州:浙江大学出版社,2021.9
ISBN 978-7-308-21779-8

Ⅰ.①宁… Ⅱ.①徐… Ⅲ.①区域经济发展－研究报告－宁波－2021 ②社会发展－研究报告－宁波－2021 Ⅳ.①F127.553

中国版本图书馆 CIP 数据核字(2021)第 192181 号

宁波发展蓝皮书 2021

徐　方　主编

策划编辑	吴伟伟
责任编辑	丁沛岚
责任校对	陈　翾
封面设计	周　灵
出版发行	浙江大学出版社
	(杭州市天目山路 148 号　邮政编码 310007)
	(网址:http://www.zjupress.com)
排　　版	浙江时代出版服务有限公司
印　　刷	杭州高腾印务有限公司
开　　本	710mm×1000mm　1/16
印　　张	18
字　　数	343 千
版 印 次	2021 年 9 月第 1 版　2021 年 9 月第 1 次印刷
书　　号	ISBN 978-7-308-21779-8
定　　价	88.00 元

目　　录

综合篇

部门篇

专题篇

2021 宁波发展蓝皮书

BLUE BOOK OF NINGBO DEVELOPMENT

综 合 篇

2020年宁波经济发展总报告

章源升

一、经济运行基本情况

2020年以来,面对新冠肺炎疫情带来的巨大冲击和复杂严峻的外部环境,宁波市坚决贯彻中央、省各项决策部署,统筹推进疫情防控和经济社会发展工作,"两手硬、两战赢"取得积极成效,随着国内疫情防控形势继续好转,生产供给加速恢复,市场需求进一步回暖,物价总体平稳,新动能支撑明显,全市经济在二季度"V"形反转的基础上持续回升,2020年全市实现地区生产总值12408.7亿元,同比增长3.3%,比全国平均增速高出1个百分点,其中,一、二、三产分别增长2.1%、3.0%、3.6%,三次产业之比为2.7∶45.9∶51.4。

(一)三大产业稳步恢复

1.农业经济稳中有增

粮食播种面积达到166.9万亩(约1112.7平方公里)、总产量67万吨,均创近5年新高,生猪存栏达到61.1万头。新增国家农业产业强镇1个、中国美丽休闲乡村1个,慈溪正大成为国家级农村产业融合发展示范园。建成省级美丽乡村示范县1个、示范乡镇11个、特色精品村35个和A级景区村庄428个。

2.工业生产逐步回升

全市规模以上工业实现增加值4042亿元,同比增长5.2%。前十大行业中,计算机、通信和其他电子设备制造业,金属制品业增长较快,增速分别为21.6%和17.5%,汽车制造业、化学原料和化学制品制造业、通用设备制造业、专用设备制造业增速均高于规模以上工业平均增速。

3. 服务业保持良好恢复势头

商贸经济逐步上行,实现限额以上商品销售总额 27662.7 亿元,同比增长 9.8%,其中批发业、零售业销售额分别增长 10.1%、4.6%。金融存贷保持较快增长,12 月末全市金融机构人民币存款、贷款余额分别增长 14.2% 和 15.1%。房地产销售形势趋好,商品房销售面积增长 8.4%。交通运输业稳步恢复,水运、公路货物周转量分别增长 3.8%、4.8%,宁波港域货物吞吐量、集装箱吞吐量分别增长 3.0%、3.4%。

(二)市场需求稳中有升

1. 对外贸易持续改善

受国内疫情管控较好、海外订单转移、海外防护用品和"宅经济"等商品需求激增的影响,全市外贸自年初以来保持回升态势,实现外贸进出口总额 9786.9 亿元,同比增长 6.7%,其中出口额增长 7.3%,进口额增长 5.6%。

2. 投资平稳回升

全市固定资产投资增长 5.5%,呈现逐季回升态势,其中民间投资增长 6.5%。分投资领域看,工业投资、基础设施投资、房地产开发投资分别增长 10.0%、8.4% 和 6.8%。

3. 消费需求稳步修复

实现社会消费品零售总额 4238.3 亿元,同比下降 0.7%,降幅较前三季度收窄 3 个百分点。网络零售实现较快增长,通过公共网络实现的零售额为 268.7 亿元,同比增长 15.7%。

(三)三大收入稳中趋升

1. 财政收入平稳增长

全市实现一般公共预算收入 1510.8 亿元,同比增长 2.9%。从税收结构来看,随着减税降费政策的逐步落实,企业税收负担有所减轻,增值税下降 3.9%,企业所得税仅增长 1.1%。

2. 居民收入有所回升

全市居民人均可支配收入 59952 元,同比增长 5.2%,增速高于前三季度 1 个百分点。其中,城镇居民人均可支配收入 68008 元,同比增长 4.8%;农村居民人均可支配收入 39132 元,同比增长 6.8%。从收入来源看,工资性收入人均 34860 元,增长 3%;经营净收入人均 11237 元,增长 6.4%;财产净收入人均

6048 元,增长 4.6%;转移净收入人均 7807 元,增长 14.8%。城乡居民人均收入比值为 1.74,比上年下降 0.03。

3. 企业效益增长较快

规模以上工业企业实现利润总额 1552.7 亿元,增长 17.7%,增速较去年同期提高 13 个百分点;库存去化速度加快,产成品存货 819.6 亿元,下降 3.6%,增速较去年同期下降 5.4 个百分点;企业亏损面为 19%,高出去年同期 1 个百分点。

(四)创新创业步伐加快

1. 产业转型稳步推进

实施智能制造 2.0 行动,扩大数字车间、智能工厂、上云上平台等试点示范项目覆盖面,新建数字化车间、智能工厂、未来工厂 30 个,新增工业机器人 3000 台。开展工业强基 2.0 计划,推进工业强基项目 20 个。2020 年,全市高新技术产业投资、工业技改投资分别增长 20.8% 和 8.8%,“246”产业集群中电子信息产业、新材料产业、高端装备制造业增加值分别增长 12.5%、16.0% 和 9.2%。

2. 创新力量不断增强

产业技术研究院累计达 71 家,新增国家“双创”示范基地 2 家、国家企业技术中心 2 家;宁波阿里中心正式揭牌;磁性材料产业集群入围新一轮国家先进制造业集群培育名单;引进北京大学宁波海洋药物研究院、西工大宁波研究院等高水平研究院所,与哈工大签署全方位战略合作协议,与中科院海西创新研究院签约共建产业技术创新中心,院士中心正式启用,首批达成 34 位院士意向合作。2020 年,全市研究与试验发展经费(R&D 经费)支出占地区生产总值比重达到 2.85%,规模以上工业企业研发费用增长 12.9%,占营业收入的 2.2%,较去年同期提高 0.3 个百分点。

(五)社会民生保障有力

1. 民生保障持续加强

开展“十省百城千县”专项行动,支持企业稳岗扩岗,失业保险稳岗返还 13.8 亿元,发放各类创业担保贷款 8.1 亿元。城镇登记失业率继续保持低位,全市城镇新增就业人员 21 万人,城镇登记失业率为 2.22%,有 5.9 万人实现失业再就业。居民消费价格上涨 1.9%,同比回落 1.1 个百分点。

2. 社会事业加快推进

全市户籍人员基本养老保险和医疗保险参保率分别达到 99.37% 和 99.81%,阶段性减免企业社会保险费 202.5 亿元;改造薄弱学校 14 所,新改扩建中小学校、幼儿园 60 所,研究生数量突破 1 万人,全日制学生数量达到 16.5

万人;全域推进健康宁波建设,每千人口拥有执业(助理)医师数、3 岁以下婴幼儿托位数分别达 3.2 人和 1.3 个,290 家医疗机构开通长三角地区跨省异地结算;基本建成覆盖城乡的居家养老服务保障网,全市共有乡镇(街道)居家养老服务中心 171 个、村(社区)居家养老服务站 2870 个。

3. 生态环境持续改善

城区 6 项常规污染物平均浓度稳定在国家空气质量二级标准,PM2.5 平均浓度下降到 23 微克/立方米,同比降低 20.7%,城区空气质量优良天气比率达 92.9%,同比提高 5.8 个百分点;地表水达到或好于Ⅲ类水体比例(市控以上断面水质优良率)提高到 86.3%;新增危废处理能力 26 万吨/年,城镇生活垃圾回收利用率 37%。

二、经济运行存在的主要问题

尽管我市经济恢复势头较好,但受复杂多变外部环境影响,经济发展中仍存在以下问题。

第一,企业经营面临成本压力。劳动力短期供给下降,用工成本持续上升,规模以上纺织服装、服饰业,黑色金属冶炼和压延加工业,以及纺织业的平均用工人数同比下降 9.0%、5.9% 和 5.8%,规模以上工业企业平均用工成本增长 4.6%。原材料价格持续上涨,6 月以来全市工业生产者购进价格指数已有 5 个月环比高于 100%,其中有色金属材料及电线类购进价格连续 7 个月环比上涨,燃料、动力类,黑色金属材料类,化工原料类有 5 个月环比上涨;生意社数据显示,铁矿石、铜、聚乙烯等材料现货价格较年初分别上涨 60.56%、18.05% 和 7.26%。

第二,外贸经营难度不断加大。海外运输成本大幅上涨,受箱体产能不足及集装箱设备"出多进少"等影响,集装箱紧缺局面加剧,运价屡创新高。2020 年 12 月,宁波出口集装箱运价指数均值为 2097.4 点,同比上涨 141%,截至 12 月 25 日当周,美东运价、美西航线市场订舱价格同比分别上涨 88.9%、174.5%。汇兑风险进一步凸显,年末人民币兑美元中间价较年内低点累计升值 8.5%。

第三,部分领域风险隐患仍需关注。产业链存在安全隐患,经信部门对 8300 余家规上工业企业排摸结果显示,全市共有断链断供风险企业 343 家、风险产品 654 项,主要受制于"卡脖子"技术难题。信贷违约风险逐步积累,随着金融机构应对疫情助企纾困的应急举措逐步退出和量化宽松效果的减弱,部分资金链较脆弱的企业"两链"风险显现,截至 2020 年 12 月底,全市逾期贷款增长 41.48%。

三、2021 年经济形势展望

(一)世界经济:主要经济体难以恢复至疫情前水平

2020 年,全球经济受新冠肺炎疫情冲击萎缩 4.3%,2021 年复苏的确定性虽然较大,但较难恢复到疫情前水平,疫情的影响将呈现长期趋势。从主要经济体看,美国经济复苏动力增强,2020 年 GDP 下降 3.5%,12 月制造业和服务业 PMI 分别为 59.1 和 54.8,连续 6 个月处于扩张期,IMF 预计 2021 年美国经济增长 3.1%。欧元区经济将进入弱修复期,欧央行将继续维持大规模的货币刺激措施,2020 年欧元区 GDP 下降 6.8%,欧盟预计 2021 年欧盟经济增长 3.8%;德国、英国经济分别有望在 2021 年、2022 年恢复到疫情前水平。日、韩经济温和复苏,日本 2020 年经济萎缩 4.8%,IMF 预计其 2021 年增长 2.3%;韩国大力推行减税、促消费、信贷支持、经营补助等刺激政策,制定了 2021 年增长 3.2%的目标。新兴经济体复苏出现分化,印度恢复预期相对较好,亚行预计 2020 年、2021 年印度经济分别增长 -8%和 8%;巴西经济 2020 年下降 4.4%,随着政府积极推行经济刺激措施,企业加速复工复产,巴央行认为 2021 年经济有望增长 3.45%;俄罗斯经济发展部预计 2021 年俄罗斯经济增长 3.3%。

展望 2021 年,全球经济复苏具有确定性,外部商贸环境有望改善,短期内中美贸易大概率将维持现有格局,RCEP 的签订则有助于加强我国同协议内国家的贸易合作。但是经济复苏的进程仍将受到疫情影响,民粹主义、去全球化、贸易保护主义、地缘政治等风险依然存在,日本、德国大选等都会带来一定的政治不确定性因素。权威机构预计 2021 年全球经济在低基数影响下将反弹至 4.9%左右(见表1),但 2019—2021 年 3 年经济总和很可能是零增长。

表 1　主要权威机构对 2021 年世界经济增长预测

预测机构	预测数值/%	预测时间	上次预测数值/%
IMF	5.2	2020 年 10 月	5.4
OECD	4.2	2020 年 12 月	5
穆迪	5	2020 年 11 月	5.2
惠誉	5.3	2020 年 12 月	5.2
平均值	4.9		5.2

(二)国内经济:有望延续稳定恢复态势

2020 年,由于疫情管控较好,我国经济实现了"V"形反转,全年实现 GDP 增长 2.3%,固定资产投资、出口分别增长 2.9% 和 4.0%,社会消费品零售总额下降 3.9%,成为主要经济体中唯一实现正增长的经济体。2021 年是我国实施"十四五"规划和进入社会主义现代化建设新征程的开局之年,基于"双循环"的扩内需、拓投资、促消费、科技创新、提升产业链水平、都市圈城市群建设等措施将进一步助推国内经济高质量发展。分领域看,海外订单转移有望再持续,对外贸易仍将维持较高的景气水平;工业企业利润的快速修复将带动制造业投资增长;汽车等传统消费需求的周期性改善,叠加直播电商等新模式的快速兴起,有望带动消费端显著回升;经济复苏预期下,原油、有色金属、动力煤等大宗商品价格将逐渐抬升,生产价格指数(PPI)预计将由负转正。从景气指数看,12 月制造业采购经理人指数(PMI)为 51.9%,服务业商务活动指数为 55.7%,均已连续 10 个月处于扩张区间。此外,拜登当选叠加 RCEP 协议签署,我国贸易环境有望边际改善。总体来看,我国经济的复苏预期较强,权威机构预计 2021 年国内 GDP 增速在 7.8% 左右(见表 2),较上次预测提升 0.5 个百分点。

表 2　主要权威机构对 2021 年中国经济增长预测

预测机构	预测数值/%	预测时间	上次预测数值/%
IMF	8.2	2020 年 10 月	8.2
OECD	8	2020 年 12 月	6.8
世界银行	7.9	2020 年 11 月	6.9
亚洲开发银行	7.7	2020 年 12 月	7.3
穆迪	7	2020 年 11 月	7
惠誉	8	2020 年 12 月	7.7
平均值	7.8	——	7.3

从政策面看,宏观政策将保持连续性、稳定性、可持续性。中央经济工作会议提出,"稳健的货币政策要灵活精准、合理适度;积极的财政政策要提质增效、更可持续"。2021 年,货币政策有望率先回归常态,财政政策有望"减额增效",保持托底力度。一是货币政策依然稳健。资金面将保持松紧适度,国家将继续采取结构性政策精准发力,降低制造业、民营企业、小微企业融资成本,缓解融资难、融资贵的问题。二是财政政策总体积极,但将从危机应对模式回归常态化,在保持稳定性和延续性的基础上,推动部分非常规性政策退出。总体来看,随着

经济循环的修复,政策逻辑将逐步从逆周期向跨周期转变。

（三）新形势下宁波经济发展面临的机遇和挑战

1.机遇

第一,面临浙江自贸区扩区的政策机遇。2020 年 9 月 21 日,国务院发布《中国(浙江)自由贸易试验区扩展区域方案》,将宁波片区 46 平方公里纳入自由贸易试验区范围,功能定位为"建设链接内外、多式联运、辐射力强、成链集群的国际航运枢纽,打造具有国际影响力的油气资源配置中心、国际供应链创新中心、全球新材料科创中心、智能制造高质量发展示范区",在投资贸易自由化便利化、大宗商品贸易、跨境贸易、航运物流等方面给予了一定的政策敞口,对宁波转变贸易方式、优化贸易环境具有积极的推动作用。短期来看,将会有更多的内外资企业陆续落户宁波自贸片区,并会带来一批重大投资建设项目;中长期来看,宁波有望成为以贸易、创新为核心的开放高地。

第二,面临国家"双循环"导向的战略机遇。2020 年 5 月以来,中央多次强调要"逐步形成以国内大循环为主体、国内国际双循环相互促进的新发展格局"。"双循环"战略并非要减少海外市场所占比重,而是要以更大程度的开放去包容全球市场,通过强大的国内市场带动产品、技术、金融等各领域的内外循环互动。宁波是我国对外开放的重要窗口,应当牢牢把握国家"双循环"战略这一长期机遇,通过争取更多的政策试点以及政策倾斜,进一步丰富开放内容、优化开放环境,提升城市发展、产业发展的吸引力。

第三,面临国内科技创新发展的时代机遇。一方面,在国外技术封锁的背景下,国产替代的浪潮逐步蔓延,涉及半导体、软件、数据库、服务器、高端设备、新材料、生物医药等多个领域,替代市场规模高达数万亿元;另一方面,新兴模式、技术持续涌现,直播电商等模式为市场带来了新的流量风口,技术创新、技术迭代的推进加快了萨伊定律(即供给创造需求)的变现。总体来看,国内科技创新领域正面临着前所未有的机遇,宁波工业经济基础良好,商贸流通、港航服务等领域较为发达,在科技创新的时代浪潮下,通过基于自身优势开展超前谋划,有望在"十四五"时期实现跨越式发展。

2.挑战

第一,面临全球贸易格局重塑的挑战。2001 年之前,区域贸易协定仅有 83个,但 2001 年至 2019 年,区域贸易协定增加了 220 个,2020 年以 RCEP 为代表的巨型区域贸易协定正式形成①,也标志着全球经贸规则已发生重大调整,WTO的影响力将被逐步削弱。中美贸易摩擦虽然因美国总统换届短期缓和,但从中长期看,美国将通过联合西方发达国家来共同制约中国,随着部分欧洲国家民粹主义的兴起,"去中国化"的共识正逐渐在西方国家形成,全球贸易规则依然存在较大不确定性。宁波经济发展"以港兴市",经济外向度超过75%,均胜电子、圣龙股份等本土重点龙头企业也是借助海外并购才实现了跨越式成长,RCEP协定虽然对"资本出海""产品出海"都将产生有利影响,但欧美发达地区作为技术高地和重点市场,其"去中国化"理念的持续发酵将不利于宁波企业"引进技术、拓展市场"。

第二,面临产业链前端发展不足的挑战。产业链发展是一个"U"形结构,前端是设计研发,中端是生产,末端是销售。目前,宁波较多产业在中端生产环节以及末端销售环节的产业配套较为完善,但前端的设计研发环节较为薄弱,较多企业仍延续 OEM 模式,产品的附加值水平不高。2020 年,宁波 R&D 经费投入强度为 2.85%,与北京、深圳、上海差距较大,不及厦门、武汉(均超过 3%);工业设计产值规模在百亿元左右,而上海于 2011 年就达到了 685.71 亿元,无锡在 2015 年已近 300 亿元,深圳更是占到全国的半壁江山。当前,产业竞争的焦点已由规模、成本转向设计、创新,产业链前端设计研发成为撬动整个产业提质增效的重要支点,前端发展不足将会对宁波经济发展争先进位形成一定掣制。

第三,面临城市竞争压力加大的挑战。一是追兵渐近,保全国排名的压力较大。从总量上看,排在宁波后三位的青岛、无锡、长沙与宁波分别仅相差 8.14 亿元、38.22 亿元、266.18 亿元;从增速上看,后面的青岛、无锡、长沙分别增长 3.7%、3.7%、4.5%,均高于宁波。二是城市招商引资的竞争压力较大。由于产业基金具有较强的杠杆效应,当前已经成为地区招商引资的一项重要手段。近年来,深圳、合肥、杭州等地政府已建立了政府参与、市场化运作的引导基金,其中深圳规模已超千亿元,合肥计划 2025 年达到千亿元规模,杭州的规模虽仅略高于宁波,却有庞大的阿里系资本作为补充。宁波现有的产业基金投入规模较小,运作机制不够灵活,在项目招引、培育等方面的功能发挥不足,将会令宁波在未来参与城市竞争中处于不利地位。

(四)宁波经济发展趋势预测

从主要指标走势判断,2021 年宁波有效投资、物价水平预计保持平稳,工业

---

① 巨型区域贸易协定是指其缔约方的经济、贸易、投资等指标加起来,占整个世界的比重非常高,其影响力非常大。简单地界定,在世界上最大的四个经济体美国、欧盟、中国和日本之中,有任何两方参与的协定都可以称为巨型区域贸易协定。

生产将有所回升,居民消费、外贸出口有望实现较快增长,全市经济延续复苏态势,预计地区生产总值增长 6.5％左右。

1. 工业经济平稳回升

从重点行业来看,汽车制造业增加值自 2020 年 4 月以来单月增速一直保持在 10％以上,根据汽车流通协会的统计数据,第 3—6 年是消费者购入新车后的第一个换购高峰期,2017 年前后是中国乘用车销量的高峰期,年均达到 2400 万辆左右,预计将给 2021 年带来明显的换购需求,乘用车销量有望增长超过 15％。预计 2021 年汽车制造业增加值有望增长 10％以上。石油加工、炼焦和核燃料加工业方面,受镇海炼化 3—5 月大检修影响,全年基数相对较低,在外部需求回升影响下,2021 年石油加工、炼焦和核燃料加工业增加值增速有望达到 7％。化学原料和化学制品制造业方面,从新增量来看,中金 PTA、巨化正丙醇、博汇芳烃油等项目陆续进入试生产;从产品价格来看,MDI、PC 等价格均在 4 个月内上涨超过 60％,聚乙烯价格持续走高,PTA 价格已处于底部区间,受下游需求带动,有望在未来实现反弹,在补库存周期中,化工原材料涨价还将持续较长一段时间,预计行业增加值增速将达到 10％以上。从其他重点行业来看,受涨价周期影响,造纸、有色金属等原材料加工行业将迎来明显改善,纺织服装、服饰业受海外订单转移影响,短期内将获得支撑。汽车、石化等行业合计占规上工业增加值比重为 33％左右,综合其他行业的趋势,以及海外疫情、国际贸易摩擦、地缘政治等不确定性因素,预计 2021 年宁波市规上工业增加值有望增长 7％左右。

2. 有效投资将稳中趋缓

第一,工业投资有望回升。受益于终端需求改善、企业利润增加和新一轮设备投资周期启动等诸多因素,多地反映企业扩投资意愿强烈,但由于土地指标较为紧张,除了工业技改项目外,真正能够落地新增工业投资项目将比较有限。总体预计 2021 年工业投资能够实现两位数以上增长。

第二,房地产增速预计回落。从先行指标看,2020 年房屋施工面积下降 4.9％。从政策面看,中央经济工作会议提出,"土地供应要向租赁住房建设倾斜,单列租赁住房用地计划",2021 年住宅用地供应将总体偏紧,受"三道红线"约束,房企融资扩张受限,拿地开发速度也将有所放缓。

第三,基建投资将有所回落。受财政收入增速放缓、政府债务杠杆管控等因素影响,传统基础设施投资增长空间较为有限,而新基建投资则更多地依赖市场行为,且较多领域不计入传统基建投资的统计范围。

综合来看,预计 2021 年全市固定资产投资增长 6％左右,增速与 2020 年基本持平。

3.居民消费预期总体较好

第一,从消费品看,汽车消费进入上行周期,根据汽车流通协会的统计数据,3~6 年是消费者购入新车后的第一个换购高峰期,2017 年前后是中国乘用车销量的高峰期,预计将给 2021 年带来明显的换购需求,乘用车销量有望增长超过15％;叠加购车优惠政策刺激以及低基数因素,预计 2021 年全市限上汽车类商品零售额将实现两位数增长。商品房销售面积是家居装潢类商品消费的先行指标,2020 年商品房销售面积增长 8.4％,增速同比提高 2.8 个百分点,将会对未来家居装潢类商品消费形成一定支撑。随着全球经济的复苏,油价将得到支撑,石油及制品类商品零售额增速有望企稳回升。

第二,从消费能力看,受疫情影响较小领域的消费支出增长较快,2020 年居民人均生活消费支出增长 1.5％,其中生活用品及服务、其他用品及服务等领域支出实现较快增长,表明消费依然延续升级趋势,随着疫情影响减弱,居民消费有望在收入增长恢复带动下实现提速。

第三,从国家政策导向看,推动形成强大国内市场将成为较长一段时期内政府工作的重点,促消费相关政策有望陆续出台,消费领域改革有望加快推进。

综合来看,在新业态、新模式的带动下,消费活力具有承接性,预计 2021 年社会消费品零售总额增速同比增长 10％以上。

4.外贸出口将实现较快增长

第一,外贸的政策环境较为有利。宁波片区已纳入浙江自贸区扩区方案,将会为出口发展带来较强的政策保障;随着 RCEP 正式签订,全球局部区域的贸易环境有望显著改善,将对出口带来有利影响。

第二,海外订单转移还将持续一段时期。受疫情影响,海外部分企业正常生产经营受阻,在需求恢复性增长的带动下,大量订单逐步向国内转移,2020 年,全市对美国、欧盟、东盟、大洋洲市场出口分别增长 20.1％、5.4％、6.9％和12.3％,该现象有望持续至 2021 年上半年。此外,WTO 认为,2021 年全球货物贸易预计增长 7.2％。

综合来看,预期形势对我市出口总体有利,预计全市 2021 年外贸出口同比增长 10％以上。

5.物价水平将有所回落

第一,从工业价格看,受全球需求的恢复性增长以及全球货币政策宽松带来的投机性需求提升影响,大宗商品价格被快速推高,由于主要经济体在经济复苏需求下短期内并不会收紧财政和货币政策,叠加国内市场进入补库存周期,工业品价格将存在较强的支撑。预计 2021 年全市工业生产者出厂价格指数将上涨。

第二，从消费价格看，CPI 中食品占比较高，而食品价格受猪周期影响较大，随着猪肉产能的释放，猪肉供需矛盾进一步缓和，猪价有望逐步回落。非食品类价格中，居民水价、公办幼儿园收费、部分民办学校教育收费等政府管控项目价格的上调将会产生一定拉动。综合考虑猪肉等食品价格的翘尾因素，预计 2021 年全市 CPI 为 102％左右。

四、2021 年经济发展对策建议

（一）打造更加包容的开放型经济体系

1. 加大对外贸易开放力度

大力推进自贸区宁波片区建设，加大简政放权力度，逐步放开重点领域市场准入，探索建设包括油品等大宗商品在内的更高水平贸易投资便利化试点，围绕本外币业务、资产转让业务等领域开展金融创新。深化跨境电商综试区建设，推进跨境电商出口 9710、9810 监管试点建设，依托跨境电商出海联盟，引导自用海外仓向公共海外仓转型；加快跨境电商园区发展，集聚产业、物流和服务资源，优化跨境发展生态。深化"17＋1"经贸合作示范区建设，推动组建中国（宁波）—中东欧港口联盟，加快建设中东欧国际产业合作园。增强港区服务能力，对标上海、深圳等先进地区，进一步加强宁波港区建设，提升通关便利化水平。增强外贸服务能级，推广世贸通、中基惠通等重点外贸服务平台，推动一般外贸代理公司向外综服平台发展，鼓励外综服平台"走出去"搭建境外公共营销和服务网络，进一步扩大联合国采购业务，培育综合型外贸企业成为联合国供应商。

2. 扩大城际开放水平，加强城市间互联互通

进一步完善区域交通基础设施，围绕宁波都市区发展，积极谋划同省内其他地级市间的城际列车建设，加快推动义甬舟大通道建设，推进机场四期扩建，充分发挥"铁公机"的联通作用，提高人流、物流的便利性，提升宁波综合交通运输层级。加强城市间优势产业协作，基于宁波优势领域以及城市间产业发展的互补性，吸引周边城市优质企业来甬设立研发中心、子公司。聚焦智能制造和新材料领域，主动对接融入上海科创中心建设，加大体制机制和政策举措创新力度，通过研发人才共享、科技创新成果转化、政策模式借鉴等方式，实现长三角地区创新要素的协同，将宁波打造成全球新材料和智能制造科创中心。

（二）构建更加高质量的产业发展链条

1. 打造十大标志性产业链

编制出台产业基础高级化和产业链现代化行动方案，重点打造化工新材料、节能与新能源汽车等 10 条标志性产业链，制定实施专项培育方案，推进关键核心技术攻关。

2. 加大产业创新培育力度

努力打造制造业单项冠军之城，制定专项扶持政策，完善单项冠军企业培育库和培育机制，实施核心领域新产品新技术推广计划。加快新兴产业培育，编制实施医疗健康、工业互联网、"5G＋"、数字经济、智能物流五大领域专项行动方案，加速推进鲲鹏产业园、集成电路"一基地三园区"、阿里宁波中心等项目建设，抢占产业发展先机。

3. 做强做大产业链前端

推动工业设计园区基地建设，做强做大和丰创意广场、镇海 i 设计小镇、杭州湾 e 设计街区等集聚平台，探索创新基地运营模式，完善涵盖市场调研、创新设计、交易、展览、交流、培训、孵化及公共服务等综合服务功能，更好地发挥园区在产业、人才等资源要素集聚及辐射带动方面的作用。通过政府搭台，打通创新链上下游，将重点加工企业、设计产业集聚区以及淘宝直播产业带基地、电商产业园等销售端平台进行整合，组建园区产业联盟，实现"产品设计—生产—销售—反馈—设计"的创新链闭环。

（三）建立更加灵活的科创项目招引机制

1. 活用政府基金，"曲线"招引项目

在充分研究分析的基础上，确定未来发展主题，同时聚焦产业龙头，依托产业投资基金、平台公司等，推动政府性资金参与项目投资或开展增资入股，以弥补项目资金缺口、成为公司股东等方式，和企业建立合作信任关系，曲线招引项目落地或企业落户。

2. 改善营商环境，主动招引科技型企业

一是优化招商考核机制。不能仅考核招商的总量指标，还要注重结构性指标，如科技型项目比重等；可选取部分众创空间、产业园区作为试点，结合研发投入占营收比重、营收增长率等企业成长性指标，出台房租减免、税收减免、科技贷款、项目补贴等扶持政策。二是成立专门面向科技型企业、具有较高亏损容忍度的天使投资基金，基金运作以"保障科技企业资金需求"为主旨，亏损容忍度要进一步放宽，对于评估后具有成长潜力的企业，可通过股权转让方式提供长期资

金,或以股权质押方式提供短期资金,其中短期资金借贷到期后若无力偿还,可采用转让质押股权所有权的方式转为长期股权投资。

3.立足优势产业,加强同科研机构的合作

由于当前招引高等院校和科研院所的难度较高,建议宁波立足家电、纺织、服装、新材料、汽车制造等优势产业,与高校共建研究生培养基地、实践基地,同时选取一批重点企业设立成果试验、转化中心,通过与科研院所对接引入创新成果,并基于良好的合作关系逐步推动科研院所的分支机构在宁波市落户。同时,也要加强对重点产业、前沿产业的研发需求调研,由政府会同科研机构一起谋划筹建大科学装置,共同探索设立产业研究中心、公共研发平台等。

(作者单位:宁波市经济信息研究中心)

2020年宁波社会发展总报告

吴欣欣

一、2020年宁波社会发展基本形势

2020年是极不平凡的一年。年初以来,来势汹汹的新冠肺炎疫情对宁波经济社会发展带来了沉重的打击。在市委市政府的坚强领导下,全市人民坚定信心、同舟共济、精准防控、科学施策,共同构筑起群防群治、联防联控的坚实防线,实现疫情防控和复工复产"两手都要硬、两战都要赢"。3月29日至4月1日,习近平总书记在浙江考察时指出:"疫情防控是对我国治理体系和治理能力现代化的一次大考。"宁波的社会建设和社会治理经受住了疫情的冲击和考验,同时以疫情防控为契机,全市上下在"幼有善育、学有优教、劳有厚得、病有良医、老有颐养、住有宜居、弱有众扶"等方面不断取得新的进步,社会治理体系和治理能力现代化水平不断提升,为努力当好"重要窗口"模范生提供重要支撑。7月底,宁波被中央政法委正式确定为第一期"全国市域社会治理现代化试点城市",标志着宁波社会治理工作迈上了一个新的发展阶段。11月10日,宁波以省会、副省级城市排名第二的高分,成功实现全国文明城市"六连冠",余姚市蝉联全国文明城市(县级市)称号,慈溪市入选第六届全国文明城市(县级市)。11月18日,宁波第11次被评为"中国最具幸福感城市",并荣获"企业家幸福感最强市"称号,余姚、慈溪市、镇海区、鄞州区入选"中国最具幸福感城市"(县级市、城区)。

（一）社会事业

1. 义务教育均衡发展，高等教育跨越突破

第一，学前教育公益普惠。随着二孩政策的全面实施，学前教育越来越成为市民关注的焦点。宁波一直以来都高度重视学前教育的普惠性和公益性，特别是 2020 年以来，全市积极加快构建覆盖城乡、布局合理、公益普惠的学前教育公共服务体系，特别是补齐农村短板。积极加大学前教育投入力度，鼓励集团化办园，推进优质园到偏远农村设立分园或教学点。截至 2020 年底，全市共有幼儿园 1180 所，其中公办性质幼儿园 401 所，公办幼儿园招生覆盖率达到 50% 以上，幼儿园入园全流程网上办理达到 100%。

第二，基础教育优化配置。2020 年初，市两会提出，要把发展更公平更有质量的基础教育、实施普通高中高质量发展行动等作为年度重点任务。市财政全年安排教育专项资金 22.5 亿元，支持推动区域、城乡和各级各类教育均衡发展。各区县（市）因地制宜，精准发力补短板破难题。海曙区全面实施"未来学校"实验区建设，深化"一网五片、融合联动"协同机制；奉化区深入推进"初中强校""小学强基""双强"工程，争创"国家义务教育优质均衡区"；宁海县引进更多优质民办教育项目，深化推进"名优师资五年倍增计划"；等等。众志成城，点亮优质公平的教育之灯，照亮每个学生的前行道路。

第三，高等教育跨越突破。高等教育是人才争夺的高地，是城市可持续发展的基石。2020 年初以来，宁波举全市之力积极推动高等教育跨越式发展。9 月 18 日，宁波市政府与大连理工大学举行共建中德合作大学签约仪式，依托大连理工大学与德国亚琛工业大学或其他德国理工大学联盟（TU9）成员高校共建独立设置的理工类中外合作大学。12 月 5 日，大连理工大学宁波研究园开园，共引进研究团队 13 个，集聚创新人才 103 名，承担国家级重点课题 8 项，服务对接本地企业 40 余家。12 月 18 日，经浙江省人民政府批准，宁波广播电视大学更名为宁波开放大学，统一纳入国家开放大学办学体系。

2. 公共卫生补长短板，健康素养全面提升

第一，公共卫生补长短板。新冠肺炎疫情暴露出我们在公共卫生服务领域还存在一定的短板。全市以完善重大疫情防控体制机制为契机，深入实施"健康宁波"行动，进一步深化医疗卫生体制改革。各区县（市）加速推进县域医共体和城市紧密型医联体建设，扩大跨省就医直接结算范围，鼓励名医下乡进村坐诊，让老百姓在家门口享受高质量医疗服务。北仑区通过实施"医学高峰"行动，平衡城乡医疗资源，缓解优质医疗资源供求矛盾；鄞州区通过深化"家庭医生"制度，将医疗服务送到基层老百姓身边。截至 12 月底，全区共有家庭医生 682 名，

签约群众 20.31 万人,重点人群 17.57 万人,进一步提升基层医疗健康服务水平。

第二,健康素养全面提升。居民健康素养是衡量基本公共服务水平和人民群众健康水平的重要指标,新冠肺炎疫情凸显提升居民健康素养工作的重要性。全市以《健康宁波 2030 行动纲要》为引领,重点抓好健康宣教工程和健康细胞工程建设。疫情期间,共录制播出 21 期防疫专题节目,发送防病健康短信 4000 余万条。居民对新冠肺炎的临床症状、传染源、传播途径等核心知识的知晓率分别达到 97%、65%、88%,外出佩戴口罩,回家洗手,打喷嚏、咳嗽掩住口鼻等行为持有率都在 95% 以上;通过创建健康社区、健康企业、健康学校等提高居民健康素养水平,建立起覆盖全市的健康教育工作网络和居民健康素养监测网络。

3. 体育设施日臻完善,全民健身广泛开展

第一,体育设施日臻完善。积极推进大型体育健身场地设施改造建设,总投资为 1 亿元的市体育中心整体提升改造工程(一期)于 10 月底顺利开工,建成后将成为宁波地标性体育建筑群。以"15 分钟"健身圈为目标,积极推动村级(社区)全民健身广场、体育休闲公园等综合性全民健身场所建设,2020 年 11 月初,鄞州区福明家园社区、划船社区、回龙村,江北区云鹭湾社区,镇海区万市徐村,北仑区高河塘社区,慈溪市虞波社区,余姚市翁方村,象山县青山头村等共 9 个社区(村)荣获国家体育现代化社区(村)标准化试点,率先启动健身场地标准化建设。全市共有 11 人入选浙江省 2020 年"百佳社会体育指导员"。

第二,全民健身广泛开展。体育锻炼对于提高人体免疫力、防疫抗疫具有重要作用。疫情暴发后,宁波市体育部门充分借助网络和新媒体力量,积极倡导和推广"居家健身"的理念和方法。4 月中旬,针对疫情逐渐平稳的实际情况,重启线下全民健身活动,适时推出"一人一技""2020 宁波市全民健身季"等系列活动。截至 11 月底,全市共开展滨海体育嘉年华、体育技能公益培训、美丽乡村健身行等各类活动 350 项,线下参与人数超过 100 万人,线上受益者超过 1000 万人次。及时弥补了国际国内大型赛事停办或延期举办的遗憾,丰富了群众的体育文化生活。

(二)社会保障

1. 就业形势总体稳定,援企稳岗氛围浓厚

第一,就业形势总体稳定。就业是最大的民生,为更好地应对新冠肺炎疫情对就业的冲击和影响,宁波市人社部门深化打造"甬上乐业"等品牌,制定出台多项就业帮扶政策,因企因人分类帮扶,千方百计帮助高校毕业生、就业困难人员等重点就业人群实现就业;同时通过举办各类线上线下招聘活动,发放各类就业

补贴、贷款贴息等举措,提升宁波城市热度。此外,还大力实施职业"技能提升"计划,制定出台了项目制培训实施细则等4项配套政策,有力地推动职业技能培训工作。截至8月底,全市城镇新增就业14.12万人,为包含困难人员、农民工在内的56万人次求职者提供免费公共服务,职业技能培训12.67万人次,新接受来甬就业高校毕业生13.06万人。

第二,援企稳岗氛围浓厚。稳就业是"六稳六保"工作的重要内容。年初以来,全市先后出台企业复工管理、就业工作11条,用工保障13条,支持外贸企业10条,服务业健康平稳发展21条等系列政策措施,许多政策举措走在全国全省前面。宁波市人社部门着力以最快速度推进阶段性减免企业社保费、失业保险稳岗返还等9项政策落地,累计为全市27.19万家企业减免社保费154.64亿元。另外有4160家企业申请缓缴社保费9.35亿元。宁波快速实施援企稳岗政策获国家人社部公开点赞和企业广泛好评。10月初,宁波市又在全省范围内率先落地"以工代训"补贴政策,开启申报的短短两天内,就有242家企业领到"以工代训"补贴460万余元,领到补贴的企业既包括金田电材等员工人数较多的中型企业,也包括不少只有几个人规模的小微企业。

2. 低保救助稳步推进,医疗保障愈加完善

第一,低保救助稳步推进。积极开展全省精准保障标杆区试点,低收入农户和低保边缘户认定标准"两线合一",截至7月底,全市共向1176人发放低保金、特困供养金、物价补贴等社会救助资金111.59万元。同时为应对疫情的影响,切实做好"六稳六保"工作,宁波市人社部门于7月10日正式启动失业补助金受理工作,领取失业保险金期满仍未就业的失业人员、参保缴费不足1年或参保缴纳满1年但因本人原因解除劳动合同的失业人员,都可以申领失业补助金。失业补助金按月发放,符合条件的失业人员,最长可领取6个月。其中,失业保险缴费满1年及以上的,每月失业补助金标准为482元;失业保险缴费不足1年的,每月失业补助金标准为322元。

第二,医疗保障愈加完善。近年来,全市医疗保障制度不断完善,基本医保、大病保险、医疗救助等互为补充,为市民看病减轻了负担。但是部分市民一旦罹患重特大疾病,仍面临着不在基本医保范围内的医疗费用和昂贵的新特药购买费用的双重负担。宁波市人社部门与宁波市金融部门合力创新,大力发展与基本医疗保险相衔接的商业健康保险,市民不限年龄、职业,只要参加了宁波基本医疗保险,最低花费59元即可享有住院自费医疗费用以及15种外购特药费用双重报销,总额度高达200万元。同时全市稳步推进长期护理保险试点扩面提质,扩大异地就医直接结算覆盖范围。

3.慈善募捐创下新高,崇德向善形成风尚

第一,慈善募捐创下新高。截至 2020 年 11 月 8 日,宁波市本级慈善总会共募集 2020 年度"慈善一日捐"善款 1199.57 万元,同比增长 29.87%,参与捐款单位 429 家,58630 人次,其中单位捐款 124.5 万元,个人捐款 1075.07 万元,再创历史新高。与往年相比,2020 年"慈善一日捐"活动的最大特点是覆盖面广、参与人众。活动期间共有 206 位市民通过上门或网络等方式捐款,捐款金额近 59 万元。此外,疫情期间市慈善总会还募集防疫款(物)3.16 亿元,支出 2.81 亿元,捐款人数超过 5 万人次,各项数据均位居全省前列。

第二,崇德向善形成风尚。爱心人士和道德楷模一直是宁波这座爱心城市的一道靓丽风景线。2020 年,宁波先后涌现出以宁海茶院乡许民村党支部书记叶全奖、宁波市眼科医院院长王松鹤、跳江救人外卖小哥牟满洪、"宁波妈妈"国网鄞州供电公司营业班班长张亚芬等为代表的一大批爱心人士和道德楷模,赢得了社会各界的广泛赞誉。全市上下充分发挥爱心人士和道德楷模的引领示范作用,通过开展系列礼遇活动、讲好系列道德故事、组织系列传播活动、培育系列示范团队,放大道德正能量,推动形成崇德向善的良好社会风尚。

(三)社会治理

1.疫情防控举措得当,基层治理全面推进

第一,疫情防控举措得当。疫情暴发后,宁波市第一时间启动重大突发公共卫生事件一级响应,先后出台疫情防控"十二条"和"新十条"等举措,开展"清楼"行动排查 811 万人,全面落实"源头查控+硬核隔离+精密智控"机制,30 天时间实现本地确诊病例"零新增",49 天时间实现 157 例本地确诊病例"清零",实现了患者零死亡、医护零感染。疫情防控步入常态化后,全市坚持"人防""物防""技防"并重,强化入境人员全过程闭环管理、海港口岸立体化防控、无症状感染者筛查管理、进口冷链食品检验检疫等,扎实做好核酸检测和重点人群新冠疫苗接种工作。

第二,基层治理全面推进。按照构建简约高效的基层管理体制要求,宁波市基层社会治理组织架构进一步优化,乡镇和街道内设机构分别按"6+X"和"5+X"模式设置,城区街道经济职能逐步弱化,社会治理职能不断增强。同时全面梳理精简乡镇(街道)挂牌机构,完善事业机构设置模式。规范整合乡镇(街道)、村(社区)的"一票否决"责任书(责任状)事项,系统梳理村(社区)职责事项 90 项,建立职责下放准入机制,厘清乡镇(街道)与村(社区)的职责边界,切实减轻基层负担。基层社会治理"四梁八柱"体制框架基本建立。

2.公共安全监管有力,平安建设根基扎实

第一,公共安全监管有力。宁波市安监系统积极开展安全生产专项执法行动,安全生产事故总量持续下降,尤其是较大事故得到有效遏制。据统计,全年共发生各类安全生产事故(包括工矿商贸企业、道路运输、水上交通、渔业船舶事故)591 起,死亡 312 人,同比分别下降 16.8%、20.8%。其中,较大安全生产事故 2 起,死亡 6 人,实现连续 6 年下降或持平。在食品安全监管方面,积极探索农安险监管模式,将农安险纳入政策性保险险种,从源头上保障农产品质量安全,食品(农产品)总体合格率达到 97.36%,切实保障了群众"舌尖上的安全"。

第二,平安建设根基扎实。平安建设关系千家万户。年初以来,宁波市以开展社会安全稳定隐患"大排查""大整治""大化解"等专项行动为抓手,深入推进平安宁波长效机制建设。4 月,宁波再次被评为浙江省平安市,实现平安创建"十四连冠"。截至 12 月底,平安建设群众安全感、参与率分别达到 97.5%、79.54%;刑事案件立案数和道路交通事故全口径死亡人数同比分别下降 3.2%、25.4%;各类生产安全事故起数、死亡人数同比分别下降 34.7%、33.6%;火灾事故起数、死亡人数同比分别下降 24.5%、16.7%;扫黑除恶专项斗争累计侦办涉黑恶团伙数居全省第一。

3.社会组织蓬勃壮大,网络社会健康清朗

第一,社会组织蓬勃壮大。社会组织是参与社会治理的重要力量,全市上下高度重视社会组织发展与作用发挥。5 月 27 日,宁波(鄞州)社会组织创新园开园,这是目前全省建成的规模最大的市级社会组织服务平台,也是全省首个综合性社会组织党建工作指导平台。截至 6 月 19 日,全市登记注册社会组织共 9980 家,其中社会团体 2547 家,民办非企业单位 7388 家,基金会 45 家;纳入备案管理的城乡基层社会组织 3 万多个,平均每个城市社区 19.7 个,每个农村社区 8.6 个。无论是社会组织的总数,还是每万人拥有社会组织数量,均位居全省全国前列。

第二,网络社会健康清朗。深入推进网络生态"东海前哨"工程建设,充分发挥"东海前哨"发现民情、倾听民意、反馈民事的功能作用,激发党心民意的同频共振,共建网上网下同心圆。消除部门壁垒、推动资源共享、开展协同共治,构建"线上线下一体、全场景联动"的工作休系,形成高水平的网络综合治理体系,推动网络社会健康清朗发展。

(四)社会服务

1.政务服务不断优化,法治政府成效卓著

第一,政务服务不断优化。扎实推进政府数字化转型,深化"互联网+政务服务",完善政务服务"好差评"管理机制,依托"浙政钉"完善公务员全周期管理"一件事"平台,深化机关内部"最多跑一次"改革,强化整体智治,开通掌上办事3000 多项,"浙政钉"全市累计注册人数逾 18 万人,全面打造"无证件(证明)办事之城",47 个领域 1464 项事项实现"扫码""刷脸"办理。据统计,2020 年,宁波"网上办""跑零次"比例都有大幅提升,"最多跑一次"实现率和群众满意率均居全省首位。

第二,法治政府成效卓著。年初以来,宁波市坚持完善机制、突出重点、公众参与,制度建设不断完善。建立健全行政决策公众参与制度、听证制度、专家论证制度、重大决策社会稳定风险评估机制和合法性审查机制,实现市县乡三级政府及其部门法律顾问的全覆盖。根据中国政法大学法治政府研究院发布的《法治政府评估报告》,宁波市连续 3 年在全国 100 个大中城市中名列前十。8 月底,宁波市成功入选全国首批 40 个法治政府建设示范市(县、区)名单。

2.公交服务优化提升,养老服务迅猛发展

第一,公交服务优化提升。全面推进公交都市建设,2020 年 12 月 23 日,市轨道交通 4 号线正式投入运营,4 号线全长 36 公里,共设 25 个站点,途经江北、海曙、鄞州三个行政区域,串联起从慈城到东钱湖的旅游线路。随着 4 号线的开通,宁波轨道交通总里程达到 155 公里,日均运送乘客达到 70 万余人次,最高达到 92.6 万人次。提升公共自行车服务,截至 12 月底,全市车辆网点超过 1300个,投放车辆 3.6 万辆,实施全市轨道公交 90 分钟优惠换乘,不断优化和新增公交接驳线路,微循环公交将社区、学校、乡镇与轨道交通站点连接起来。根据中国社会科学院发布的《公共服务蓝皮书》,宁波公共交通满意度居全国第一位。根据百度地图等发布的《中国城市交通报告》,宁波交通拥堵指数居全国第79 位。

第二,养老服务迅猛发展。宁波是全国最早进入老龄化的城市之一,截至2020 年 12 月底,全市 60 周岁及以上老人占户籍人口总数近 26%,高出全省2.7 个百分点,高出全国 7.2 个百分点,其中失能半失能老年人约 11 万人。年初以来,全市积极开展"家院互融"服务,提升居家养老服务水平,覆盖 98%的社区(村),全面实施"爱心车轮"老年助餐服务,每天惠及 1.5 万多名老年人,全市95%以上养老服务机构具备医疗卫生服务资格,海曙广安颐养院、奉化文芳老人护养院、鄞州钱湖医院等纳入省级医养融合试点单位。

二、2020 年宁波社会发展存在的薄弱环节

总体而言,2020 年宁波社会发展呈现和谐稳定、整体趋好的发展趋势。但是突如其来的新冠肺炎疫情也暴露出我们在基层社区治理体制机制方面尚存在一些急需重视和解决的薄弱环节,主要表现在以下四个方面。

(一)应对突发事件能力不足

在面对类似新冠肺炎疫情这样的重大突发事件时,基层社区暴露出应急预案准备不足、操作性不强、演练演习不够、资源保障不充分不到位等问题,特别是处地偏僻、基础薄弱、困难人群较多的城郊社区和老旧小区,这一问题更为突出。以鄞州区首南街道和顺家园社区为例,该社区是目前鄞州区单体量最大的保障房小区,人员构成复杂,老年人口和流动人口较多,防疫任务相当繁重,但是在防疫前期,口罩、防护镜、额温枪等抗疫资源配备严重不足。在其他一些社区,很多直接服务居家隔离的工作人员也无法保证一天一个口罩、一双橡胶手套。

(二)职责权能匹配程度不高

基层社区属于行政序列的"末梢"和"边缘",但却处于疫情防控的第一线,任务繁重,责任重大,但是经费、人手、待遇保障等却与其要承担的职责不相匹配。为了完成上级部门下达的层层任务,社区干部不得不抽出精力去完成诸如"填表抗疫""文件抗疫"等任务。由于执法力量下沉不到位,社区在面对居民拒不配合时无能为力、处境尴尬。条线与基层之间的对接融合还很不够,条线上下达命令和督查考核较多,提供帮助相对较少。折射出基层治理的"小马拉大车"问题。

(三)信息治理水平比较传统

总体来看,当前我市社区的信息治理水平还较低,在疫情排查过程中,主要还是依靠打电话、上门等传统的人工手段,数据信息的整合与利用还很不够,数据重复多头报送的情况还比较明显。虽然以"甬行码"为代表的大数据分析已经初步显露威力,但"甬行码"与"E 宁波"信息系统、"流管通"、"房管通"及企业排查等信息系统等未实现对接,数据难以共享,"智慧安防小区""雪亮工程"建设对视频监控的机动智能应用不够,导致抗疫过程中部分重点区域、重点部位、重点对象的防控没有达到精准实时的效果。

(四)党建长效引领有待加强

基层党建在这次疫情防控中发挥了坚实的战斗堡垒作用。无论是基层支部还是党员先锋模范作用都得到了充分的发挥。但从长远来看,社区党建仍还存

在不少问题和不足。一是社区党员队伍比较薄弱,多数社区党支部党员数量少、规模小、年龄偏大。二是社区党建形式比较雷同,无法调动居民党员参与社区党建的积极性。三是社区党建引领作用有限,虽然有"双报到"制度,但由于社区党组织和单位党组织之间定位不明确,社区无法对单位党员提出强制要求,社区党组织的属地领导核心作用难以充分发挥。

三、2021年宁波社会发展形势展望及对策建议

2021年是实施落实"十四五"规划、开启全面建设社会主义现代化国家新征程的第一年,是庆祝建党100周年和宁波三江口建城1200周年的大喜之年,同时也将是国际国内宏观环境深刻变化的一年。2021年4月20日,习近平总书记在博鳌亚洲论坛2021年年会开幕式上发表演讲,指出:"当今世界正经历百年未有之大变局。新冠肺炎疫情全球大流行使这个大变局加速变化,经济全球化遭遇逆流,保护主义、单边主义上升,世界经济低迷。"全球产业链、供应链因非经济因素而面临冲击,国际经济、科技、文化、安全、政治、社会等格局都在发生深刻调整,世界进入动荡变革期。2021年乃至今后一个时期,我们将面对更多逆风逆水的外部环境,必须做好应对一系列新的风险挑战的准备。

(一)以全面深化社会事业改革作为体制创新的有效手段

社会事业是提供公共产品和公共服务的主要平台,也是深化社会体制创新的有效抓手。2021年,宁波全面深化社会事业改革,要以事业单位分类改革为契机,以构建公益服务新格局为重点,大力引导民间资本进入社会事业领域,鼓励引导社会组织、公民个人以各种方式发展社会事业,更好地满足人民群众的多样化需求。教育事业要围绕"均衡化、优质化、多样化、终身化"目标,努力深化教育体制机制改革,积极推进基础教育"强基工程",新改扩建中小学校、幼儿园50个,积极创新办学模式,深化产教融合,充分调动社会力量办学积极性,推动高等教育内涵式发展,加快高水平大学建设,为全社会提供更多优质高效的教育资源。医疗卫生事业要围绕"构筑惠及全民的公共卫生服务体系"目标,遵循"政府主导、市场辅助、公平优先、兼顾效率"原则,深入实施"医学高峰"计划,推动第一医院异地建设等重大项目建设,提高医疗卫生服务领域资源共享配置效率,结合疫情防控,深入普及公共卫生知识,实施重点人群健康关爱项目,实现基本公共卫生服务人群全覆盖。体育事业要以做好亚运会宁波分赛区筹备工作为重点,抓好浙江海洋云中心等重大体育设施建设,加快推进"一人一技"全民健身公益培训,丰富全市人民体育文化生活。

（二）以全面深化社会保障改革作为消费升级的有效手段

2021 年，宁波全面深化社会保障改革，要充分利用促转型的倒逼机制，把扩大消费升级作为推动社会转型的重要突破口，推进消费扩容提质，加快国际消费城市建设。要着力扩大就业拉动消费，完善和实施更加充分更高质量的就业优先政策，推动建设一批创业创新平台，多渠道拓展就业增长空间，鼓励灵活就业，抓好重点群体就业，实施新时代工匠培育工程，着力缓解就业结构性矛盾。要着力完善收入分配制度拉动消费，建立健全困难群众生活补贴与物价水平联动机制，完善工资动态增长机制。实施低收入群体同步基本实现现代化行动，推进特困人员基本生活标准与低保标准挂钩，加快推进低保标准全市统一，社会专项救助逐步扩大到常住人口。全面推进基本医疗保险市级统筹，构筑租购并举住房制度，全面推进国家住房租赁试点工作，不断推动社会保障由制度全覆盖向人群全覆盖转变，推动社会福利向适度普惠转变，形成积极、公平、可持续的社会保障福利制度，促进社会保障水平的整体协调提升。要广泛宣扬传播慈善理念，积极培育各类社会慈善组织，尤其要重视网络慈善、微慈善的发展，促进传统慈善事业模式向社会多元主体互动参与的全民慈善模式转变。

（三）以全面深化社会治理改革作为激发活力的有效手段

2021 年，宁波全面深化社会治理改革，要以全国市域社会治理现代化试点为契机，围绕"社会化、法治化、智能化、专业化""四化"目标，完善社会矛盾纠纷调处化解中心工作机制，进一步提升基层社会治理精细化能力和水平。要继续强化新冠肺炎疫情的常态化防控，重点抓好重点人群的防控和疫苗接种工作。要全面压实安全生产责任，深入推进第二轮安全生产综合治理三年行动，强化危化品、道路交通、消防等重点领域治理，争创国家食品安全示范城市。要加强乡镇（街道）"四大平台"建设，强化村（社区）便民服务中心功能，加强村（社区）矛盾纠纷调处化解中心建设，深入推进"最多跑一地"改革，推动社会治理重心向基层下移，使基层基础更加扎实，基层活力更加焕发。要拓宽社会组织参与社会治理渠道，加大社会组织的培育力度，不断完善政府购买社会组织服务制度，积极鼓励和引导社会组织参与社会治理。要加强治理资源的统筹，加强"城市大脑"建设，加快推进各级各类平台数据资源的互联互通和信息共享，真正实现以信息化、智能化推动社会治理的增效升级。要进一步健全和完善社会心理服务体系建设，努力培育自尊自信、理性平和、积极向上的社会心态。

（四）以全面深化社会服务改革作为促进发展的有效手段

公平是社会的一种基本价值观念和准则，要使发展成果惠及全体人民，就必须在中国特色社会治理的过程中，加快形成政府主导、覆盖城乡、可持续的基本公共服务体系,从公共资源分配角度来解决权利、机会和规则不公问题。2021年,宁波全面深化社会服务改革,重点在于两个方面。一是要加快政府数字化步伐。践行整体智治理念,进一步深化推进"最多跑一次"改革,坚持以系统观念、系统方法谋划和推进政府工作,综合运用数字赋能、改革破题、创新制胜等手段,提升政府治理现代化水平,继续深化推行政审批制度改革,减少和规范行政审批事项,简化办事程序,积极探索新型政府提供公共服务模式,加快电子政务建设,努力推动政务透明公开,提升各级政府部门公信力。二是要健全基本公共服务共建共享机制。要深化公共财政体制改革,进一步加大对重点民生工程事业的投入力度。自觉运用法治思维和法治方法开展工作,协同推进法治政府与法治社会建设,扎实推进"大综合一体化"行政执法改革。同时要创新和改革公共服务供给方式,发挥市场和社会机制作用,提高公共服务供给水平和效率,增强民生政策的可持续性,提升政府服务的多层次供给能力,形成闭环式全程服务、体系化联动服务、滴管式精准服务,满足人民群众的多样化需求。

参考文献

[1] 李培林、陈光金、张翼:《社会蓝皮书:2021 年中国社会形势分析与预测》,社会科学文献出版社 2020 年版。
[2]《宁波市国民经济和社会发展第十四个五年规划和二〇三五年远景目标纲要草案》(征求意见稿),内部资料。

（作者单位：宁波大学）

2020 年宁波文化发展总报告

张　英

一、2020 年宁波文化发展基本情况

（一）思想理论引领达到新高度

1.“重要窗口”模范生的使命担当激发宁波复工复产加速度

2020 年 3 月 29 日至 4 月 1 日,习近平总书记赴浙江、宁波考察,殷切期望浙江努力成为“新时代全面展示中国特色社会主义制度优越性的重要窗口”。宁波对照新目标新定位,提出了奋力当好浙江建设“重要窗口”模范生的战略目标。同时,围绕习近平总书记在浙江考察时的重要讲话精神,宁波全市上下精心部署、扎实推进一系列学习宣传活动,迅速在全市形成学习宣传热潮,具体包括:组建市委专题宣讲团、组织社会各界召开座谈会、开设宣传专栏专题。在 2020 年的这个春天,习近平总书记的讲话精神极大地鼓励了奋斗在复工复产一线的广大企业和干部群众,为宁波进一步统筹做好疫情防控与经济社会发展奠定了扎实的信念基础,明确了发展方向。

2.习近平新时代中国特色社会主义思想进一步走深走实走心

深入实施习近平新时代中国特色社会主义思想溯源工程和党的创新理论“走心工程”,坚持理论研究与理论宣传同步推进。围绕“习近平同志对宁波工作重要指示精神”系列课题、疫情防控和复工复产、“重要窗口”等重点热点问题,组织全市社科理论界开展相应专题研究;同时重点抓好“媒体理论传播行动”“宣讲品牌打造行动”“宣讲名师培育行动”“宣讲平台整合行动”,搭建了由“学习强国”

"甬派"等 8 个新媒体平台构成的理论宣讲融媒体矩阵。建立"天一青年读书会"、"小红曙"青年宣讲团、"青春红匠讲习团",开展"知行新说"思政网络宣讲,组织广大青年讲好新时代青春故事;社科普及不断创新形式,2020 年宁波市社会科学普及月社科夜市义务咨询服务活动在鄞州南部商务区、海曙和义大道、江北老外滩三地同时举行,充分发挥了社会科学咨政育人、服务社会的重要作用,为提升全体市民文明素质和综合素质做出社科界应有贡献。

3."四知精神"成为引领宁波城市新一轮发展的内在力量

2020 年 7 月 8 日,宁波市委十三届八次全体(扩大)会议明确"知行合一、知难而进、知书达礼、知恩图报"为宁波精神。"四知"精神熔铸了宁波传统文化中最优秀、最精华的部分,提炼出宁波在改革开放和现代化建设中取得辉煌成就的精神动因,承载着宁波人民高度的价值认同、文化认同和情感认同,具有强大的生命力、创造力和感召力。它是对 2005 年确定的"诚信、务实、开放、创新"的八字宁波精神的继承和拓展,是对宁波精神更具地域个性化的表述。

(二)城市文明水平进一步提升

1.以全国文明城市典范城市为目标,深入推进文明城市创建工作

从"五连冠"的高起点出发,2020 年以来,宁波认真落实市委争创全国文明城市"六连冠"动员大会精神,研究制定《宁波市关于高标准常态化推进全国文明城市创建工作的实施意见》,以高标准、常态化推进文明城市创建。11 月,宁波市成功实现全国文明城市"六连冠"。

2.公民道德建设规范化推进

制定下发《宁波市新时代公民道德建设实施意见》,成为全省首个制定贯彻道德建设实施意见的城市。组织开展"宁波好人"、抗疫典型选树等活动,1 人被评为"全国新时代好少年",为宁波首位、全省唯一。新入选"中国好人"7 人、"浙江好人"30 人,评选"宁波好人"101 人,"中国好人""浙江好人"数量连续 5 年领先全省。5 人被评为"诚信浙江人",居全省第一。4 个集体和个人入选全国志愿服务"四个 100"先进典型,总数列全省第一。充分传播宁波暖心故事,大力弘扬社会正能量,"爱心宁波·尚德甬城"品牌更加闪亮。

3.城乡生活环境不断美化优化

组织实施"创意点亮城市角落"行动,发动驻甬高校、艺术团队、创意设计公司等开展艺术化设计,通过微创意、微改造、微提升,对 21 个老旧小区、23 条背街小巷进行改造。新增海曙区"竹海桃源"和北仑区"山水紫石"两条文明示范线。部署开展"甬城公筷"和"文明好习惯养成"行动,全面开展"垃圾分类""文明

就餐""文明交通"等十大文明好习惯养成实践活动。以重要商圈、广场公园、旅游景区为重点,推动实施"席地而坐"城市客厅示范区域项目,打造首批 21 个高标准保洁区,至 2022 年创建 100 个此类高品质示范区域,这是宁波创新推进文明城市创建的有形抓手,是城市管理精细化的表现。

(三)现代公共文化服务体系初步建成

1. 公共文化服务阵地进一步健全

市、区、镇、村四级公共文化服务网络基本建成,农村文化礼堂应建村实现建设全覆盖。新时代文明实践中心建设全面推开,目前全市 10 个区县(市)均建立了实践中心,94%的乡镇(街道)建立了实践所,71%的村(社区)建立了实践站。全市乡镇文化站平均面积 4781 平方米,居全省第一。宁波图书馆、宁波市文化馆和 10 个区县(市)的公共图书馆、文化馆均为国家一级馆。

2. 公共文化服务数字化建设不断推进

新冠肺炎疫情发生以来,各文化文物单位坚持场所闭馆、服务在线,举办的"线上新春演出季"、线上音乐会和音乐课堂、网上展厅、数字展览、"云讲堂"讲座以及"一人一艺"实时培训直播等成为疫情之下抚慰心灵、满足需求的重要平台。举办"人民的战役——宁波市慰问抗疫勇士专场云演出",近 60 万名观众通过网络直播观看了演出。

3. 公共文化服务品牌活动不断丰富

"一人一艺"全民艺术普及活动从 2015 年提出,已走过 5 个年头,越来越显现出发展成效,公益培训、讲座、活动等比实施前增长近 6 倍,群众的选择从基础项目拓展到非遗、生活美学等多达 40 余个门类,参加人数比实施前增长了 10 倍。宁波市第七届市民文化艺术节于 2020 年 9 月至 11 月举行,为期 3 个月,本届市民文化艺术节主题为"文化引领典范城市",由 263 项系列活动组成,成为宁波市规模最大、参与度最高、影响力最大的全民性文化艺术盛会。全民阅读品牌彰显特色,2020 年 4 月 1 日,《宁波市全民阅读促进条例》正式施行,宁波成为全省第一个、全国第三个以立法形式促进全民阅读的城市。从 2020 年起,宁波永久承办浙江书展。

4. 乡村公共文化建设迈上新台阶

宁波乡村文化建设通过"艺术＋乡村""哲学＋乡村""旅游＋乡村"等多种形式,走出了一条欣欣向荣的"魅力乡村"建设之路。以葛家村为代表的艺术赋能乡村的发展模式已经取得了积极的社会反响和效果,同时,以童夏家村为代表的哲学点亮乡村的发展模式也正在积极推进中,这一模式以其独特新颖的建设视角引起了社会的关注,开启了宁波乡村公共文化服务的新篇章。"旅游＋乡村"的发展模式在宁波也有良好的基础,2020 年象山县墙头镇方家岙村、宁海县桥头胡街道双林村、宁海县大佳何镇葛家村上榜全国乡村旅游重点村。

(四)文化产业危中寻机,奋力开局

1.文化企业复工复产有序推进

文化产业是 2020 年受疫情冲击较为严重的领域之一,但随着防控形势的逐渐好转,以及《关于助力文旅企业纾困解难十条实施细则》《关于支持影视产业渡过难关持续发展的十二条意见》等各类扶持政策和推进举措的先后实施,文化企业复工复产不断推进,企业经营效益不断提升,文化产业发展整体已再次呈现出较强的发展韧劲和潜力。据文旅部门统计,2020 年统筹下达 6400 万元文旅企业纾困帮扶专项资金,获支持文旅企业超过 1200 家次。同时,企业自身也根据新的形势要求努力转型提升,在全市数字经济发展的主导下,受疫情影响的传统文化企业纷纷主动寻求数字化转型,催化了文化直播、电商直销、IP 授权转化等新文化营销模式的迭代。2020 年前三季度,全市规上文化产业增加值(省口径)累计实现 257.97 亿元,同比增长 7.8％。

2.文旅融合载体不断丰富

2020 年 6 月,宁波市文化旅游投资集团有限公司正式挂牌成立,集团将重点打造文旅体投资、文化金融资本、教育科技、会展旅业、交通产业运营、酒店物业六大产业,目前已形成以本级为核心,下辖 27 家参控股公司的总体发展格局。8 月,举行宁波文旅产业基金成立仪式,经过 3 年时间的筹划,这项基金终于在甬城落地。据了解,基金总募集规模为 20 亿元,其中一期募集规模为 10.05 亿元,这不仅是推进文旅深度融合的重要举措,也是宁波进一步深化国家文化与金融合作示范区创建的重要内容。

3.文化消费潜力不断激发

一是大力发展夜间文旅经济。着力在继承传统基础上创新,为市民和游客提供更多赏夜景、看演出、品美食、逛夜市的夜生活空间载体。各区县(市)还举办有"夜海曙之好乐地市集"、"鄞州之夜"系列活动、奉化"棒集"文化夜市等主题夜市,凸显城市风情与市井魅力。二是实施"宁波人游宁波"计划。精心组织"春归大地,乡约宁波"乡村旅游季、"换个星家享宁波"旅游饭店健康生活消费季等文旅活动。通过一系列努力,宁波文旅行业消费潜力得到有效激发,截至 2020年 10 月底,全市接待国内外游客 7512.5 万人次,恢复至上年同期的 73.1％;旅游总收入 1143.99 亿元,恢复至上年同期的 71.2％。三是有效实施文旅消费券发放活动。成立文旅消费工作专班,启动千万惠民文旅消费券发放工作,市、县

两级发放文旅消费券总金额高达 1.5 亿元。

(五)文化传承保护工作不断深入

1.文物考古工作取得新进展

2020 年 5 月,井头山遗址考古成果公之于众,井头山遗址的发现,不仅将宁波的人文历史往前推了 1000 年,更被专家视为"探索中国海洋文化起源的重要资源",成为"中国考古学界和文化遗产界的里程碑事件"。浙江前洋经济开发区、宁波经济技术开发区等 14 个省级以上平台文物保护区域评估工作顺利开展。开展配合工程建设抢救性考古调查项目 67 项、勘探项目 22 项、发掘项目 9 项。此外,天一阁博物院(宁波市保国寺古建筑博物馆)和宁波中国港口博物馆成为国家一级博物馆,至此,宁波拥有 3 家国家一级博物馆。

2.重大文化项目有序推进

大运河(宁波段)具备丰富的遗产资源,围绕大运河的保护传承利用,随着 2020 年 4 月《浙江省大运河文化保护传承利用实施规划》发布,宁波相应编制了《宁波大运河国家文化公园建设实施方案》,以公园管理模式推进大运河文化保护。大运河文化带建设方略的提出及其运作,将推动宁波运河以其丰厚的历史文化内涵和千百年来兴城富民的实用价值更好地融入城市的整体发展。在省级相关部门发布的《浙东唐诗之路黄金旅游带规划》《浙东唐诗之路建设三年行动计划(2020—2022)》等文件中,宁波"浙东唐诗之路"的建设范围也延展到了全城,以此为契机,宁波进一步加强了对沿线生态文化的保护以及历史文化遗存的挖掘整理。此外,作为宁波重要的文化地标,城隍庙修缮一新,于 2020 年 6 月正式向公众开放。

3.非遗保护工作不断创新

深化《宁波市非物质文化遗产保护条例》立法调研,出台《宁波市非遗体验基地评审标准》《浙江省省级非遗代表性传承人评估工作管理办法》。海洋渔文化(象山)生态保护区建设扎实推进,奉化区、海曙区积极创建省级非遗生态保护区,海曙、象山、奉化等地非遗馆建成开馆。国家级非遗名录新增象山竹根雕、红帮裁缝技艺、天一阁古籍修复技艺三项,至此,宁波入选国家级非遗名录的非遗项目共有 25 项。创新"非遗＋互联网"模式,探索举办抖音宁波非遗购物节,销售非遗产品共计 10690 件,涉及非遗项目 43 项,销售额达 6500 万元。

(六)城市形象宣传和文化交流进一步活跃

1.城市知名度、美誉度持续提升

坚持以网络为媒、以流量作引、以短视频和线上直播为突破口,全新推出《宁

波气质》《宁波欢迎您》城市宣传片,加强"顺着运河来看海"产品线路短视频的宣传推广。制定出台《关于加强全方位对外新闻宣传工作实施办法》,以努力实现"央视频道天天见、人民日报系日日有、其他央媒省媒常常报"为目标,在宁波日报报业集团、宁波广电集团组建外宣机构,成立工作专班,有效统筹各级各类资源,形成联动外宣格局。近一年内,中央电视台《新闻联播》等栏目多次聚焦宁波,新华社、人民日报等媒体也对宁波进行了广泛宣传,扩大了城市对外影响。

2. 文化交流平台不断丰富

依托国家重大发展战略,不断完善文化交流平台。第一,依托"双城记",杭甬文化交流在探索中前进。杭甬两地加强了互访,并签署了相关合作协议,在深化文旅合作、推进大运河文化带和浙东唐诗之路共建、筹办相关文化展会等方面提出了相关举措。8月,2020中国新乡村音乐发展计划新闻发布会在杭州举行,这是中国新乡村音乐首次走出宁波,走进杭州。第二,依托长三角一体化发展战略,宁波与长三角主要城市的文化交流进一步加强。2020年3月,《宁波市推进长江三角洲区域一体化发展行动计划》发布;10月,2020中国(南京)文化和科技融合成果展览交易会在南京国际展览中心(新庄)召开,宁波的国家文化和科技融合示范基地与优秀文化企业参加了展会。第三,依托"一带一路"建设,宁波与"一带一路"沿线国家和地区的文化交流合作不断加深。为强化宁波"海上丝绸之路始发港"的区位优势,2020年起,中国(宁波)特色文化产业博览会和宁波国际旅游展正式合并为海丝之路(中国·宁波)文化和旅游博览会。2020年的海丝之路文化和旅游博览会采用线上线下联动的新型数字化协同办展形式,吸引了数十个国家地区,以及国内近百个城市前来参展,展会平台作为国内外文旅产业交流合作的纽带,成为浙江文旅产业融合发展的重要平台。

二、2020 年宁波文化发展存在的主要问题

宁波市委提出宁波要深入学习贯彻习近平总书记在浙江考察时的重要讲话精神,建设独具魅力的文化强市,努力当好浙江建设"重要窗口"模范生。对标这一要求,宁波文化发展还存在一定差距。

(一)文化产业发展有待继续发力

第一,产业规模还偏小。宁波文化产业增加值的绝对值排名虽然仅次于杭州,列全省第二,但与杭州的差距在进一步拉大,同时在 15 个副省级城市比较中,宁波文化产业增加值也处于中下位置,与城市地位不够匹配。同时对照

"3433"服务业倍增计划提出的"到 2025 年,文化创意产业营业收入达到 5000 亿元"的发展目标,以 2019 年文化创意产业营业收入 2300 亿元为基础计算,2020—2025 年的年均增幅需要达到 13.82%。第二,市场主体还偏弱。缺乏有实力、有影响力、有带动力的文化龙头企业,文化企业中上市公司起步晚、数量少,根据第四次全国经济普查统计,在目前宁波市的文化产业法人单位中,按单位规模来看,小微文化企业 24872 家,占全部文化产业法人单位的 99.1%,大型文化企业占比仅为 0.1%。第三,产业集聚效益还偏低。文化产业体系中不同行业门类之间以及与本地其他产业间的关联度还不够高,各区块发展资源还较分散,尚未基于产业链形成集聚发展的良好态势。文化产业发展缺乏较高能级、较大规模和具有鲜明特色的大平台支撑。据统计,宁波文化产业园区入园企业平均规模约 200 万元,与杭州的 800 万元相比差距较为明显。

(二)公共文化服务阵地有待继续拓展

第一,从标准要求而言,大型公共文化设施仍有提升空间。如宁波图书馆新馆面积 3.2 万平方米,老馆面积 1.2 万平方米,两馆相加不足 4.5 万平方米,仍不符合副省级公共图书馆一级馆的建设要求(5 万平方米)。宁波美术馆亦不符合 Ⅰ 类美术馆要求,需要扩建。第二,从分级配置而言,随着市区级、街道级、社区级三级公共文化体系逐步建立,群众文化活动设施虽然在数量上能达到配置基本要求,但存在场地不足、建筑老化等问题,难以充分满足人民群众日益增长的精神文化需求。第三,从分类配置而言,公共图书馆、博物馆、科技馆、城展馆、美术馆、纪念馆、剧场、音乐厅、文化馆(群众艺术馆)、工人文化宫、青少年宫、文化活动中心(街道)、文化活动站(社区)等各类文化设施均配置齐全,但老年人活动中心、妇女儿童活动中心等是文化设施配置的薄弱领域。

(三)城市形象建设工作机制有待继续完善

近年来,宁波城市形象塑造工作得到市委市政府领导的高度关注,城市形象宣传推广力度不断加大,工作成效也不断提升,但在组织架构、整体协同、工作平台等方面仍有待进一步完善。第一,缺乏明确的领导机构。目前,宁波的城市形象建设工作主要还是由相关职能部门分头负责,缺乏专门机构牵头协调、专题推动。第二,缺乏整体协同的合力。相关职能部门大多只从自身职能出发,对城市形象进行塑造提升,由此造成城市形象多头定位、多头建设、多头宣传的现象,部门"碎片化"工作甚至产生内在冲突或负面消极效果,"不同渠道不同声音""多种渠道多种声音",缺乏协同产生的合力。第三,缺乏常规的沟通平台和联系制度。尚未建立专门的联席会议制度,形成明确的部门责任分工;尚未建立制度化的沟通协调机制,突破部门、行业、地域等限制,高效统筹组织、资金、人才等发展资源,推动城市形象宣传推广走向市场化、专业化、精细化。

(四)文化发展环境有待继续优化

第一,文化消费氛围不够浓厚,居民文化消费意愿与消费能力尚需提升。2019 年,宁波市城镇居民人均教育文化娱乐支出 4720 元,低于杭州支出水平。2020 年,受疫情冲击,文化消费总体更为低迷,旅游景区受制于"预约、限流、错峰"要求,难以恢复旺季时的接待量,文旅消费券核销进度与预期有较大差距,消费降级趋势明显。第二,文化发展人才短缺问题突出。人才评价的指标体系对文化人才的适用性比较差,纳入"泛 3315 计划"文化(体育)创业创新人才(团队)名额偏少。文化产业人才结构性短缺和人才流失现象较为严重。第三,文化发展创新不足。金融机构的文化金融产品创新不足,仍以传统方式授信为主,满足不了文化企业的融资需求。举办各类重大活动所涉及的审批环节需要进一步优化。文旅融合能级不高,现有文化设施与旅游业结合不紧密,对工业旅游、康养旅游、会奖旅游、婚庆旅游、体育旅游等跨界融合旅游资源挖掘力度不足。从面向"十四五"时期发展的文化项目情况梳理来看,宁波文化还较为缺乏高能级平台支撑及综合性改革试点统领。

三、2021 年宁波文化发展形势展望及对策建议

(一)趋势展望

第一,从国家层面来看,文化发展重点更加明确。党的十九届五中全会对文化建设从战略和全局上做了规划和设计,专门用一个章节对"繁荣发展文化事业和文化产业,提高国家文化软实力"进行了部署,明确了提高社会文明程度、提升公共文化服务水平、健全现代文化产业体系等三方面的任务。同时提出了文化建设的远景目标,也就是到 2035 年建成社会主义文化强国。

第二,从国内城市发展来看,文化软实力竞争更加激烈。近几年,北京、上海、深圳、成都、杭州等城市在文化发展定位上纷纷做出新的谋划,文化建设投入进一步增加。如北京提出要打造"全国文化中心",上海致力于成为"国际文化大都市",深圳提出"全球区域文化中心城市和国际文化创新创意先锋城市"的发展目标。

第三,从市域层面来看,文化发展创新更加迫切。宁波市委十三届九次全会明确提出,到 2035 年建成文化强市,市民文明素质和社会文明程度达到新高度,文化软实力全面增强;提出"十四五"时期全面建设高水平国际港口名城、高品质

东方文明之都,争创社会主义现代化先行市;把建设全国文明典范城市作为七个主要目标之一,专章部署"提升城市文化软实力,建设更具魅力的文化强市"。

当前,加强文化建设,不仅是贯彻落实党的十九届五中全会对文化发展的新部署,也是提升宁波发展综合实力的战略所需,更是宁波建设更具魅力的文化强市的必然选择。宁波应着力发扬比学赶超、争先进位的拼搏精神,学习借鉴先发城市的相关发展经验,重新审视并高度重视"十四五"时期城市文化发展战略的制定工作,以推动宁波文化实现跨栏式发展。

(二)发展对策

1.着眼大局,抓紧完善文化发展顶层设计和谋划

第一,在理念上充分吸纳新的形势要求。党的十九届五中全会着眼战略全局,对"十四五"时期文化建设做出部署,同时提出到 2035 年建成文化强国的远景目标。宁波市委十三届八次全体会议明确把"打造独具魅力的文化强市"作为宁波当好浙江建设"重要窗口"模范生必须加快形成的 15 项重大标志性成果之一。"十四五"时期的文化发展谋划,应充分体现新的发展要求。

第二,在操作上不断完善"1+4+X"文化规划体系。"1"指"十四五"时期文化发展规划,明确新时期文化发展的指导思想、发展目标和方向布局,同时谋划高标准建成文化强市的时间表和路线图。"4"主要指围绕公共文化服务现代化转型、文化产业高质量发展、文旅融合发展、哲学社会科学发展等文化发展重要领域的规划。"X"主要指针对宁波文化发展短板以及围绕推进总规的一系列配套规划。

2.因地制宜,有效形成城市文化发展的独特魅力

第一,立足传统,做好独一无二的传统特色文化,力争"人无我有"。宁波文化强市的魅力首先体现在特色化的发展,因此,应深入挖掘宁波历史地理文化资源,推动宁波特色文化资源创造性转化与创新性发展,重点可围绕宁波海洋文化、阳明文化、藏书文化、商帮文化等独具宁波区域特色的文化品牌。

第二,着眼当下,做强独占鳌头的当代文化名片,力争"人有我优"。宁波文化强市的魅力还体现在当代文化建设的亮点纷呈,在当代文化建设的实践中,选取符合当代价值需求、契合群众美好生活需求的文化亮点,形成"人有我优"的文化名片,达到更具引领意义和标杆作用的发展高度,当好文化发展领域的"模范生"。具体包括塑造以"四知精神"为内核的城市精神、创建以"文明典范"为指向的全国文明城市、打造以"魅力乡村"为亮点的公共文化服务、推动以"高质量"为前提的文化产业发展等四个方面。

第三,面向未来,做精独树一帜的新兴文化业态,力争"人优我特"。宁波文化强市的魅力还体现在谋长远的战略眼光,以快人一步的文化自觉激发宁波文化发展潜力,着力将宁波打造成全球文化智造中心、全国影视产业发展标杆、音乐文化名城、工艺与民间艺术之都,展现宁波文化的创新力和发展后劲,努力占据文化发展的制高点。

3. 着眼机制,显著增强宁波城市形象建设合力

第一,建立健全城市形象工作组织架构。借鉴杭州、成都等城市的成功经验,将塑造和提升宁波城市形象列入市委市政府主要议事日程,由市委市政府主要领导牵头,推动成立宁波市城市形象发展委员会,主要职能包括:推进城市形象与城市建设、城市发展同步规划、同步部署;主导全市上下统一认识和行动;加强城市形象建设的顶层设计,如制定城市形象建设中长期战略、明确城市形象总体定位和宣传主题;统筹、指导、组织和协调城市形象建设过程中的其他重大事项。同时由委员会牵头成立城市形象建设与传播办公室,具体负责沟通上下、联络各界等具体事宜。此外,还可成立宁波城市形象营销推广中心,以更好地开展城市形象的企业化运作。

第二,完善工作平台。借鉴杭州构建复合型城市品牌网群的相关做法,贯通党政界、知识界、行业界、媒体界等不同界别,融合行业品牌、企业品牌和产品品牌,创办宁波城市形象品牌网群;完善重大事项会商会议、常规工作联席会议、学习交流会议等沟通交流平台,此外,城市形象建设与传播办公室每年确定数个调研项目,通过委托调研、组织联合攻关等形式组织开展,充分吸纳和培育学术机构参与城市形象研究,完善工作调研平台。

第三,强化评估考核体系。积极引入第三方评估机构,围绕城市形象建设和传播的内容指向、阶段目标制定相应的评估指标体系,融合受众调查问卷、专业传媒经验分析以及专家意见评估等多种方式开展评估。同时,提高全民参与度,围绕城市形象载体建设和相关活动开展社会评价,使评价过程同时成为城市形象交流、宣传展示和改进提升的过程。

4. 争先进位,不断推动文化产业高质量发展

第一,持续推进文化产业供给侧结构性改革。积极实施文化智造、数字产业、影视动漫、文旅融合、创意设计、音乐演艺等文化产业提质计划。实施文化产业"单项冠军"计划,重点支持"专、精、特、新"中小文化企业发展,建立"宁波文化企业 100 强"发布制度,打造一批在各自领域具有核心竞争力的"小巨人"文化企业。

第二,不断提升文化消费能级。抓住宁波成功创建国家文化消费试点城市的契机,充分发挥《关于加快宁波旅游目的地营销体系建设的实施办法》《宁波市加快推动夜间经济发展的实施方案》等政策优势,扩大文化消费范围,提升文化贸易质量,推动文化融入国内国际双循环,切实提高文化消费贸易能级和质量。

第三,大力优化文化发展生态。研究制定全市文化产业人才评价标准,建立优秀杰出文创人才储备库,吸引文化名家、创意大师在甬创办工作室,强化对文化产业人才的培训和扶持。规范各级各类文化产业发展专项资金的使用管理,加大对关键领域、薄弱环节、重点区域的支持力度,提高精准度和实效性。优化土地资源供给,优先保障新增文化产业项目土地供应,优先配建文化类公共设施。合理利用存量用地,支持各类市场主体合作利用工业厂房、仓储用房、传统商业街等存量房产、土地兴办文化创意和设计服务。

参考文献

[1] 宁海县文化广电旅游体育局:《在诗意中复兴宁波千年文化——关于"浙东唐诗之路"文化带的调研和思考》,载《宁波通讯》2020 年第 6 期。
[2] 张淑芳:《长三角城市文化软实力比较研究》,载《三江论坛》2020 年第 8 期。
[3] 张昊:《新时代文明实践热潮引领甬城新风尚》,载《宁波日报》2020 年 9 月 15 日。

(作者单位:宁波市社会科学院)

2020 年宁波生态文明发展总报告

钟春洋

一、2020 年宁波生态文明建设现状

在"金山银山不如绿水青山"理念指引下,宁波生态文明建设已贯穿融入经济社会发展的全过程。宁波充分发挥枕山、拥江、揽湖、滨海、沿湾资源优势,筑牢"山水林田湖"生命共同体理念。强化生态示范创建,象山县、北仑区为国家生态文明建设示范县(区),宁海县为国家"金山银山不如绿水青山"创新基地,江北、北仑等 6 个区县(市)成为省级生态文明建设示范区县(市)。截至 2020 年末,宁波市共有国家级生态文明建设示范县(区)3 个、省级生态文明建设示范县(区)8 个,奉化区大堰镇成为全国首个生态环境教育特色试点小镇。

(一)环境质量继续保持较好水平

宁波市中心城区(不含奉化)空气质量优良率从 2013 年的 75.3% 提高到 2020 年的 92.9%;细颗粒物(PM2.5)年均浓度从 2013 年的 $54\mu g/m^3$ 降至 2020 年的 $23\mu g/m^3$;二氧化硫的年均浓度从 2013 年 $18\mu g/m^3$ 降至 2020 年的 $8\mu g/m^3$,实现了从"十一五"期间重酸雨区向目前轻酸雨区的转变(见图1)。2020 年 PM2.5 年均浓度同比下降 20.7%,连续三年达到国家二级标准。全年空气质量达标 340 天,超标 26 天,其中轻度污染 25 天,中度污染 1 天,未发生重度污染;市区环境空气复合污染态势有所减弱,主要污染物为臭氧。臭氧超标 20 天,超标率 5.5%,同比下降 3.3%,已成为影响我市空气质量的关键因子。

2020 年,宁波市各区县(市)PM2.5、二氧化硫、臭氧等六项常规污染物平均浓度首次全部达到国家二级标准。各区县(市)空气质量与 2019 年比较,空气质

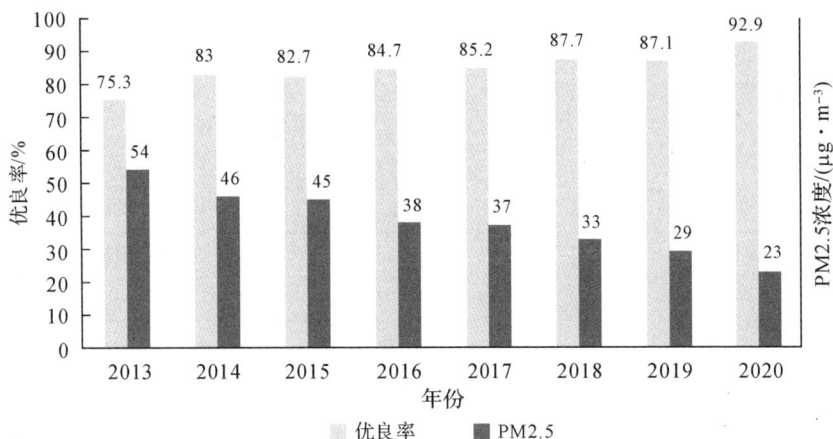

图 1　宁波市空气质量情况

量优良率均有所提高,综合指数均有所下降。优良率范围为 88.3%~96.4%,按比例高低,前 5 名为象山县、宁海县、大榭开发区、镇海区、东钱湖。综合指数范围为 2.70~3.49,按污染程度从高到低排列,前 5 名为慈溪市、余姚市、高新区、鄞州区、江北区(见表 1)。超标污染物主要为臭氧。宁波市环境空气质量综合指数在国家生态环境部 168 个重点城市中排名第 22 位,在浙江省 11 个地市中排名第 5 位(前 4 位是舟山、丽水、台州、衢州)。

表 1　2020 年宁波市辖区环境空气质量状况

序号	辖区	污染物浓度						有效天数/天	优良率/%	综合指数
		PM2.5 /(μg·m⁻³)	PM10 /(μg·m⁻³)	SO₂ /(μg·m⁻³)	NO₂ /(μg·m⁻³)	CO /(mg·m⁻³)	O₃ /(μg·m⁻³)			
1	海曙区*	20	41	8	31	1.0	146	359	91.9	3.23
2	江北区*	22	38	7	35	1.0	149	359	90.0	3.35
3	鄞州区*	25	39	8	31	1.0	150	366	89.9	3.37
	太古小学	24	36	8	31	1.0	147	350	91.7	3.28
	万里学院	26	42	8	32	1.0	155	362	89.5	3.49
4	镇海区*	21	40	8	35	1.1	140	354	93.2	3.34
5	北仑区*	20	38	7	37	1.0	135	349	92.6	3.24
6	高新区*	26	41	8	32	1.0	147	349	91.4	3.43
7	东钱湖旅游度假区*	22	32	8	26	1.0	144	357	92.7	3.02

续表

序号	辖区	污染物浓度						有效天数/天	优良率/%	综合指数
		PM2.5/(μg·m⁻³)	PM10/(μg·m⁻³)	SO₂/(μg·m⁻³)	NO₂/(μg·m⁻³)	CO/(mg·m⁻³)	O₃/(μg·m⁻³)			
8	慈溪市▲	29	49	8	24	1.0	156	366	89.3	3.49
9	余姚市▲	28	48	8	25	1.0	152	366	88.3	3.44
10	奉化区▲	25	41	7	22	0.8	141	366	92.1	3.05
11	宁海县▲	23	43	8	22	0.8	142	366	93.7	3.04
12	象山县▲	18	37	7	18	1.0	134	365	96.4	2.70
13	大榭开发区	18	36	9	23	0.9	134	365	93.7	2.81
14	杭州湾新区	22	44	9	28	1.1	148	365	92.6	3.31
	平均值	23	39	8	32	1.0	146	366	92.9	3.31
	2018年同期均值	29	48	8	36	1.1	150	365	87.1	3.77

注:*为国控点位,▲为省控点位;CO 为日均值第 95 百分位数;O₃ 为日最大 8 小时滑动平均值第 90 百分位数;鄞州区太古小学和万里学院两个点位参与评价。

河道水环境感官明显改善。2020 年,宁波市 19 个省控断面中,Ⅰ类占 10.5%,Ⅱ类占 21.1%,Ⅲ类占 57.9%,Ⅳ类占 10.5%,无Ⅴ类和劣Ⅴ类,水质优良率为 89.5%,水环境功能达标率为 100%。2020 年,宁波市 80 个市控水质评价断面中,Ⅰ类占 2.5%,Ⅱ类占 38.8%,Ⅲ类占 45%,Ⅳ类占 13.8%,无Ⅴ类和劣Ⅴ类,水质优良率为 86.3%,水环境功能达标率为 98.8%。与 2019 年相比,市控断面水质优良率提高 2.5 个百分点,功能达标率提高 6.3 个百分点,劣Ⅴ类水体全面消除。

(二)国土空间格局进一步优化

1. 完善规划体系

编制完善全市环境功能区划,将全市分为自然生态红线区、生态功能保障区、农产品安全保障区、人居环境保障区、环境优化准入区、环境重点准入区等六大类环境功能区,实行差别化的区域管理政策和负面清单管理制度。推进"多规合一",资规部门起草完成了《宁波市国土空间规划条例》,开展宁波市国土空间总体规划编制工作,优化布局"三生"空间,统筹划定我市生态保护红线(1670.4平方公里,占陆域面积的 17.1%)、永久基本农田、城镇开发边界控制线。开展我市生态保护红线评估调整和自然保护地整合优化工作。开展"三线一单"编制工作,以生态保护红线、环境质量底线、资源利用上线为基础,构建以网格单元为基础的环境分区分类管控体系,划定陆域综合管控单位,实施精细化、差异化管理,引导全域功能、人口、产业合理布局。

2.加强重点区域生态保护

加快推进四明山区域生态发展,四明山区域划定的生态保护管控面积占到整个区域的 49.2%,并持续开展水土修复、农村环境整治、生态下山移民等行动;生活垃圾集中收集覆盖所有行政村,四明山区域生态保护和持续发展之间的矛盾有效破解。强化自然保护地建设,积极推进大花园、大景区建设,近年来建成省级以上森林公园 13 个(其中国家级 5 个)、国家级地质公园和湿地公园各 1 个、省级以上风景名胜区 4 个(其中国家级 1 个),占陆域面积的 4.8%。东钱湖纳入国家湖泊生态环境保护试点,治理经验成为全国 10 个生态保护先进湖泊样板之一。加强海洋生态保护,全面强化海洋自然保护区、水产种质资源保护区等各类自然保护地的管理,落实生态用海要求,施行围填海严管严控政策;积极开展海域海岛海岸带整治修复,实施象山石浦港海岸带综合整治、梅山湾综合治理工程和花岙岛生态岛礁建设等工程。

(三)经济生态化和生态经济化得到有效实施

1.大力推动经济生态化

围绕宁波绿色都市农业强市建设和"一控两减四基本"的目标,推进生态循环农业建设,连续 6 年实现化肥、农药"零增长"。2020 年,宁波市持续推进落后产能淘汰和"低散乱"企业整治,印发实施《宁波市工业强市建设领导小组成员单位淘汰落后产能及"低散乱"整治提升工作职责分工》,淘汰落后和过剩产能涉及企业 225 家,完成省下达任务的 187.5%;印发实施《宁波市制造业"两小"企业综合治理提升三年行动计划(2020—2022 年)》,完成"低散乱"企业(作坊)整治提升 2370 家,完成省下达任务的 197.5%。

2.积极探索生态经济化

生态环境资源转化为经济价值实践探索成效显著。通过美丽乡村建设与旅游发展融合,将生态优势转化为生态红利,打造景区村庄,目前已创建 A 级景区村庄 435 个,其中 3A 级景区村庄 85 个,已登记在册民宿 1180 家。2020 年,宁波市完成旅游总收入 1999.5 亿元,接待国内游客 1.25 亿人次,完成国内旅游收入 1998.4 亿元,接待入境游客 5.6 万人次,完成入境旅游收入 0.16 亿美元。2020 年上半年,宁波市新启动建设新时代美丽乡村达标村 614 个、特色精品村 30 个、示范镇 10 个、示范县 1 个、小集镇式中心村 10 个、乡村振兴示范带 10 条、梳理式村庄改造项目 300 个。

3.强化资源节约和循环利用

2020 年,宁波市完成温室气体清单编制,碳交易纳入企业温室气体排放报告审核率达到 100％。强化资源综合利用示范引领,组织余姚市、宁海县、象山县三地申报省级资源循环利用示范城市(基地),组织开展"千家""万家"企业考核。实行最严格节约集约用地制度,盘活存量建设用地 2.37 万亩,盘活低效用地 1.2 万亩,分别完成省下达任务的 155.9％和 140％。实施最严格水资源管理制度,市和各区县(市)均已印发节水行动实施方案,全部完成水资源年度双控指标和取水工程(设施)核算登记年度任务。

(四)生态环境保护力度持续加大

1.打好治水提升攻坚战

2020 年,宁波市新增污水处理能力 14.5 万吨/日,完成城镇污水处理厂清洁排放改造 9 座,新建、改造污水管网 194 公里。累计完成日处理能力 30 吨及以上农村生活污水处理设施标准化运维 921 个。深入开展污水零直排区建设,完成 93 个城镇生活小区、16 个工业集聚区、34 个镇(街道)"污水零直排区"创建。持续推进造纸、氮肥、印染等十大涉水行业达标排放治理,确保涉水重点行业企业稳定达标排放。开展"千吨万人"以上饮用水水源保护区"划、立、治",建立准保护区的正面清单与管控措施,落实水源保护区内污染源的清退整改。

2.打好蓝天保卫收官战

2020 年,宁波市开展 PM2.5 和臭氧"双控双减"专项行动,全面完成工业废气重点整治工业园区 15 个、重点行业 VOCs 治理减排项目 150 个、工业炉窑重点治理项目 23 个、钢铁超低排放改造项目 9 个、燃气锅炉低氮改造 478 台,完成镇海电厂 2 台共 43 万千瓦时机组的关停和 24 台 35 蒸吨/小时燃煤锅炉的淘汰。开展大气复合污染源解析工作,编制完成 2018 年大气污染源排放清单。强化移动源污染管控,累计淘汰老旧车辆 5.44 万辆,42 套黑烟车电子抓拍系统建设联网,并在省内开出首张黑烟车电子抓拍非现场处罚单。累计建成港口高、低压岸电设施 15 套和 130 套。全市中心城区 5000 平方米及以上建筑工程扬尘在线监测和视频监控安装率超 95％,建成 81 套露天焚烧高空瞭望系统。

3.打好净土清废攻坚战

2020 年,宁波市完成重点行业土壤污染状况详查评估、330 个地块土壤环境质量调查和 295 个农用地土壤超标点位"对账销号"。全面实施"无废城市"建设,推进一般工业固废和小微企业危废两个收运体系建设,基本建成覆盖全市域的小微企业危废转运体系。全市污泥处理能力达 198 万吨/年,新增持证危废利用处置能力 26.87 万吨/年。93.87％的二级及以上医疗机构医废视频监控接入省系统。建成省级高标准生活垃圾分类示范小区 500 个、农村生活垃圾分类处理项目村 36 个,城镇生活垃圾回收利用率达到 64.36％,新增镇垃圾日处理能力 1700 吨。

4.环境监管不断从严

2014 年至 2020 年,宁波市共计查处环境违法案件 10587 件,行政处罚金额达 7.37 亿元,实施按日连续计罚查封扣押等五类案件 1623 件,移送公安部门行政拘留 155 件 141 人,刑事拘留 170 件 281 人。加大对环境风险企业的动态监管和应急预案备案管理,定期组织开展隐患排查。落实最严格的环境资源司法保护制度,全市检察机关共办理生态环境和资源保护领域诉前程序案件 284 件。推动生态环境损害赔偿制度改革落地,完成生态损害赔偿案件结案 13 件,其中奉化区 1 件,赔偿金额为 50 万元以上。

(五)生态文明保障体系进一步健全

1.制度体系进一步健全

出台了《宁波市生态环境保护工作责任规定》,修订实施《宁波市环境污染防治规定》,制定发布了《宁波市生活垃圾分类管理条例》,高质量开展《宁波市生态环境保护"十四五"规划》《美丽宁波建设规划纲要(2020—2035 年)》的编制工作,精心谋划新一批重大政策、重大举措、重大工程和重点任务。发布实施《宁波市"三线一单"生态环境分区管控方案》,建立生态保护红线、环境质量底线、资源利用上线和生态环境准入清单的宏观管控机制,为空间规划和规划环评提供基础支撑。进一步完善湖长制、湾(滩)长制、生态环境损害赔偿、环保信用评价、环境资源司法保护等制度,不断夯实生态环境治理和保护制度基础。

2.统筹推开大花园建设

2020 年,宁波市完成省级重点平台宁波滨海旅游休闲区项目固定资产投资约 24 亿元。列入省大花园项目库的 5 个重大项目 2020 年前三季度完成投资 28.0 亿元,完成年度计划的 99.7％。象山县升格为大花园典型示范创建类单位,宁海县入选新一批大花园示范县。深化"金山银山不如绿水青山"转化改革,探索推进 GEP 核算,开展象山县"两山银行"试点,目前已形成"两山银行"组建初步方案。

3.区县(市)生态环境议事厅实现全覆盖

全面推行"生态环境议事厅"等工作载体,整合提升服务企业、服务群众、服务高质量发展的措施和能力,增强企业绿色发展保障能力,打造生态环境咨询服务宁波品牌。2020 年,宁波市共举办"生态环境议事厅"活动 91 期,环境大讲堂 52 期,环保集市 26 次,1 万余家企业和 8 万余名群众参与,解决环保难题 386 个,"奉化议事厅"成功入选"美丽中国,我是行动者"全国十佳优秀案例。2020 年 10 月 26 日,"生态环境议事厅"工作经验得到《人民日报》整版深度宣传报道和推广。

二、2020 年宁波生态文明建设存在的主要问题

2020 年,宁波市生态文明建设取得了一定的成效,获得了一批国家级荣誉,承担了一批国家级试点任务。但生态环境群众满意度在全省的排名一直处于落后位置,生态环境质量与新时代生态文明建设要求还有一定差距、与新时代美丽宁波的建设还有一定差距、与人民日益增长的美好生活需求还有一定差距,仍存在一些结构性、素质性问题以及一些群众反映强烈的环保问题需要破解和整改。

(一)生态文明体制改革存在薄弱环节

《宁波市生态文明体制改革实施方案》(甬党发〔2017〕51 号)确定的 64 项重点改革事项总体上进展顺利,但部分区县(市)先行先试的改革项目未取得突破,部分领域的改革相对落后。虽然宁波市的"生态环境议事厅""污水零直排区"建设在全省进度领先,北仑区在全国同类地区首创绿色发展报告制度,但还未完全形成一批在全国、全省有影响的改革亮点,以点带面的改革示范突破带动作用不明显。生态损害赔偿制度改革实施方案虽已出台,但各部门还未建立联合惩戒机制和顺畅的工作模式;生态补偿的机制不够健全,生态补偿的主题和方式比较单一,跨行政区域和横向转移支付等机制尚未建立等。"管行业必须管环保、管业务必须管环保、管生产必须管环保"的部门生态环保责任还难以压实。

(二)产业绿色转型发展存在短板

宁波市是先进制造业基地和国家临港重化工基地,靠资源能源支撑工业化、城镇化发展,以燃煤为主的能源消费结构短期内难以改变,经济高速发展带来资源能源上的消耗仍将继续增加,粗放型发展方式对环境造成的影响短期内难以消除,未来随着石化等重点项目实施,再加上中心城区建筑工地、道路扬尘等面源污染等,大气主要污染物减排潜力已接近底线。港口贸易繁荣带来船舶和集卡车增多,车船废气污染问题更加突出。在部分民营经济发达的区县(市)依然存在一定规模的"低散乱"企业,部分企业虽经整治仍有污染反弹现象;违法违规建设项目时有发生。

（三）基础能力建设相对滞后

我市污水处理设施建设总体还滞后于城市发展。有些污水处理厂目前只完成初步选址，后续建设投用工作需进一步加快。而一些乡镇污水处理厂却长期处于低负荷甚至空转状态，污水处理设施的绩效有待进一步提高。污水管网运维管理不够到位，结构性缺陷较多，雨污混接、错接、漏接，管道破损、堵塞等问题多发。部分区域生活垃圾焚烧处置设施建设相对滞后，一般工业固废利用处置设施还不配套，协同处置的渠道和机制还有待完善。我市存在监测网络范围和要素覆盖不全，信息化水平和共享程度不高，预测预警能力不足，点位布设代表性不足、监测数据代表的区域面积过大、数据显示环境质量变化情况不精准等问题。

（四）环境质量改善任重道远

受制于截污纳管工作不精细不彻底、部分平原地带河网流动性差、生态补水缺乏、偷排漏排屡禁不止等原因，个别"国考"断面水质不稳定，在夏季高温时节容易发生水质波动、下降等现象；我市环境空气质量持续稳定改善，虽然空气质量优良率上升明显，大气复合污染态势有所减弱，但 O_3 污染问题仍然突出，2020 年我市臭氧超标率为 5.5%，同比下降 12 天，空气质量优良率同比上升 5.8 个百分点，部分重点区域 NO_x 浓度不降反升；土壤污染防治工作还在起步阶段，土壤污染状况底数不清、基础不实等问题暂时还难以根本改变。

三、2021 年加快宁波生态文明建设的对策建议

习近平总书记强调，走向生态文明新时代，建设"美丽中国"，是实现中华民族伟大复兴的中国梦的重要内容。如今宁波已加入万亿 GDP 城市行列，经济社会发展进入了一个新的时期，面对能源资源约束、环境污染累积、生态系统退化的严峻形势，经济社会发展与资源环境承载力、民生需求与人均环境、优质生态产品需求与供给存在显著矛盾，生态文明建设需要进一步加强。实施环境质量攻坚、基础设施补短板、高质量发展服务和治理能力提升四大工程，以更高标杆、更大作为推进我市生态文明示范建设，让生态成为"重要窗口"的厚实本底，让美丽成为"重要窗口"的普遍形态，让绿色成为"重要窗口"的品质追求。

（一）坚持合力共抓，确保生态制度"长效化"

坚持制度创新，做到生态建设有规划、目标任务有部署、工作实绩有考核、环境损害有赔偿，加快形成全市上下齐抓生态、共抓创建的共识。一是明确目标定

位。坚持以习近平生态文明思想为遵循,贯彻落实"生态文明要先行示范"的最新指示要求,打造全域景区、推进全域美丽和发展全域旅游,切实把生态文明建设与经济发展、城乡建设、公共服务、社会管理、文明创建等工作有机结合起来。与时俱进认识生态文明,跳出生态抓生态,把绿水青山建得更美,把金山银山做得更大。二是完善规划体系。坚持规划统领,把生态文明建设纳入"十四五"规划,按照多规合一要求与国土空间规划、产业发展规划等其他规划衔接统一。通过规划进一步明确生态保护区域、产业准入门槛、项目环保投入等,为区块开发、项目落地划定红线。着力解决海洋生态红线覆盖陆域、自然保护地纳入不完整、永农布局与生态红线冲突等三方面问题。三是强抓共建共享。积极拓展生态文明互动平台,利用"聚焦生态环境议事厅"和"生态环境大讲堂",拉近企业与政府、环保专家之间的距离。全面落实生态环境质量报告制度,开展自然资源资产审计,生态环保工作接受全社会监督。统筹落实政府和企业责任,全面推行排污许可制度,提高企业环境管理和治污能力。统筹推进跨部门生态环境保护协作机制,构建治水、治气、治土、监测和执法等治理协同平台,提升合力治污水平,形成生态环境保护齐抓共管的大格局。利用线上线下、新老媒体开展生态文明宣传,着力消除认识误区、增进生态共识,全社会生态保护意识持续提高。

（二）坚持绿色导向,做好产业转型"加减法"

坚持经济发展绿色化、产业生态化。按照 2019 年 6 月印发《中央生态环境保护督察工作规定》,落实"三管三必须"等要求,即管发展必须管环保、管行业必须管环保、管生产必须管环保。一是以淘汰落后倒逼转型提升。按照"管住增量、调整存量、上大压小、扶优汰劣"思路,滚动实施高污染行业整治提升专项行动,做好表面处理、有色金属、食品加工、砂洗水洗和废塑料等行业整治提升。二是以集聚集约助推效益增长。建立智慧新系统,以调查摸底为基础,建立工业档案,全面摸清工业用地总量分布,开展低效企业提升达标专项行动,整治提升"散乱污"企业。持续深化"亩均论英雄"改革,新增工业用地全面推行"标准地"。同时有序推进"工业大脑"系统建设,建设"横向到部门、纵向到企业"的数字工业产业体系框架,实行多领域开放共享,促进决策更加精准化、科学化。三以动能转换优化产业体系。始终坚持先进制造与现代服务双轮驱动发展,大力培育健康、新材料、高技术、数字经济核心产业,重点打造智能家电（家居）、智能汽车零部件、智能装备、集成电路芯片设计、软件和信息服务等数字经济核心产业。

（三）坚持综合施策,打赢污染防治"攻坚战"

气、水、土污染防治是环境质量攻坚工程的重点。按照中央坚决打赢"三大攻坚战"要求,以壮士断腕的决心,实施持续艰辛的生态治理工程。一是完善环境监测。推进水环境自动监测设施建设,建设基本覆盖全市水网的地表水环境质量自动监测系统。强化乡镇(街道)大气环境质量站(点)建设,基本覆盖全市域,增强区域环境质量变化的动态监测能力。完善土壤环境监测网络建设。开展土壤污染重点监管单位周边土壤监测。持续推进污染源在线监控设施监督管理,强化生态环境数字化转型。二是大力推进环境设施建设。全面形成"全类型、全覆盖、全过程"的固体废物分类处置和资源化利用体系,实施城镇垃圾分类减量化行动和智慧型一体化再生资源回收体系。推进污水处理厂新改扩建,强化污水管网建设,加快推进清洁排放改造。继续开展治水攻坚行动,坚持岸上岸下一起治,打好污水零直排、清淤疏浚、活水调水、美丽河湖等组合拳,落实"一河一策",提升河道品质。三是夯实环境管控措施。推行"双随机、一公开"和"互联网＋监管"等执法方式,同步强化稽查监督,规范行政执法行为,提升执法效率。加大无人机、管道机器人等科技化监管方式应用。完善行政执法与刑事司法衔接机制,实行重大案件公安、检察院、法院联合督导督办制度。聚焦污染攻坚战关键领域和督察整改薄弱环节,以交叉式、联合式、蹲点式等监管方式,推进实施"绿剑·卫蓝""绿剑·护水""绿剑·净土"等专项执法行动,连环式打好生态环境执法组合拳,坚决遏制环境违法和生态破坏行为。

(四)坚持惠民富民,共建乡村振兴"新示范"

聚焦农民对美好生活的追求,深入实施乡村振兴战略和美丽镇村"千万工程",大力建设四好农村路、美丽河湖,走出一条生态美、产业兴、百姓富的可持续发展之路。一是建设宜居乡村。坚持城乡一体,把美丽城市、美丽城镇、美丽乡村建设统筹起来规划建设。坚持一村一韵,打好整理改建、联户自建、特色改造等组合拳,下好美丽庭院、美丽民居、乡村小品等绣花功,把古道步道、生态走廊、多彩田园、名人故居等串起来,形成推窗见景、处处有景、全域是景的风景线。二是壮大美丽经济。"绿水青山"既是自然财富、生态财富,又是人类的经济财富、发展财富。着眼把美丽资源变成美丽经济,做好产业融合文章,坚持跳出农业抓农业,坚持"工农文旅体"融合发展,接二连三发展美丽经济。三是加快生态修复。认真落实浙江省全域土地综合治理与生态修复工程部署要求,积极有序对纳入整治范围的各类土地进行系统生态治理和生态修复。加大复垦复绿力度,全面推进高标准农田建设、建设用地复垦、低效用地整治、废弃矿山治理和综合开发等工程建设,对"田水林路村"进行全要素综合整治,鼓励村社、企业、厂区、园区植树绿化,使项目区内农田更加集中连片、村庄更加集聚宜居、生态更加和谐美丽。

(作者单位:中共宁波市委党校)

2020年宁波党的建设总报告

朱　珂

2020年，宁波各级党组织深入学习贯彻习近平总书记考察浙江省时的重要讲话精神，大力推进"党建争强"，聚力锻造"五强"领导班子，扎实推进基层党建"锋领港城"建设，持续打造具有国际竞争力的人才高地，有力推动清廉宁波建设。

一、2020年宁波党的建设基本状况

2020年，宁波各级党组织在宁波市委的坚强领导下，紧扣忠实践行"八八战略"、奋力打造"重要窗口"主题主线，以非常之时的非常责任担当、非常工作作风，全面提高党的建设质量和科学化水平。

（一）聚焦信仰忠诚，高标加强政治建设

坚持以政治建设为统领，持续加强理想信念教育和对党忠诚教育，把习近平总书记重要讲话精神融入广大党员干部的灵魂，转化为坚定践行的自觉，推动全市上下进一步牢固树立"四个意识"，坚定"四个自信"，做到"两个维护"。

1. 以系统培训强化政治教育

持续推进习近平新时代中国特色社会主义思想教育培训计划，将其作为各级党校、行政学院的主课，各类主体班次中新思想课程超过190个，占比超过40%。全面完成党的十九届四中全会精神集中轮训，采取"网络自学＋专题研讨＋在线测试"组合式培训模式，培训市管干部1400余人、处级干部1.2万余人。出台巩固深化"不忘初心、牢记使命"主题教育成果实施意见，打造市级50个、县

级 300 个党员教育红色示范基地,推动党性教育往深里走、往心里走、往实里走。

2. 以专项考察识准政治表现

把疫情防控和复工复产、"六争攻坚"大冲刺、文明城市创建、生态环保督察等市委市政府中心工作,作为考察识别党员干部政治表现的主阵地,深入开展干部表现一线调研和履职监督,常态化组建一线调研组,覆盖市县两级 900 余个领导班子 8000 余名领导干部,全面开展班子和干部表现"双找"。市县联动深入开展干部履职情况监督,有力有效督促干部主动担当作为。

3. 以宣讲宣传提升政治自觉

制定下发习近平总书记重要讲话精神专题宣讲方案,全市共组建市委宣讲团和市直部门宣讲团、区县(市)委宣讲团、企业宣讲团、青年宣讲团、微型党课宣讲团等各级各类宣讲团 420 余个,共开展线上线下宣讲活动 8900 余场,受众超过 260 万人次。开设"牢记总书记殷切嘱托 勇当建设'重要窗口'模范生""砥砺奋进再出发"等专栏专题 12 个,全方位宣传解读习近平总书记重要讲话精神,报道各级各部门贯彻举措,刊发相关报道 480 多篇。

(二)聚焦担当作为,全力锻造宁波铁军

以素质培养、知事识人、选拔任用、从严管理、正向激励干部工作"五大体系"为牵引,坚持把讲担当重实干融入选育管用全过程,切实把干部干劲引导凝聚到干事创业上来,大力锻造堪当重任的高素质专业化宁波铁军,切实做到干部为事业担当、组织为干部担当。

1. 实干导向选用担当干部

出台深化"两个担当"良性互动激励干部为当好建设"重要窗口"模范生建功立业具体举措,建立完善激励干部担当作为政策体系。实施干部考核"三个办法",对考核指标量化赋分,建立健全差异化、多维度的干部考核体系。搭建比学赶超亮绩赛优平台,10 名干部被评为"省担当作为好干部",评选"六争攻坚"好干部 106 名,展示 6 期先锋榜(上榜 348 个团队和个人),评选表彰战疫先锋团队 120 个、先锋个人 327 名、先进基层党组织 50 个,通报表扬抗疫先锋团队 1246 个、个人 3663 人。

2. 系统历练提升担当本领

深入实施干部专业化能力提升计划,举办贯彻落实新发展理念、扩大有效投资、推动外贸倍增提质等专业化能力培训班 33 期,培训干部 3000 余人次。加强干部实战历练,选派"六争攻坚"一线挂职干部 1404 名,市级重大片区重大项目指挥部挂职干部 112 名,参与市委市政府中心工作专班干部 137 名,赴中央部

委、央企协会、先进地区历练干部 44 名。助力打赢脱贫攻坚战,选派东西部扶贫协作干部 49 名、专技人才 803 名,县均选派数居全国前列。

3. 链式培养储备担当力量

完善贯穿全职业周期的教育培训机制,针对新提任市管干部、优秀年轻干部、选调生、新录用公务员等,举办能力素质递进式培训班 12 期、培训干部 700 余人次。大力发现培养选拔优秀年轻干部,严格落实年轻干部选配预审制度,创新推行年轻干部预审制、导师制、试岗制、实挂制、比选淘汰制等"五制"培养模式,年轻干部配备数量和比例持续提高。加强干部源头储备,招录选调生 148 名、选聘事业高层次紧缺人才 235 名、考录公务员 494 名。

4. 关心关爱激发担当干劲

加强干部关爱激励,平稳实施公务员职务与职级并行制度,构建"1211"干部心理健康服务体系,探索建立疫情防控期间容错免责机制。深入推进机关事业单位工作人员职业生涯全周期"一件事"改革,实现入编、社保、公积金等业务"一张表单申请、一个平台联办、一次不跑办成"。

5. 从严管理倒逼担当压力

常态化运行干部"大监督"工作机制,新收集监督信息 2000 余条次,建立"红橙黄"三色预警名单。严格执行领导干部个人有关事项报告"两项法规",重点查核 118 名市管干部,随机抽查 136 名市管干部。深化选人用人监督,组织 144 家基层有用人权单位开展"一报告两评议",查核 12380 举报反映选人用人问题。

(三)聚焦"两个必须",持续升级"锋领港城"

坚持大抓基层导向,以习近平总书记"两个必须"重要回信精神为遵循,统筹抓好各领域基层党建,发挥党员先锋模范作用,进一步推动基层党建全领域建强、全区域提升。

1. 村社换届配强基层带头人

把村社换届作为选优配强领头雁的重要契机,坚持试点先行、稳步推进,聚焦重点县乡和选情复杂村、后进村社,抓牢六类重点对象,特别是紧盯规模优化调整后 289 余个行政村的并心融合,选好班子配强队伍。全市共选优配强村社"两委"班子成员 1.9 万人,"一肩挑"率达 99%。全面实行村党组织书记县级党委备案管理,推行名师工作室、导师帮带制、实绩擂台赛等做法,评选第二批兴村(治社)名师 56 名,累计达到 112 名。

2. 整片建强严密基层组织体系

深入实施"整乡推进、整县提升"行动,以"点线建精、整片建强"深化组织力提升工程。面上,在农村片区、城市社区、特色小镇、小微园区、工业聚集区、楼宇、新业态领域等建设区域党建联盟,打造以梁弄新时代党建样板镇、奉化金溪五村党建共同体、鄞州划船党建综合示范区、宁波东外滩党建综合体等为代表的红色党建集群,建成"整片建强"示范镇乡(街道)105 个、区域党建联盟 510 个。点上,持续加强基层支部标准化规范化建设,推行支部任务清单、"堡垒指数"考评和星级动态管理,为全市 1.29 万个法人单位基层党组织授牌,三星级以上占比超过 95%。

3. 全域建强抓实各领域党建

在农村,坚持红色党建引领绿色发展,深入实施固本强基"三大提升行动",总结推广乡村治理"五小工作法",全市所有行政村年集体经济收入均超过 30 万元、年经营性收入均超过 10 万元。在社区,深入推进全国城市基层党建示范市建设,出台物业党建 13 条。在两新领域,深化"三整一全"建设,组建 9 家行业性党组织,出台 7 个行业党建实施意见,职工 30 人以上非公企业有党员比例和职工 80 人以上非公企业单建党组织比例均达 100%。在高校、国企、公立医院、中小学等各领域,制定党建评价标准和任务书,清单式落实年度重点任务。

4. 多元保障激发基层党建动能

优化千分制考核体系,每季度常态化开展质量评估专项调研,层层压实责任。加强基层党务工作者队伍建设,实施新生代企业家"双传承"计划,探索推行党员领导干部到企业党组织兼任"第一书记"制度。整合提升各级各类党群服务中心 3300 余个,在全省率先成立社会组织党建指导中心,统筹加强乡村振兴学院、两新红领学院建设。

(四)聚焦创新人才,深入实施"栽树工程"

围绕市委建设高水平创新型城市的总体要求,牢固树立人才是第一资源的理念,全力打响"全球青年友好城""与宁波·共成长"两大主品牌,倾力打造高素质人才发展重要首选地。

1. 升级政策广揽天下英才

深入实施人才和创新"栽树工程",整合升级"3315 系列计划",出台实施"甬江引才工程",发布《2020 宁波人才开发指引》,出台人才落户新政以及新材料、数字经济产业人才发展三年行动计划,推动实现引才条件更开放、引才方式更灵活、青年导向更突出,以更优政策更大力度广揽天下英才。全年新增就业大学生、新引进海外留学生分别同比增长 20.3% 和 24.7%,新增顶尖人才、关键人才、青年人才、海外人才数量再创新高。

2. 升级平台厚植人才沃土

做强科研型平台,主动融入国家自主创新示范区、甬江科创大走廊、甬江实验室建设,新引进北京大学宁波海洋药物研究院。做大一体化平台,深度融入长三角一体化发展战略,深入推进沪甬人才合作先锋区建设、甬舟人才一体化发展,浙江创新中心集聚市内外人才企业、孵化平台达到 119 家。做优特色性平台,建成投用宁波东钱湖院士之家,新建海曙、鄞州、慈溪 3 个市级人才创业园,揭牌运行宁波高端装备海外工程师协同创新中心。

3. 升级载体提升活动质量

疫情期间,在全省创新实现青年人才线上招聘、高端人才云端招聘、基础人才线下招聘等"三个率先",按照"线上＋线下"思路创新务实举办人才日活动,向全球人才发出"谷雨之约",首发全球引才形象片、主题推广曲,吸引 2.4 万名青年人才对接,达成意向 6500 余人。高质量举办 2020 中国浙江·宁波人才科技周活动,向全球人才发出"金秋之约",组织开展 35 场重点活动,2000 余家企事业单位、3.2 万名各类人才参会。创新开展"揭榜挂帅"引才模式,吸引 465 个团队"揭榜","榜金"总额超 35 亿元。

4. 升级服务打造暖心生态

深化人才服务"最多跑一次"改革,开发"甬智通"人才创业创新全周期"一件事"改革服务平台,上线人才安家补助、购房补贴、就业补助等 32 项高频服务事项,变人才服务"串联办理"为"并联办理"。打造"一站式"人才服务综合体,建成宁波人才之家 5 家。新选聘 89 名助创专员、法务专员、财务专员结对联系 319 家人才企业。着力解决人才"关键小事",优化购房补贴、子女就学、人才落户、专家服务等政策,进一步营造近悦远来、拴心留人的良好氛围,人才生态指数在全国城市中位居第 6。

(五)聚焦从严治党,大力推进"清廉宁波"建设

准确把握全面从严治党新形势新任务、党风廉政建设和反腐败斗争的阶段性特征,持续强化政治监督,持之以恒正风肃纪反腐,一体推进"三不"机制,扎实推动"清廉宁波"建设不断取得新进展。

1. 在严明政治纪律上狠下功夫

牢牢把握政治监督的根本目的,扎实推进政治监督具体化、常态化,督促全市各级党组织和党员领导干部自觉将"两个维护"融入思想、见诸行动。严明政治纪律和政治规矩,共立案查处违反政治纪律问题 26 起,处分 24 人。对照省纪委《2020 年政治监督任务书》,细化责任分工,盯住具体的人和事,依规依纪依法

实施问责,2020 年 1—10 月,共问责 287 人,其中诫勉 92 人、处分 98 人,通报批评 46 人,市本级下发各类监督提醒书 19 份。

2.坚决整治群众身边的不正之风和腐败问题

始终坚守以人民为中心的根本政治立场,切实维护人民群众的根本利益。严明村(社)组织换届纪律,组建换届选风选纪工作组加强监督检查。盯紧村(居)两委"一把手"和基层站所负责人等重点对象,聚焦民生惠农、农村征地拆迁、"三资"管理等重点领域,严肃查处侵害群众利益问题。扎实推广检举举报平台基层版,深化涉纪信访举报"减存遏增、提质增效"专项行动。

3.持续巩固作风建设成效

完善"联督联查联防"工作机制,密切关注享乐主义、奢靡之风隐形变异新表现新动向,对歪风邪气露头就打。继续推行"基层点题"制度,发挥基层监测点作用,聚焦困扰基层的形式主义、官僚主义问题开展集中整治,切实为基层干部减负。开展坚决制止餐饮浪费行为专项监督,督促各地各部门将相关工作抓实抓细,组织开展专项检查,发现问题 59 个,提出整改建议 36 条。

4.一体推进"不敢腐、不能腐、不想腐"

坚持严的主基调,准确把握"不敢腐、不能腐、不想腐"之间的内在联系、辩证关系,坚持系统谋划、一体推进,巩固发展反腐败斗争压倒性胜利。2020 年,全市纪检监察机关共接受信访举报 3070 件次,同比下降 31.91%;处置问题线索 5438 件,同比增长 19.8%;立案 1759 件,同比增长 10.1%;给予党纪政务处分 1613 人,同比增长 22%。其中,立案查处市管干部 14 人、处级干部 81 人,移送司法机关处理 65 人。同时,严格按照"三个区分开来"要求,精准开展澄清工作,共为 87 名受到诬告的干部澄清正名,保护干事创业的积极性。

二、形势分析

"十四五"时期是我国全面建成小康社会、实现第一个百年奋斗目标之后,乘势而上开启全面建设社会主义现代化国家新征程、向第二个百年奋斗目标进军的第一个五年,是浙江省忠实践行"八八战略"、奋力打造"重要窗口",宁波市争当建设"重要窗口"模范生的关键时期。做好新时期党建工作,应着重把握三方面新要求。

(一)"两个大局"的新形势对政治引领提出了新要求

党的十九届五中全会,着眼中华民族伟大复兴的战略全局和世界百年未有之大变局的宏大视野,深入分析了我国发展阶段、发展环境和发展条件,做出了"当前和今后一个时期,我国发展仍处在重要战略机遇期,但机遇和挑战都有新的发展变化"的战略判断。从面上看,我国经济社会发展稳中向好、长期向好的基本面没有改变,宁波市经济社会持续健康发展,但同时也面临着日趋复杂的外部环境。各级党组织必须充分发挥组织作用,以更大力度强化政治引领,更加有效地把广大党员干部和各方面人才组织起来,把广大人民群众凝聚起来,把党的组织优势、政治优势巩固好、发展好、发挥好,真正做到在危机中育新机、于变局中开新局。

(二)宁波发展的新坐标对实干引领提出了新要求

宁波市委十三届八次全会,做出了奋力当好浙江建设"重要窗口"模范生的战略部署,从当好 12 方面模范生、加快形成 15 项重大标志性成果等方面,擘画了当前和今后一个时期宁波发展的宏伟蓝图和前行坐标。市委"十四五"规划格局新、理念新、定位新、目标新,把宁波经济社会发展层次、工作要求、目标定位提升到前所未有的高度。宁波能否当好浙江建设"重要窗口"模范生,把"十四五"规划蓝图变为施工图、实景图,关键在党、关键在人、关键在干部。各级党组织必须把加强各级领导班子和干部队伍建设摆上重中之重的位置,把提升党员干部担当干事意识能力作为核心课题,坚持严管与厚爱并举、实干与实绩并重,聚焦"选育管用"各环节精准发力,着力打造维护力强、引领力强、担当力强、服务力强、廉洁力强的领导班子,持续激发广大党员干部奋发干事的担当干劲。

(三)社会治理的新特点对党建引领提出了新要求

宁波市委十三届七次全会,对标治理体系和治理能力现代化重大部署,描绘了高水平推进市域治理现代化的实践蓝图。市委十三届八次全会,又提出要打造全国市域社会治理现代化示范城市,不断提高社会治理社会化、法治化、智能化、专业化水平。这些都对党建引领基层治理提出了新要求,赋予了新任务。各级党组织必须把加强基层党的建设作为贯穿社会治理和基层建设的一条红线,以更高质量健全完善党建引领基层治理机制,推动党的领导体制和治理体制相统一、党的组织体系和治理体系相融合、党的执政能力和治理能力相匹配,充分发挥基层党建在推动基层治理、引领基层发展中的"大底盘"作用。

三、2021 年党的建设展望及对策建议

2021 年,是建党 100 周年,是"十四五"规划开局之年,同时也是市县乡三级

换届启动之年，大事要事叠加，职责使命重大。党的十九届五中全会审议通过了《中共中央关于制定国民经济和社会发展第十四个五年规划和二〇三五年远景目标的建议》，这对做好新时代党的建设工作提出了新的更高要求。宁波各级党组织应坚持以习近平新时代中国特色社会主义思想为指导，把坚持党的领导作为抓好各项事业的根本前提，认真贯彻落实新时代党的建设总要求，立足新起点、把握新要求、担负新使命，不断推动党的建设提质增效；聚焦主责主业、拉高履职标杆，高质量抓实抓好党的各项建设，为宁波唱好"双城记"、当好模范生、争创社会主义现代化先行市提供坚强保证。

（一）坚持政治铸魂，更高站位擦亮"绝对忠诚"政治本色

以建党 100 周年为契机，结合巩固深化"不忘初心、牢记使命"主题教育成果，谋划开展"学党史、悟初心、践使命"专题教育，教育引导广大党员干部在践行"两个维护"上走在前作表率。紧扣建党 100 周年重大节点，以"不忘初心、甬往直前"为主题，组织"五个 100"系列评选，开展绘制一张初心图谱、重走一遍红色路线等"十个一"活动，通过立体化、多层次的政治教育，更好地把"两个维护"要求印入党员干部灵魂深处。深入开展干部政治素质专项调研，考准考实干部在大是大非面前的政治忠诚、重大任务中的政治能力、斗争考验下的政治担当，研究建立重要岗位领导干部政治素质档案，坚决把"两面人"挡在门外。

（二）坚持担当赋能，更高标准健全选人用人整体智治

以市县乡集中换届为契机，健全选人用人整体智治"一体系三机制一平台"，建立干部工作高质量发展评价指标体系，奋力选出好干部、配出好班子、换出好导向、形成好气象。深化"领导点题、部门领题、学员破题"干部教育培训机制，组织开展"奋力当好'重要窗口'模范生"系列专业化能力培训班，实施一把手战略储备工程、年轻干部培养工程。深化落实激励干部担当作为"1＋X"政策体系，按照"三个区分开来"要求，精准、审慎、规范问责，稳步推进容错纠错和澄清正名工作，稳妥推动被问责和处分影响期满、符合有关条件的干部合理使用。按照干部心理健康服务体系建设规划，综合运用线上线下服务手段，深入实施干部心理关爱工程，打响关心关爱干部"心"品牌。

（三）坚持党建强基，更高水平建设锋领港城升级版

围绕全域建成"锋领版图"，开展城市与农村基层党组织结对共建，以组织振兴带动乡村振兴。推动条抓块统、全域联盟，以建强行业党建联盟为主要抓手，引导住建、卫生健康等行业系统党委（党组）更好扛起行业系统党建工作主体责任，持续深化高校党建"抓院促系"、国企党建"强根铸魂"工程，推动机关党的建设走在前、作表率。以实施"三大工程"为重点，聚力打造"锋领群雁""锋领细胞",力争把更多优秀党员培养成骨干、把骨干锻造成头雁。加强基础保障,健全以财政统筹为主、党费支持为辅、其他渠道为补充的基层党组织工作经费投入机制,推动村社干部基本报酬实现稳定增长,试点探索"两新"党务工作者资质认证制度。深化专项督查,继续建强督查专员、督查员队伍,常态化开展基层党建专项督查。

(四)坚持产业聚才,更高格局构筑人才发展重要首选地

实施"青年人才专项工程",紧密对接省"鲲鹏行动"计划,全面升级青年人才专属政策,探索实施青年人才举荐制、直接认定制,持续擦亮"青年友好城"品牌。抢抓长三角一体化战略机遇,聚焦上海、舟山等区域,在人才资源、人才平台、人才机制、人才生态等方面深化合作,加快打造沪甬人才合作先锋区,持续深化甬舟人才一体化发展,加快建设国家自主创新示范区、甬江科创大走廊等战略平台,在国家重点实验室、国家创新中心等标志性平台上奋力突破,为高端人才创业创新提供更大舞台。把整体智治理念引入人才服务,以人才创业创新全生命周期"一件事"改革为牵引,加快建立覆盖上级"专门事项"、人才"特需事项"的"一件事"服务平台,创新推出宁波"人才码",使宁波成为各路英才纷至沓来的人才生态最优市。

(五)坚持正风肃纪,更大力度打造良好政治生态

坚定不移正风反腐,把严的主基调长期坚持下去,保持惩治腐败高压态势,高标准执行中央八项规定精神,持续巩固发展反腐败斗争压倒性胜利。加强清廉文化建设,深入推进"四责协同",深化"三书三查两报告""三交底"谈话制度,推动管党治党责任层层压实。坚决整治民生领域的"微腐败",巩固深化"三清三提升"行动成果,持续开展基层涉纪信访专项治理,聚焦教育医疗、生态环保、食品药品安全、征地拆迁等领域的突出问题,加大惩治力度,做到凡是群众反映强烈的突出问题都严肃认真对待,凡是损害群众利益的行为都坚决纠正,切实保障惠民富民、共同富裕政策落实落地。强化协助引导推动功能,促进党内监督与人大监督、民主监督、行政监督、司法监督贯通融合、协调协同,增强监督的严肃性、协同性、有效性,构建严密的监督网。

(六)坚持党建护航,更高效率交出服务大局高分表

一如既往围绕当好浙江建设"重要窗口"模范生谋划工作、调配力量、落实保障,确保始终与中心大局同轴共转、同频共振。把党的建设放到中心大局中去审视和布局,加强要素整合,整体构建指标体系、工作体系、政策体系和考核体系,始终围绕中央和省委、市委重大战略、重要工作、重点任务来推进落实、检验成果。以数字赋能强化创造性张力,建好用好"智慧党建"大数据平台,以全生命周

期理念完善干部、基层党建、人才"数据池",让党的建设走上集成化、智慧化的快车道。谋划好"十四五"时期党建领域重大改革,深入推进公务员"一件事"等重点改革,推动党的建设目标升级、措施升级、功能升级,让党建工作服务大局更科学、更精准、更高效。

(作者单位:宁波大学)

部 门 篇

2020 年宁波工业发展情况分析及 2021 年展望

罗 丽

一、2020 年以来宁波工业经济运行情况

(一)聚焦目标任务,工业经济趋稳回升

一是工业增长持续加快。2020 年,全市规模以上工业企业共实现工业增加值 4042.0 亿元,同比增长 5.2%(全省增长 5.4%,全国增长 2.8%)(见图 1),居全省第 2 位。全市规模以下工业增加值同比增长 2.7%,增幅比全省(增长2.0%)高 0.7 个百分点。2020 年,全市共实现规模以上工业总产值 17887.1 亿元,同比下降 0.1%。

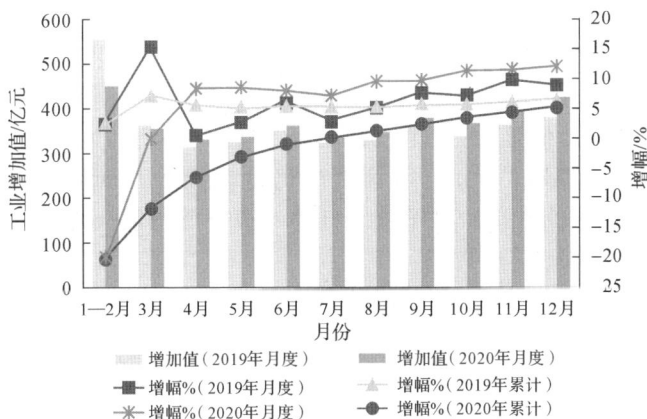

图 1 2019 年、2020 年宁波规模以上工业增加值比较

二是用电指标支撑有力。2020 年,全市工业用电量 603.2 亿千瓦时,同比增长 2.2%,高出全省 0.4 个百分点(全省 1.8%)(见图 2),其中全市制造业用电量 554.8 亿千瓦时,同比增长 2.4%,高出全省 1.1 个百分点(全省 1.3%)。用电对规模以上工业增加值支撑作用明显。

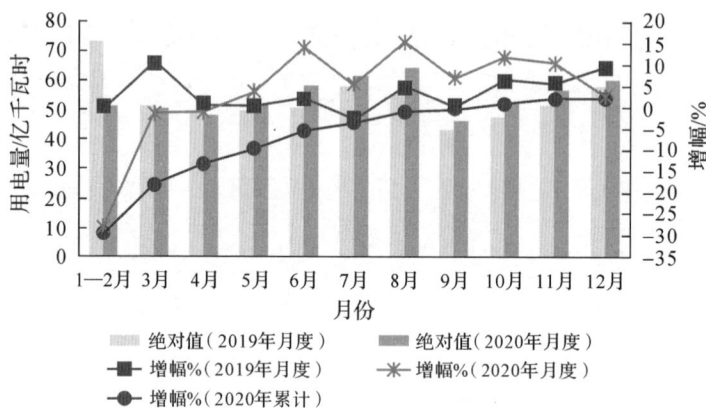

图 2   2019 年、2020 年宁波工农业用电比较

三是工业效益持续向好。2020 年 1—11 月,全市规模以上企业累计实现利税总额 2094.0 亿元,同比增长 9.2%;实现利润总额 1396.7 亿元,同比增长 14.9%,其中投资收益 263.1 亿元,同比增长 116.6%。全市规模以上企业平均营业收入利润率 8.8%,高出全国 2.7 个百分点,高出全省 1.5 个百分点;每百元营业收入中的成本 82.3 元,低于全国 1.8 元,低于全省 0.6 元。

四是工业出口连续回升。2020 年,全市累计实现规模以上工业出口交货值 3326.6 亿元,同比增长 0.2%,出口占销售的比重为 19.1%,比上年同期低 0.1 个百分点,连续 5 个月实现月度正增长。有出口实绩的 29 个行业中,黑色金属(34.5%)、文教用品(23.6%)、汽车制造(19.3%)、电气机械(18.2%)等 20 个行业出口交货值实现正增长,但石油加工(−70.4%)、纺织服装(−15.2%)、化学原料(−3.0%)等出口仍呈负增长。问卷调查数据显示,83.5% 的企业表示新签出口订单较上月持平或有所增加。规模以上工业出口交货值走势如图 3 所示。

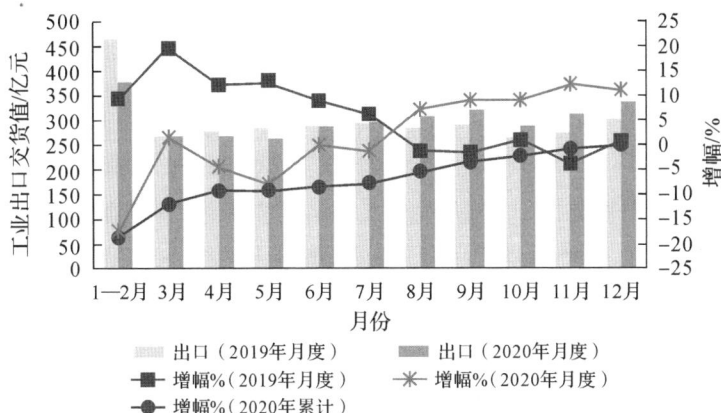

图 3　2019 年、2020 年宁波规模以上工业出口交货值比较

（二）聚焦重大项目，工业投资增长平稳

一是工业投资保持高位。2020 年，全市累计完成工业投资 903.4 亿元，同比增长 10.0%，增速高于全省平均水平 3.3 个百分点，位居全省第 4 位。累计完成技改投资 566.7 亿元，同比增长 8.8%，增速高于全省平均水平 6.2 个百分点，位居全省第三。镇海、保税区、大榭工业投资增速超过 20%，高新区、杭州湾、象山、大榭技改投资超过 30%。投资结构进一步优化，高新技术投资同比增长 15.8%，高于工业投资 6 个百分点，占工业投资的比重达到 54.6%。设备及工器具投资占全部技改的 64.2%，投入增速同比提高 22.2 个百分点。

二是重大项目招引建设加快。推进实施"双百"工程，健全重大项目月度分析、项目首谈负责等三项制度，新增万华化学新材料项目、镇海炼化大乙烯项目等 4 个百亿级项目。102 个 10 亿元以上重点项目完成投资 393 亿元；999 个"增资扩产"项目累计完成投资 461.82 亿元，同比增长 18%。引进英力士、吉利汽车集团总部和 Smart 全球总部、艾美荣安新冠疫苗研发产业化项目等重大项目 20 个。

三是新一轮智能化改造加快实施。实施千万元以上重点智能化改造项目 1703 个、市级数字化车间/智能工厂 100 个，入选省级数字化车间/智能工厂/未来工厂 24 家，新增工业机器人 3816 台。

（三）聚焦产业链畅通，集群培育加速提档

一是"246"产业集群扎实推进。2020 年，宁波市"246"万千亿级产业集群不断夯实壮大，引领全市工业经济持续回升向好。全市"246"万千亿级产业集群规模以上工业增加值（已剔重）3190.9 亿元，同比增长 5.6%，增速高于规模以上平均 0.4 个百分点,其中新材料、电子信息、生物医药等产业集群增长超过 10%,引领增长态势较为明显。稀土磁性材料产业集群入围第二批国家培育名单,全市累计 3 个,数量与上海、深圳并列全国城市第一位。

二是数字经济进一步壮大。加快落地和启动建设华为鲲鹏生态产业园、阿里宁波中心、宁波城市大脑等重大平台载体,为全市数字经济发展注入持续动力。2020 年,全市规模以上工业企业中,数字经济核心产业(制造业)、装备制造业、高新技术产业、战略新兴产业分别同比增长 9.7%、8.5%、6.9%、7.4%,占规模以上的比重分别达到 10.4%、53.3%、56.0%、29.6%。软件业务收入实现超千亿元,达到 1025 亿元,同比增长 25.2%,创年内新高。

三是产业链带动效应显现。积极谋划化工新材料、节能与新能源汽车等 10 条标志性产业链培育方案,开展产业链供应链断链断供风险排查,累计完成 8800 多家企业排查,实现规上企业全覆盖。建立清单化管理机制,形成产业链断链断供风险清单等 7 张清单。实施百场产业链龙头企业系列对接活动,累计开展产业链龙头企业产业协同创新对接、本地化配套对接等活动 80 余场。推动企业组建产业链上下游共同体,累计组建镇海炼化、奥克斯、中芯宁波、拓普集团、江丰电子等 27 家产业链上下游企业共同体。

(四)聚焦关键核心,创新能级加速提升

一是技术创新和产业链加快融合。以产业链稳链强链为重点,实施新产品开发计划,已公布第一批 336 项工业新产品试产项目。开展防疫新技术新产品开发生产情况调研,发布两批共 36 项新技术、新产品推介名单。编制优质产品目录,覆盖全市 438 家企业 2000 余种优质产品。修订装备首台套、新材料首批次保险补助政策,14 家企业 90 台(套)产品获得宁波市智能装备首台(套)保险补贴,涉及装备价值 10519.69 万元,保费 315.59 万元;新材料首批次参保企业达 27 家,总投保金额 25.9 亿元,同比增长 15%。

二是单项冠军之城推进有力。通过制定实施《宁波市聚焦关键核心技术打造制造业单项冠军之城行动方案》,高规格召开全市动员大会,加快培育拥有关键核心技术、具有行业掌控力的单项冠军企业。全年新增国家制造业单项冠军企业(产品)15 家,累计达到 54 家,占全国新增数的 8.1%;新增国家专精特新"小巨人"企业 50 家,数量居全国同类城市第一位;新增省隐形冠军 15 家,居全省首位;新增省"雄鹰行动"培育企业 7 家。

三是创新载体建设加快。推进石墨烯创新中心争创国家级创新中心,筹划组建石油新材料、汽车智能工厂软件、电驱动等领域创新中心,浙江电驱动创新中心获批成为省级创新中心,累计 4 家,数量居全省第二。加快提升企业创新能力,新增国家级技术创新示范企业 1 家,省级企业技术中心 13 家,数量居全省第一,累计拥有省级以上企业技术中心 171 家。

（五）聚焦治理能力,资源配置加速优化

一是"亩均论英雄"改革不断深化。通过对全市所有工业"经营主体""宗地""平台"实施差别化的资源要素配置,对低效"经营主体""宗地"实施提质增效机制。整治提升"低散乱"企业(作坊)2370 家,盘活工业用地 1.37 万亩;累计淘汰落后产能涉及企业 225 家。海曙区被列为全省传统制造业改造提升工作督查激励对象。

二是小微企业园建设加快提升。高标准新建、改扩建一批小微企业园,新增小微企业园 32 家,新开工园区 27 家,新增入驻企业 1072 家。推动小微企业园绩效评价和星级评定全覆盖,省三星级小微企业园 29 家、省四星级 6 家、省五星级 3 家,居全省第二位。新增国家级纺织服装创意设计试点园区(平台)2 家。

三是绿色制造体系加快构建。深化绿色制造示范创建,15 个绿色工厂、1 条绿色产业链、1 个园区、22 款绿色设计产品成功入选国家级绿色制造示范名单,位居全国同类城市前列。评选发布第一批市级绿色工厂名单(共 23 家),推进36 个工业循环经济、工业节水重点项目建设,完成 69 家重点企业清洁生产审核,推动创建 43 家节水型企业。推进铸造行业整治提升,目前已有 404 家铸造企业产能被认定合法合规产能。

二、当前工业发展中存在的主要问题

虽然当前宁波市工业企业生产基本恢复正常,但新冠肺炎疫情全球蔓延的趋势还未得到有效控制,欧美日等发达国家和地区经济活动放缓,对宁波外向型特色明显的工业经济带来较大压力。

一是工业经济下行压力较大。当前受国内外需求形势好转带动,全市工业经济增长稳中有进,但当前全球经济深度萎缩,国际需求持续性增长具有不确定性,都对进一步保持工业经济持续向好带来挑战。重点行业支撑作用弱化,化学原料与化学制成品制造业、电气机械和器材制造业、石油加工、炼焦和核燃料加工业等重点产业遭受较大冲击,纺织业、汽车制造业、通用设备制造业等行业景气持续低迷。

二是中小企业风险隐患仍然不少。物流成本特别是出口的物流成本上升比较快,如到美国西海岸的集装箱价格比年初上涨 3 倍以上。亏损面依然较大,9月末,全市规上工业企业亏损面 23.9%,较 1—8 月收窄 1 个百分点,其中小型企业亏损面达 25.2%,比上年同期高 4.7 个百分点,处于历史同期较高水平。

流动资金紧张,如宁波胜康纸业、万瀚电机等 33 家企业反映资金缺口在 50％以上。

三是新动能培育不快。数字经济核心产业、战略性新兴产业、高新技术产业等行业引领全市产业结构调整的贡献度不够大,部分指标发展速度和比重低于全省平均水平。生物医药、5G、人工智能、区块链等新动能成长尚需过程。对装备首台(套)、新材料首批次、软件首版次等"三首"产品市场支持力度有待进一步强化。

四是高能级产业平台依旧不足。产业平台的规模不够大、能级不够高,国家级开发区平均用地面积仅 11.7 平方公里、平均规模以上产值不到 600 亿元,全国排名靠后。同时,省级以下平台较多且资源利用效率不高,许多园区产业布局雷同,存在一定的"低、散、乱"现象。低效工业用地再开发难度较大,存在土地二级市场价格高昂、村级工业园区产权复杂、农保地刚性制约等突出问题。

三、2021 年宁波工业经济发展形势分析与预测

当前,受新冠肺炎疫情影响,全球经济大幅衰退,国际贸易大幅萎缩,贸易保护主义、单边主义愈演愈烈,国际经济形势更加复杂严峻,都对宁波工业经济持续高质量发展带来较大不确定性。2021 年,宁波的工业经济发展形势依旧复杂,工业经济面临较大的下行压力。

(一)国外环境分析

全球疫情蔓延导致世界经济陷入严重衰退,据国际货币基金组织最新预测,今年世界经济将下降 4.9％,世界银行预测全球经济将下降 5.2％,为第二次世界大战以来最严重的经济衰退。同时中美贸易摩擦、单边贸易主义兴起也给国际经济带来巨大不确定性,国际形势更加严峻复杂。2021 年,世界经济将继续保持低速增长,不稳定性因素较多。根据国际货币基金组织(IMF)预测,到2021 年,全球增长率预计为 5.4％,而增长无非是由于 2020 年的基数很低,2021年的全球经济总量也仅仅回到了 2019 年的水平。在复杂的国际形势和疫情的影响下,2021 年世界经济复苏不确定。宁波的经济外向度较高,全球经济的变化将对本市经济造成较大影响。

(二)国内环境分析

在一系列政策作用下,我国经济运行先降后升、稳步复苏,为我市工业企业开发国内市场带来新机遇。2020 年是全面建成小康社会的收官之年,全面建成

小康社会将带动国内新需求。国内需求规模的扩张以及需求层次的提升,是推动经济增长的动力。消费需求在推动经济增长方面的作用变得更加重要,消费需求扩张、新型耐用消费品兴起、技术投资需求增强将会形成显著的本土市场优势,成为中国工业发展的重要依托。新形势下,我国提出打造国内国际双循环,推动形成以国内大循环为主体、国内国际双循环相互促进的发展格局,提升供给体系对国内需求的适配性,将重塑国际合作和竞争新优势。

(三)自身环境分析

2020 年以来,新冠肺炎疫情在暴发初期对宁波市的经济运行产生了严重的负面影响。虽然全市经济运行努力克服了疫情带来的不利影响,呈现恢复性增长和稳步复苏态势,经济指标持续回升,但距离原有预期还存在较大差距。工业经济承担压力较大,工业投资持续增长面临较大压力。在复杂的经济环境影响之下,亟须聚焦产业链,布局创新链,推动数字产业裂变式发展,倒逼传统产业数字化转型,建立自主创新体系,加快产业基础高级化和产业链现代化,以更强韧的产业体系应对潜在的风险。

综合分析,在疫情以及贸易保护等因素的影响之下,2021 年国际经济形势不容乐观。但也要看到国际国内环境中存在的积极因素,宁波市是外贸大市,经济外向度和出口依存度高,不可避免地会受到国际贸易环境变化的影响。随着"六稳""六保"、国内国际双循环格局的构建,传统产业的持续转型升级、数字经济等工作的深入发展,预计 2021 年我市工业经济总体将呈稳定发展的态势。

四、2021 年推进宁波工业经济发展的对策举措

2021 年是"十四五"开局之年,是建党 100 周年,是全面建设社会主义现代化国家新征程开启之年,做好 2021 年工业经济工作,意义重大。

(一)全力提升产业集群能级

一是实施国家先进制造业集群培育工程。加快"246"集群培育,探索实施"一个产业集群、一个制造业创新中心、一批产业技术研究院和创新综合服务体"的产业集群培育机制,加快推进汽车零部件、绿色石化、稀土磁性材料 3 个产业集群建设,谋划推动高端模具等争创第三批国家级先进制造业集群。推进绿色石化与汽车等产业集群融合发展。

二是打造十大标志性产业链。落实产业链"链长制"、风险处置闭环、产业链安全协同等五大机制,建立健全产业链政策扶持体系,加快打造化工新材料、节

能与新能源汽车、特色工艺集成电路等十大标志性产业链。推进产业链精准招商,编制招商目录清单,高规格举办世界数字经济大会、宁波时尚节等展会活动,力争招引亿元以上重点产业链合作项目 20 个。助力产业链企业开拓市场,深入推进宁波制造拓市场行动,持续开展"春雷计划""严选计划"等。

三是提质增效数字经济。加快集成电路产业发展,加快光刻胶、大硅片等重点产品的研发和产业化,推进安集微电子、赛富合银深紫外 LED 项目等重点项目建成投产;加快"鹏霄"服务器产品在本市重点工程、重点园区信息化产品国产替代中的推广和应用。发展壮大光学电子产业,集中发展智能终端摄像模组、光学精密仪器设备等核心器件。聚焦工业软件等领域编制招商地图,加大重点企业和项目招引力度,建立工业软件公共服务平台,推动特色型中国软件名城建设。

(二)加快提升智能制造水平

一是实施智能制造 2.0 行动。分层级抓好数字化车间/智能工厂/未来工厂、自动化(智能化)成套装备改造等试点示范项目建设,力争新增数字化车间/智能工厂 30 个以上,推广工业机器人应用 3000 台以上。实施重点行业推广应用,组织开展汽车、绿色石化、纺织服装、家电等行业解决方案推广应用。实施企业"上云用数赋智"行动,加快培育智能制造工程服务机构,支持推广重点行业优秀解决方案,全年培育遴选市级优秀智能制造系统解决方案 10 个。

二是实施工业互联网"1+N"行动。打造以 supOS 为基础的工业互联网平台体系,构建"平台+工业 APPs"的资源汇聚、开放共享、协同创新的生态模式,打造基础级、产业链(龙头企业级)、共享制造等工业互联网平台 3 个以上,新增行业级工业互联网平台 3 个以上,培育面向"246"重点行业的优秀工业 App 30 个。强化"5G+工业互联网"试点,丰富应用场景,鼓励大数据、人工智能、区块链等新技术融合应用和推广,力争培育"5G+工业互联网"试点项目 30 个。

三是实施传统制造业改造提升 2.0 行动。制定《宁波市传统制造业改造提升 2.0 版实施方案》,组织召开现场推进会,打造以数字化、集群化、服务化为标志的传统制造业改造提升 2.0 版。强化试点示范,建立健全指标体系和评估考核体系,组织 6 个省级、10 个市级试点开展对标提升,力争 1 个区县(市)列入省传统制造业改造提升督查激励对象。

(三)全力提升市场主体能级

一是强化单项冠军培育。健全单项冠军培育军令状机制,建立分层分类、动态跟踪管理的企业梯队培育清单,充实培育库。出台专项扶持政策,针对企业不同培育阶段和培育方向,提供精准指导服务,推动企业从专精特新"小巨人"企业、"隐形冠军"企业,到制造业单项冠军梯次升级。力争新增国家级单项冠军 10 家左右、"小巨人"企业 50 家以上、省隐形冠军企业数量达到全省前列,实现区县(市)全覆盖。

二是支持领军企业做优做强。加快制造业龙头企业培育,实施"千百"亿级企业培育计划,强化"一企一策"支持,培育奥克斯、均胜、杉杉、金田等千亿级企业和舜宇、万华、海天等五百亿级产业链龙头企业。大力发展总部经济、平台经济,实施制造业总部企业培育计划,新增中国制造业"500 强"企业 1 家,市级制造业总部企业工业产值增长超过规模以上工业经济增速。

三是支持中小企业上台阶。推动企业升级发展,扩充小微企业培育数据库,持续推进"个转企""小升规"培育行动,推动有条件的企业"规改股""股上市"。鼓励企业创新发展,加快构建创新型初创企业—瞪羚企业—高成长科技型企业—高新技术苗子企业—创新型领军企业的成长路径。

(四)全力促进产业新发展

一是加强关键核心技术攻关。巩固提升在工业"四基"领域的优势地位,推进一批重大工业强基项目。围绕标志性产业链,加快建设一批可靠性试验验证平台、新产品中试基地、检验检测平台等产业基础技术服务平台。推动整机(系统)与关键基础材料、零部件企业协同开发新技术、新产品,打通基础技术、工艺和产品的研发、设计、应用、示范推广全流程,提升产品可靠性、性能一致性和质量稳定性。

二是加快建设新型创新平台。加快推动甬江科创大走廊建设,积极引进产业关联度高、辐射能力强的高能级产业研究院。积极筹建一批市级制造业创新中心,推进组建浙江省电驱动创新中心,加快建设宁波汽车智能工厂软件、先进高分子材料,力争新谋划市级制造业创新中心 2 家以上,石墨烯创新中心升级为国家级制造业创新中心。引导和支持企业建设创新载体,重点推动万华化学研究院、吉利研究院、中石化宁波材料研究院等建设,力争全年新筹建新创建省级企业技术中心 10 家左右。

三是加快新产品新技术推广应用。优化新产品首试首用机制,深化新材料首批次应用保险等保险创新产品应用,完善装备首台(套)、新材料首批次、软件首版次支持政策。加强应用技术创新,开发一批战略性创新产品,推进创新产品迭代应用。加快应用场景谋划建设,强化新技术(新产品)在经济社会各领域深度应用,积极培育新的经济增长点。支持国有投资项目和政府采购项目招标人对列入目录的"三首"产品和自主创新产品(服务)实施优质优价采购。

(五)全力优化产业治理能力

一是深化"亩均论英雄"改革。通过试点示范,探索国土资源细化调查技术方法与工作机制,并进行复制和推广。鼓励探索区(地)块评价创新机制。实施差别化土地使用税、用地、用能、用水、排污、创新要素、金融、财政等资源要素配置政策,促进制造业实现高质量发展。实施亩均效益"领跑者"行动,发布制造业"亩产英雄"榜单,开展亩均效益领跑区县(市)、领跑园区(经济技术开发区、特色小镇)、领跑企业(工业、服务业和高新技术企业)活动。

二是加强工业集聚区整合提升。强化多规融合,出台《宁波市工业集聚区规划》,确定 2035 年规划用地规模,确保工业用地总量稳定。制定工业集聚区控制线管理办法,划定工业控制一级、二级管理界限,建立严格工业用地保护制度,加快工业集聚区规划实施落地。推进开发区(园区)整合提升,引导园区建设提升,力争培育省制造业高质量示范园区 4 家、市级特色产业示范园 10 家,完成新建或提升小微企业园 30 个。

三是深入推进绿色化发展。加快推动低效企业改造和"低散乱"企业出清,对重点整治对象进行清单化、条目式管理。实施一批绿色制造技术改造项目,推广应用一批经济与环境资源效益显著的绿色制造先进技术、工艺和装备,加快形成绿色生产方式。开展绿色供应链建设与管理示范,实施绿色制造系统集成项目,通过设计、制造、供应链、园区管理等全流程推动完善绿色制造体系。研究起草制造业高质量发展产业综合治理提升指导意见,指导鄞州区制定完善全域治理试点实施方案。

(作者单位:宁波市智慧城市规划标准发展研究院)

2020年宁波"三农"发展情况分析和2021年展望

田佳琦

一、2020年宁波"三农"发展情况

2020年,宁波粮食产量连续5年稳定在60万吨以上,年均增幅达到2%。生猪生产止跌企稳,产能进入上升通道。农林牧渔业增加值352.4亿元,居全省首位。农业农村发展综合水平得分90.32分,率先进入基本实现农业现代化阶段。农民人均可支配收入39132元,在副省级城市中高居首位,增速连续18年高于城镇居民,城乡居民收入比缩小到1.74∶1,居全国领先地位。

(一)坚持融合化发展,乡村产业迈上新台阶

1.提升主要农产品生产能力

2020年,宁波市实现粮食播种面积176.4万亩,提前超额完成全年169万亩的省定任务,小麦、早稻实现面积、单产、总产"三增"。生猪产能加速恢复,全年出栏生猪77万头,生猪存栏60万头,超额完成年度任务目标。规划新建万头以上"六化"标准生猪养殖场17家,可新增产能81.3万头,均已全面开工,其中13家顺利投产,新增生猪存栏8.39万头。

2.加快建设"种业强市"

2020年,宁波种业股份有限公司、宁波微萌种业有限公司营业收入均突破1亿元,进入全国种业细分领域前10名,微萌种业成为全省第一、全国第四的瓜菜育种企业。有61个农业新品种获新品种证书,累计达318个,在国内同类城市

中位列前茅。甬优品种推广面积达到 618 万亩,甬优 7850 入选全国超级稻品种,累计达到 7 个,居全省第一。两个品种被评为全国十大优质粳型超级稻品种。

3. 推进农业数字化改造

2020 年,海曙区大田种植数字农业技术集成示范项目列为农业农村部 4 个数字农业建设试点项目之一;慈溪市被确认为全国首批数字乡村示范县;宁波市被确认为浙江省首批数字乡村示范市。成功创建主要农作物全程机械化示范市,全市农机总动力达 255.6 万千瓦,主要农作物耕种收综合机械化率达 90%。已建成省级数字农业工厂(牧场)15 个。

(二)坚持系统化推进,农村改革取得新突破

1. 深化农村集体产权制度改革

2020 年,宁波市 2810 个村(社)完成股份合作制改革,农村集体总资产达到 1023 亿元,年村集体分红 32.1 亿元,居全省第一。搭建农村产权交易平台,全市 128 个乡镇(街道)建立了农村产权流转交易平台。开展集体资产股权和承包地经营权抵质押试点,全市已发放股权质押贷款 3 亿多元,承包地经营权贷款 9 亿多元。

2. 深化农村土地制度改革

2020 年,宁波市农村承包地确权登记颁证工作基本完成,受到中农办、农业农村部的通报表扬。承包地流转率和规模经营率均达到 69.8%,居全省第一。稳慎推进农村宅基地"三权分置"和闲置农房激活利用改革,象山县列入新一轮农村宅基地制度改革试点县。全市已发放宅基地(农房)"三权分置"使用权证 192 本,引进开发项目 166 个,项目总投资 26.04 亿元,激活利用村集体和农户闲置农房 1464 宗,建筑面积约 21.65 万平方米。集体经营性建设用地入市在试点基础上逐步面上推开。

3. 政策性农业保险扩面提质

2020 年,宁波市保险险种扩大到 108 个,居全省第一;累计参保农户 141 万余户,保费收入 15.9 亿元,赔付额 14.5 亿元,农业保险深度达到 1.5%。

(三)坚持全域化提升,美丽乡村翻开新篇章

1. 优化城乡空间布局

各区县(市)村庄布点规划实现全覆盖,规划保留村庄 1442 个,编制村庄规划 1347 个,占保留村庄的 93.4%。根据国土空间规划编制最新要求,已有 144 个村庄通过修编完善实现村庄规划"多规合一"。进一步加强对乡村建设风貌的引导和管控,积极营造江南水乡、浙东民居的特色风貌。"城郊十园"美丽乡村综合体建设已形成了 91 个基地、377 个景观和 2061 个主体。

2. 持续推进美丽乡村分类创建

新时代美丽乡村分类创建进展顺利。2020 年启动的 614 个达标村、30 个特色精品村、10 个示范镇、1 个示范县项目都已全部启动建设,进展良好。新增 10 个小集镇式中心村、10 条乡村振兴示范带、300 个梳理式村庄改造项目。

3. 深化推进农村生态建设

以"三清三整四提升"为主要内容的农村人居环境整治提升"百日行动"取得显著成效。2390 个行政村完成生活垃圾分类减量处理,覆盖率达 96.5%,回收利用率达到 52.0%,资源化利用率达到 94.2%,无害化处理率达到 100%。宁海县"构建'智引擎',打造农村生活垃圾分类新模式"入选第二批全国农村公共服务典型案例。全市农村生活污水治理设施基本实现全覆盖。农村户厕普及率达 99.9%。

(四)坚持均衡化发展,富民强村取得新成效

1. 促进农民持续较快增长

坚持兴业富民导向,全力促进农民持续较快增收。实施低收入农户奔小康计划,全市低收入农户人均可支配收入达 16681 元,同比增长 14.4%,全市年人均收入 9000 元以下全面清零。

2. 发展壮大村级集体经济

创新村级集体经济发展模式,加大扶持力度,建立集体经济项目库。全市所有行政村集体经济收入达到 30 万元以上、其中经营性收入 10 万元以上。到 2020 年年底,全市 70% 以上行政村集体经济总收入达到 100 万元以上。

3. 加快发展农村民生事业

加快普惠性、基础性、兜底性民生事业发展,推进城乡基本公共服务均等化。2020 年,新增"互联网＋义务教育"结对帮扶学校 129 所,累计达 384 所。新建 15 所农村普惠性幼儿园,农村等级幼儿园比例达到 96.3%。"乡村教师专业发展支持计划"辐射全市 3 万余名乡村教师。推进卫生健康服务"双下沉、双提升",全市农村地区村级卫生室规范化率达到 65% 以上,每万户籍人口注册全科医生数达到 7.47 人。

(五)坚持特色化培育,乡村治理得到新加强

1. 部署实施三年行动计划

印发《宁波市加强和改进乡村治理三年行动方案(2020—2022 年)》,推动实

施基层党建强化、村民自治完善、乡村法治提升、乡村德治普及、多方协同推进五大行动,到 2022 年建成乡村治理现代化先行区。

2.强化党建引领

扎实做好村社组织换届,全面推行村党组织书记、村委会主任、村经济合作社负责人"一肩挑"。深入实施"领头雁"工程,推选 6 名省兴村(治社)名师,评选 50 名市兴村(治社)名师,导师帮带制等做法得到中央部委高度肯定。实施基层党组织星级动态考评和底线管理,对后进村实行"四个一"组团帮扶,2020 年全市 129 个后进村党组织全部完成整转,整转率达 100%。

3.创新乡村善治品牌

继"村民说事""农村小微权力清单"入选首批 20 个全国乡村治理典型案例之后,鄞州区的"基层公权力'三清单'运行法"入选第二批全国乡村治理典型案例。鄞州区、象山县被确定为全国乡村治理体系建设试点示范县。全市累计创建乡村善治示范村 409 个,国家级善治示范村 7 个。

二、当前宁波"三农"发展存在的主要问题

(一)农业产业升级遭遇瓶颈

一是宁波农业产业受产业规模小、土地流转不稳定、融资难融资贵等因素限制,农业建设用地成为制约农业农村一、二、三产业融合发展的主要要素瓶颈。二是农产品市场体系存在较大的缺陷,信息化水平较低,优势农产品集中度不够,区域性产业协调和块状经济发育不明显。三是农产品流通网络短板明显,农业产业化龙头企业不大不强,影响力带动力有限,主要形式还是散户经营,合作社多而空散,难以推动程度更高的规模化、专业化、社会化服务。

(二)农村资源要素供给不足

一是村庄建设用地严重缺乏,导致许多农村公益设施难以配套。由于各种原因,宁波许多农村周边甚至村庄里面的土地也属于耕地或农保地,不能违法占用。同时,随着农村的发展和农民生活水平的提高,对村庄公共设施和公益设施的需求不断增加,如文化礼堂、"红白"场所、农村道路扩宽、停车场(位)、公厕、垃圾收集场地等公益项目的选址和建设由于土地问题无法解决而被迫搁置,也影响着农村居民的居住和生活质量。二是农业土地承包关系不够稳定。由于作物生长周期长、对自然灾害等不可抗因素抵御能力弱,基础设施建设投入大、产生效益慢,土地承包关系不稳定直接限制了农业新品种、新技术和新模式的引进与

推广,阻碍了特色现代农业、精品农业、生态农业的发展。三是农村新业态服务用地保障不足也成为农业产业项目招商引资、乡村新型产业发展的最大障碍。

(三)实现农民群体现代化挑战较大

一是农民持续增收动力不足。随着粮食最低收购价逐年下降、生产成本持续上升,农民种粮积极性受挫,稳产扩面的压力持续增大。农产品价格持续低迷,收入持续趋缓,收入持续增长动力不足,依靠提价增收、转移就业增收的空间收窄。二是农民收入结构中财产性收入偏低,不均衡性仍较突出。三是城乡发展难以均衡。工商资本下乡还存在体制机制障碍,招商引资力度不足,引进规模企业少之又少,有待于进一步提升。农村的路水电网等基础设施存在诸多不足,教文卫体等公共资源配置也不均衡。

(四)乡村人才队伍严重匮乏

一是人才总量不足。大量的人才外流导致目前农村空心化严重,近年来加大了对人才工作的投入,实施了一系列人才培养和回引措施,人才队伍总量虽有所增加,但仍然不足。二是人才结构不合理。由于农村留守人口多为老年和幼年人员,导致青年人才较少,且高学历人才少,农村人才队伍存在年龄结构老化等难题,出现了源头不足、后继无人的"断代"困局。三是人才分布不均。现有农技、加工营销、管理人才极其缺乏,农技人员传统专业占比大,发展现代农业技术的力量薄弱,缺乏平台和人才支撑,科技创新发展能力不足。

三、2021 年宁波"三农"发展展望

2021 年是"十四五"规划的开局之年,宁波"三农"发展内外部环境将发生深刻变化,既面临难得的历史机遇,又存在前所未有的风险挑战。

1. 政策红利不断释放,重大国家战略奠定"三农"发展新起点

乡村振兴战略深入实施,农业农村现代化建设的阶段性起点之高前所未见。国家一系列利好政策不断出台,"三农"投入保持稳定增长,经济内循环形势下,正是农业补短板、夯基础的好时机。陆续出台一系列强农惠农政策,对"三农"给予政策上的倾斜和优惠。国家"一带一路"倡议、"双循环"战略、长三角一体化发展战略;浙江省"八八战略"、"四大建设"、大湾区大花园大通道大都市区建设等,都将促进宁波农业资源与外部要素的有机结合,为宁波农业农村现代化发展打开局面。

2.科技创新加速渗透,数字化革命赋予"三农"发展新动能

新一轮科技革命和产业革命迅速发展,宁波农业农村数字化改革浪潮已经到来,农业新技术革命在传统农业中引入了生物技术、信息技术等,机器换人、智慧乡村行动都为宁波提升农业全产业链发展格局带来机会。区域间协同创新平台的打造、产学研合作机制的健全和数字化农业农村的提倡将为宁波现代化农业发展增添强劲动力。可以预见,"互联网＋""创新平台＋"的科技聚集优势,将引导人工智能、5G 技术、区块链、生物技术、新能源、新材料、新业态、新模式加速向农业农村渗透。当前,农业技术革命日新月异,以科技促进农业产业变革与转型升级,以创新推动智慧农业发展,成为新时期的重要趋势和时代特征。

3.城乡要素加快融合,农旅融合带来"三农"发展新机遇

宁波乡村生态、文化、投资价值日益显现,城乡人口互动加速,城市要素供求关系开始改善,城乡之间进入商品、人口、要素双向流动、良性互动、加速融合的新阶段。紧抓浙江交通强省、宁波交通强国试点城市建设契机,全面提升县域交通的便利性与对外交通的通达性,放大宁波的区位优势,拓展农业文化、休闲、体验功能,积极发展新产业、新业态,全市农旅创建行动将推动田园观光休闲农业、滨海度假休闲渔业、民宿康养业、乡村旅游服务业大发展,助推以旅强农、以农促旅、农旅融合、城乡互动大发展,实现农业功能多元化、乡村价值品牌化、农民增收渠道多样化。

4.消费需求日益增长,都市农业走入发展新阶段

宁波城乡居民具有较强的消费能力,都市农业发展迎合了消费者日益多元化、高端化、个性化的需求,有利于农村电商、创意农业、农家乐、民宿、乡村旅游等乡村新业态发展壮大。宁波生态环境优越,文化底蕴深厚,海水产品和名优特产丰富,都市农业具有宜业、宜游、宜居的特点。随着长三角一体化国家战略进一步实施,区域内要素自由流动加快,城乡要素资源更合理配置,可在更大范围、更高水平形成区域协调分工。都市农业发展在宁波建设长三角"金南翼"发展高地、滨海大都市进程中应当发挥更大作用。

四、2021 年推进宁波"三农"发展的对策建议

(一)优先保障"三农"投入

一是扩大农业农村有效投资。贯彻落实全国扩大农业农村有效投资电视电话会议精神,建立部省市三级"三农"领域补短板项目库,形成多类型、广覆盖、分

层级的政府投资项目清单,组建农业农村国有投资公司,抓住机遇积极争取各级财政资金,加大对"三农"领域的投入。二是加快建立以绩效为导向的"大专项+任务清单"财政资金分配机制。优化整合财政专项资金,全市一般公共预算重点保障"4566"乡村产业振兴、农业农村基础设施、农村公共服务、农业科技创新等投入。加大金融支农力度,国有银行、农商行等与农业农村部门签订战略合作协议,在更大范围推出"农产品生产保供—即时贷""惠农贷""链农贷""农心贷"等支农信贷产品。

(二)努力破解乡村用地难题

一是稳妥推进农村土地制度改革。开展农村土地承包延长试点探索,进一步稳定农村土地承包关系。积极创新承包土地流转模式,提升土地流转质量。推进土地经营权登记抵押贷款试点扩面,活化农村承包土地权能。二是落实"四个优先"发展要求,研究起草《关于优化土地资源配置促进高质量发展的若干意见》,强化对乡村产业和美丽乡村的用地保障。在年度计划中安排不少于 5% 的土地用于"三农"领域补短板的乡村重点产业、农村基础设施、一、二、三产业融合发展等。严格落实国家和省生猪养殖用地政策,做到"应保尽保"。

(三)培育壮大新型农业经营主体

落实"两进两回"行动,出台宁波普惠金融支持新型农业经营主体发展的政策举措,支持高校毕业生、退役军人和新乡贤等返乡回乡创业创新。实施农民合作社提质工程,整县推进家庭农场高质量发展,推进新型农业经营主体联合与合作,创新股份合作等新组织形式。完善新型农业经营主体和农户之间的利益联结机制,发挥好示范带动作用,通过股份合作、保底分红等多种形式,带动农户参与乡村产业发展,让农民分享产业发展红利。建立健全"两进两回"工作机制,市农办、统战部、财政局等五部门联合下发"两进两回"行动指导意见,积极扶持青年、乡贤等人才到乡村创业创新。通过"甬江引才工程",引进现代农业高层次紧缺人才。开展农业农村领域高层次领军人才培育工程,大力培育有工匠精神、创新意识、"三农"情怀、社会责任的新型职业农民队伍,整体提升农民综合素养。

(四)科技赋能乡村建设行动

启动数字乡村大脑建设,推动涉农数据资源整合和共享。开展智能农业装备、农业物联网、农业 5G 应用建设,实施数字农业工厂、数字乡村治理示范村、数字乡村融合发展示范创建,打造一批数字化农业全产业链示范单位。推进农产品电商发展,培育一批农产品电商示范村。积极创建省级高品质绿色科技示范基地,大力推进特色产业机械化发展。加快发展现代种业,培育壮大"育繁推一体化"现代种业企业,规范种子市场管理,积极打造现代种业总部经济。加强基层农技队伍建设,实施全国基层农技推广体系改革与建设项目,加快推进农技推广服务信息化建设。

(作者单位:宁波市乡村振兴促进中心)

2020 年宁波社会消费情况分析及 2021 年展望

邵　华

一、2020 年宁波社会消费的发展情况

2020 年宁波市逐步克服疫情等不利因素的影响,着力改善消费环境,全力促进消费回补,消费品市场呈现持续回升、稳步复苏、平稳运行态势,为扩内需稳增长,实现"两手硬、两战赢"提供了有力支撑。

(一)消费品市场总体运行情况

1. 社会消费品零售总额降幅收窄

2020 年,宁波市实现社会消费品零售总额 4238.3 亿元,下降 0.7%,虽为负增长,但增速较一季度回升 13.1 个百分点,高出全省平均水平 1.9 个百分点,其中,限额以上社会消费品零售总额 1479.5 亿元,高出全省平均水平 3.4 个百分点。商品销售额增长 7.6%,高出全省平均水平 1.1 个百分点。上半年消费市场发展缓慢,随着疫情防控形势不断向好,下半年消费市场呈现稳步复苏回暖态势,消费增速和消费贡献企稳回升。2020 年,限额以上社会消费品零售总额分月同比增速如图 1 所示。

2. 主要商品消费持续回升

从限额以上主要商品类别看,服装、鞋帽、针纺织品类零售额 217.4 亿元,增长 0.8%;粮油、食品类零售额 145.0 亿元,增长 25.1%;石油制品类零售额 130.9 亿元,下降 16.4%;汽车类零售额 552.3 亿元,下降 6.5%,其中新能源汽车零售额增长 33.6%。

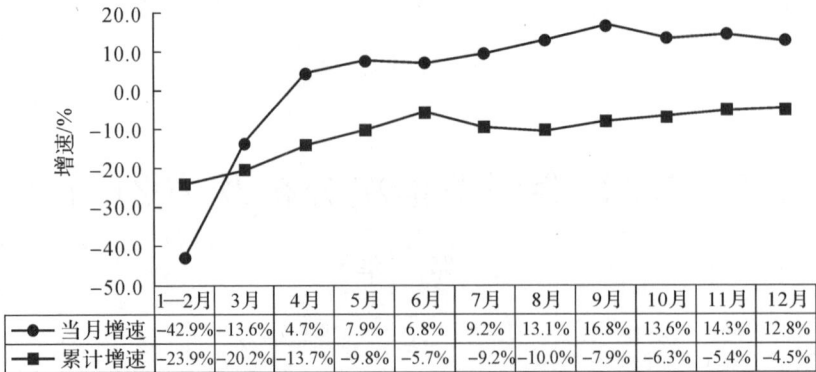

	1—2月	3月	4月	5月	6月	7月	8月	9月	10月	11月	12月
当月增速	-42.9%	-13.6%	4.7%	7.9%	6.8%	9.2%	13.1%	16.8%	13.6%	14.3%	12.8%
累计增速	-23.9%	-20.2%	-13.7%	-9.8%	-5.7%	-9.2%	-10.0%	-7.9%	-6.3%	-5.4%	-4.5%

图 1　2020 年宁波市限额以上社会消费品零售总额分月同比增速

3. 新型消费快速发展

宁波"互联网＋"消费生态体系进一步完善,网络购物、直播带货、在线教育、在线医疗等新业态新模式在保障疫中供给稳定、促进疫后消费复苏等方面发挥了积极作用,消费者线上消费黏性显著增强。2020 年,宁波实现网络零售总额 2512 亿元,比上年增长 10.9%,居民网络消费额 1622.8 亿元,同比增长 9.8%(见下表)。其中,县域网络零售额达到 1184 亿元,同比增长 12.3%。限额以上贸易单位通过公共网络实现实物商品零售额 268.7 亿元,增长 15.7%。

2020 年全省各地市网络零售和居民网络消费基本情况

地市	网络零售/亿元	占比/%	同比增长/%	居民网络消费/亿元	占比/%	同比增长/%	顺差
全省	22608.1	100	14.3	11071.7	100	10.9	11536.4
杭州	8992.2	39.8	19.7	3219.7	29.1	15.8	5772.5
金华	3591.2	15.9	10.3	1129.5	10.2	8.3	2461.7
宁波	2512.0	11.1	10.9	1622.8	14.75	9.8	889.3
温州	2030.2	9.0	6.1	1428.4	12.9	6.5	601.7
嘉兴	1857.4	8.2	7.0	859.4	7.8	10.2	998.0
台州	1104.7	4.9	6.2	883.4	8.0	11.1	221.3
湖州	821.9	3.6	26.0	474.9	4.3	11.2	346.9
绍兴	747.3	3.3	10.2	751.9	6.8	8.1	−4.6
丽水	481.6	2.1	29.4	276.5	2.5	9.1	205.0
衢州	389.0	1.7	36.3	231.6	2.1	13.0	157.5
舟山	80.6	0.4	29.7	194.1	1.8	4.3	−113.5

4. 居民消费价格总体平稳

2020 年,宁波市区居民消费价格总水平上涨 1.9%,涨幅较上年收窄 1.1 个百分点,较"十三五"时期平均水平低 0.3 个百分点。其中,食品价格上涨 7.8%,非食品价格上涨 0.6%,消费品价格上涨 2.0%,服务价格上涨 1.7%,扣除食品和能源的核心消费价格上涨 1.2%。食品拉动价格总水平上涨约 1.4 个百分点,对总指数上行的贡献率为 73.7%,是影响价格总水平上行的最主要因素。2020 年宁波市区居民消费价格分类别同比涨跌幅如图 2 所示。

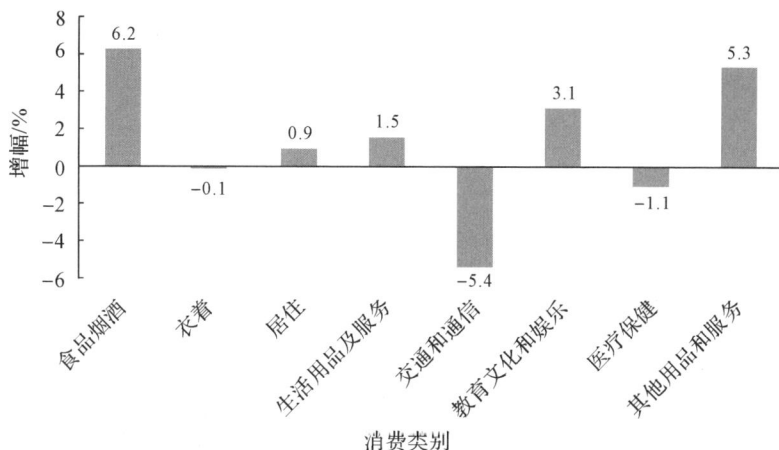

图 2　2020 年宁波市区居民消费价格分类别同比涨跌幅

(二)促进社会消费工作落实情况

1. 优化环境,出台促消费政策举措

加强顶层设计,激发消费潜力。为进一步发挥消费对经济发展的稳定器作用,2019—2020 年,宁波市委市政府密集出台了一系列稳增长促消费的政策措施,如《实施"3433"服务业倍增发展行动方案》《宁波市建设国际消费城市实施方案》《宁波市加快夜间经济实施方案》《关于抢抓机遇加快重点领域新兴产业发展的指导意见》等,对下一步开展品质消费提升行动、推进新兴产业发展壮大、激发消费潜力提供有力支撑。

2. 合力促销费,激发市场消费活力

从商贸流通到文旅消费,宁波市积极谋划一揽子促消费"组合拳"。开展"千企万品"百亿云促销活动、提信心促消费十项行动、消费促进月等促销活动,通过发放消费券、组织购物节、举办市长直播、开展电商资源对接等方式,扩大内需,

提振消费,重启生产流通消费的双向循环。如 2020 年 4 月至 10 月,宁波市连续举办 3 期"春暖甬动·你买单我助力"消费促进活动,参与商户超过 10 万家,累计投入 1.97 亿元,总带动比超过 1∶7,直接带动消费超 4 亿元。

3."两城"建设,构筑扩大内需"新载体"

宁波市着力构建"商旅文娱体"深度融合的夜间经济发展新格局,把步行街打造成展示城市形象的新名片,宁波老外滩步行街 7 月成功入选第二批全国步行街改造升级试点,省级夜间经济试点(培育)城市重点建设的夜坐标中,宁波 3 地 7 处上榜。同时深化推进国际消费城市建设,争创国家级国际消费城市试点。

4.数字撬动,培育消费新业态

2020 年,宁波市健康制造业、高技术制造业、人工智能产业、数字经济等新兴产业保持快速增长势头,分别同比增长 15.3%、13.0%、14.9%、9.7%。前三季度,科技服务业营业收入增长 52.2%,信息服务业营业收入增长 15.1%,增速分别比规模以上服务业高 49.8%、12.7%。在抗击疫情过程中,催生了大量消费新业态新模式,生活服务电商、直播电商、社交电商、跨境电商等新业态新模式迅速发展,新兴消费迎来发展机遇。

5.市场预期向好,消费升级明显

从消费者信心看,宁波市统计局近期调查的四季度消费者信心指数(CCI)为 137,较二季度和去年同期分别提升了 19.4% 和 9.3%。自疫情防控形势好转以来,居民消费逐步恢复,其中消费升级比较明显,增长动能由生活必需品向汽车转变,高端汽车如奔驰、宝马、奥迪、雷克萨斯四个品牌的前三季度零售额合计增长 5.3%,增速快于汽车类商品 16.6%,新能源汽车成为新增长点。

6.畅通供需,招商引贸拉动作用凸显

2020 年以来,宁波市继续加大招商引贸力度,努力营造政策高地,持续优化营商环境,吸引了大批优质企业来甬落户。前三季度,新增批零业法人单位共计 1077 家,累计实现销售额 2343.7 亿元,增长 127.6%,净增 1314.0 亿元,对限上商品销售额的贡献率达到 114.6%,拉动增长 7.3 个点。

二、影响宁波社会消费发展的主要问题

当前,疫情防控成效持续巩固,一系列激发市场活力、促进消费复苏的政策举措持续见效,消费市场呈现良好发展态势,但境外疫情加速蔓延,国内疫情零星散发,国内外形势仍然复杂严峻,消费市场完全恢复正常还受诸多不利因素制约。

（一）社会消费品零售增长动力不足，消费潜力有待挖掘

根据党的十九届五中全会精神，要深刻认识构建新发展格局的重大意义，消费仍是拉动我国经济增长的主要动力。从全市限上社会消费品零售看，消费市场总体缺乏动力、市场消费缺乏热点商品支撑的现状没有发生根本性好转。2020 年，宁波市居民边际消费倾向为 0.17，较上年下降 0.21。边际消费倾向低，说明居民消费意愿不够强烈，不敢大胆消费，留有余地。中国新闻网调查数据显示，面对复杂的宏观经济环境和新冠肺炎疫情影响，居民收入预期下降导致理性消费意识提升，持币观望趋势增强，消费意愿有所减弱。下一步着重从提振消费信心、培育消费新业态、改善消费环境、加大政策支持力度等方面来扩大重点商品消费。

（二）消费空间受挤压，农村消费潜力有待释放

2020 年，宁波市居民"衣食住行"四大类（食品烟酒、衣着、居住和交通通信）占消费支出的比重超出 3/4，在相当大程度上限制了居民的其他类消费空间，导致发展型、享受型消费增长受限，影响生活质量提高。国家统计局宁波调查队数据显示，全年宁波城镇居民人均生活消费支出 38702 元，增长 1.1%；农村居民人均生活消费支出 23481 元，增长 3.0%。农村居民人均生活消费支出增幅高出城镇居民近 2 个百分点。从增支户比例看，消费同比有所增长的记账户占 48.3%，其中，农村居民消费增长的记账户占 53.1%，明显高于城镇居民（45.0%），农村消费市场潜力巨大。

（三）商业转型势不可当，新旧动能转换有待加速

从消费前端看，以价格为主导的商品同质化零售已走上末路，品质和便利成为人们生活方式的核心诉求。根据尼尔森的最新数据，我国快消品市场仍然保持强劲活力，整体增速达 14%，虽然新品仍是主要增长动力，但 50% 的品类的新品单品销售额下降，70% 的快消品品类消费升级拉动力减弱，实体门店保持快速增长的同时有 43% 的门店发生了替换和迭代。数字经济成为新生产力赋能产销链接，互联网、人工智能等技术应用加速传统制造业和流通业转型升级，批发与零售企业从传统的商品销售商向供应链服务商、全渠道服务商、综合服务商加速转型，以供应链逆向整合赋能上游生产商。当前，宁波本土商家必须跟上加快探索商业新模式的脚步，在日益复杂多样的消费环境下，需要更好地通过数据分析了解人、货、场的趋势，既要线上线下打通补足短板，也要培育新业态，更好地开拓产业链的上下游市场。

（四）传统产业集群竞争力弱化，产业生态有待优化升级

产业集群是宁波在产业组织方面最为重要的优势，随着土地、劳动力等要素成本的不断上升,环境、资源对产业集群发展约束的强化,以及印度尼西亚、越南、菲律宾等东南亚国家制造业的逐步崛起,宁波产业集群的国际竞争力正在逐步弱化,传统产业集群亟须进行转型。当前,应以宁波谋划新一轮制造业高质量发展政策,建设"246"万千亿级产业集群为契机,充分发挥现有产业基础优势,依托具有较强发展潜力的工业集聚区,不断优化产业生态,持续推动产业创新。

三、2021 年宁波社会消费发展趋势展望

(一)从外部环境看,商务经济面临的挑战与机遇

1. 从国际环境看,全球经济深入调整重塑商务经济发展新格局

新冠肺炎疫情全球大流行之后,百年未有之大变局正在加速变化,各国供应链稳定和产业安全面临冲击。全球产业链供应链格局正在向区域化、本土化、多元化调整,部分产能转出我国已不可避免。2021 年,世界经济形势仍然复杂严峻,复苏不稳定不平衡,疫情冲击导致的各类衍生风险不容忽视。面临日益严峻复杂的全球经贸形势,牢牢抓住扩大国内需求这一战略基点,推动经济双循环建设,是提升经济韧性、增强抵御外部风险能力的重要途径。

2. 从国内环境看,不断涌现新业态、新模式催生商务经济增长点

2020 年,尽管经济运行面临较大压力,但我国经济稳中向好、长期向好的基本面没有改变,潜力足、韧性强、回旋空间大、政策工具多的基本特点没有改变。疫情防控期间,从新业态的涌现到新消费的扩展,从新就业的创造到数字化的发展,我国商务经济出现了一系列积极的新特点、新趋势、新机遇。在双循环新发展格局理论的指导下,立足国内循环,深挖内需潜力,以促进形成强大国内市场为导向,增强消费对经济增长的基础性作用。2021 年,随着国内经济形势持续向好,扩大内需、助企纾困、稳岗就业等政策进一步落地见效,一系列促进消费的措施不断发力,各种消费新业态新模式蓬勃发展,消费总体将延续复苏态势。

(二)从内生动力看,消费市场面临的机遇与亮点

1. 从前端看,需求变化"撬动"消费新市场

一是消费群体分化偏移。80、90 后依旧是中等收入群体中最具消费实力的群体,是消费升级背景下零售行业新业态、新模式的主要参与者和推动者,呈现出品质消费、体验消费和智能消费的新亮点。新生代成为消费主力军,阿里数据

显示,00 后以 189.8％的增速领跑消费增长,其次是 95 后,消费同比增速达 33.6％。核心消费人群年轻化,消费习惯正在改变,给培育消费动能提供了新方向。

二是新消费模式下消费亮点浮现。在疫情冲击下,线上消费快速发展并催生出新消费模式,居民消费需求由生存型向发展型、享受型转变。消费需求内容既有传统消费产品提质升级,也有诸多新兴消费产品和服务不断涌现。人们对"新消费"的需求和依赖逐渐转化为消费习惯,成为经济增长的重要动力。

三是农村消费市场潜力大。城市消费市场往中高端方向发展,农村消费市场正在崛起。消费增长规模增速出现了从一、二线到三、四线再到农村的阶梯式上升,消费市场下沉明显。2020 年,宁波市农村居民消费支出增幅高出城镇居民近 2 个百分点,农村居民人均可支配收入 39132 元,增长 6.8％。可通过推动电子商务进农村、特色商贸小镇建设、农贸市场改造升级等扩大乡村消费。

2. 从终端看,市场升级"挖掘"消费新潜力

一是数字经济。2020 年 4 月 13 日,宁波市委市政府出台《关于抢抓机遇加快重点领域新兴产业发展的指导意见》,提出到 2025 年,数字经济核心产业增加值占全市生产总值比重达到 9％,网络零售交易额超过 4500 亿元,新兴产业成为宁波现代化经济体系的重要支撑。由此可预见,消费市场更多领域将成为数字新技术的"试验场"、新模式的"练兵场"、新业态的"培育场"。

二是"两城"建设。加快把宁波打造成为接轨国际、辐射国内、惠及民生的国际消费城市,构建规划合理、设施完善、业态多元、管理规范的夜间经济发展格局,有利于完善城市功能、增强竞争优势、提升城市国际化水平,也有利于推进消费升级、培育新增长点、更好地满足人民群众对美好生活的需求。

总体来看,尽管 2020 年国内外不确定因素增多,部分经济指标出现了一定波动,但并未影响我国经济稳定回升、稳中向好的大局。党的十九大以及十九届二中、三中、四中、五中全会后出现的新政策、新局面、新举措将会为宁波商务经济发展提供有力支撑。消费市场将伴随宏观经济持续稳定回升而逐步回暖。2021 年,宁波市消费市场长期向好的基本面不会变,消费拉动经济增长的作用将进一步加强。

四、2021 年推进宁波社会消费发展的对策建议

2021 年,宁波市商务工作应紧紧围绕宁波市委市政府的决策部署,坚持扩

大内需战略基点,引领商贸消费服务升级,培育内循环动力,促进消费市场持续平稳健康发展。

（一）以培育消费热点为突破口,扩大居民消费新需求

一是以"服务消费"为重点,带动消费新热点。目前,居民消费呈现出从注重量的满足转向追求质的提升的趋势,引导传统消费提质升级,向服务消费、信息消费、绿色消费、时尚消费、品质消费等重点领域快速发展,因此,要发挥好新消费引领作用,加快培育形成经济发展新供给新动力。

二是以"节庆消费"为抓手,搞活消费市场。随着宁波经济步入"万亿 GDP"时代,市民消费更趋多元化,应顺应文化与体验相结合的变革,文商旅一体化,创新思路,跳出商贸办购物节。

三是以"夜间经济"为引领,释放夜间消费潜力。旺盛的夜间消费需求下,继续优化三大空间布局,努力打造夜间经济地标商圈,积极培育夜间经济特色街区并着力建设夜间经济 15 分钟商贸便民服务圈。

（二）以促进民生项目建设为突破口,发展壮大基本生活服务业

一是推进 15 分钟商贸服务圈建设。2021 年,宁波商务经济的一项重点工作是促消费,在 15 分钟商贸便民服务圈建设试点的基础上,着力培育放心消费环境,为扩内需营造良好氛围,让人民群众有更多的获得感。

二是实施菜篮子保障工程。推进新业态扶持发展,鼓励开展菜篮子商品网络营销,支持社区菜篮子便民店、超市等开展直供直销,鼓励社区商业网点增加缴费配送、目录销售、网订店取等各项功能。落实市县两级菜篮子储备任务,做好菜篮子应急保障供应链建设。

（三）以建设村级电商为突破口,激发城乡消费新动力

一是扩大农产品流通渠道。加快农产品产地市场体系建设,实施"互联网＋"农产品出村进城工程,切实解决农产品进城"最初一公里"和"最后一百米"问题;拓展绿色、生态产品线上线下销售渠道,丰富城乡市场供给,扩大鲜活农产品消费。

二是壮大农村电商经营主体。开展新一轮农村电商示范培育工程,培育一批省、市级"农村电商示范村""农村龙头企业""农村创业带头人"。以政府、协会、企业、带头人联动的模式,加大农村地区电商培训力度,为农村电商发展留住人才。此外,还要让乡村民宿、乡村旅游等"美丽经济"搭上"电子商务"的快车,促进美丽乡村由建设成果向经营成果转化,以"品牌农业＋互联网"的运作方式,提升宁波特色农业产业。

（四）以建设国际消费城市为突破口，培育商务发展新优势

一是加快建设布局，打造商贸新高地。宁波应充分利用得天独厚的港口优势、制造业优势、外贸优势、互联网优势，以及宁波良好的经济、人文、旅游等资源优势，加强商贸业集聚效应，建成浙东地区辐射范围广、竞争力强的宁波都市圈现代商贸业新中心，打造不同于港澳珠、优于海南、服务长三角的国际消费中心城市。

二是建设城市智慧化商圈，促进新零售有序发展。利用大数据、移动支付、互联网技术，对接公共服务设施、生活服务查询缴费、公共交通等系统，丰富商圈服务内容，促进服务便利化；传统零售企业向新零售转型升级，主动从大规模、同质化生产向小批量、差异化生产方式转变，融入多元元素进行品牌、款型、类别升级。

（五）以系列重大战略部署为突破口，扩大商务经济发展平台

以习近平新时代中国特色社会主义思想为指引，全面贯彻落实党的十九大以及十九届二中、三中、四中、五中全会精神，认真贯彻落实市委市政府的决策部署，按照打造"重要窗口"的要求，持续推进"六争攻坚"，以宁波重点围绕"一带一路"倡议、长三角一体化战略等部署，"246"万千亿级产业集群培育、服务业跨越式发展行动、城市有机更新、美丽宁波建设等专项行动为突破口，通过投资拉动、项目带动优化商务经济发展平台，拓宽周边城市消费人群半径，为促进消费提供更广阔的空间，并通过宁波都市圈核心城市影响力和辐射力，促进宁波居民消费结构快速升级。

参考文献

[1] 宁波市商务局：《2020 年上半年商务工作情况及下半年工作思路》，宁波市人民政府网站，2020 年 9 月 28 日，http://www.ningbo.gov.cn/art/2020/9/28/art_1229096009_3539459.html。

[2] 商务部研究院：《2020 年中国消费市场发展报告》，2020 年 12 月 9 日。

（作者单位：中共宁波慈溪市委党校）

2020 年宁波对外开放情况分析及 2021 年展望

王敏杰

一、2020 年宁波对外开放基本情况分析

(一)对外贸易展现较强韧性,进出口快速回稳向好

1. 对外贸易较早触底反弹趋稳

宁波市对外贸易 2 月触底后快速反弹并于 7 月开始趋稳,2020 年全年实现外贸进出口总额 9786.9 亿元,同比增长 6.7%(见图 1)。其中,出口 6407.0 亿元,同比增长 7.3%;进口 3379.9 亿元,同比增长 5.6%。进出口、出口和进口增

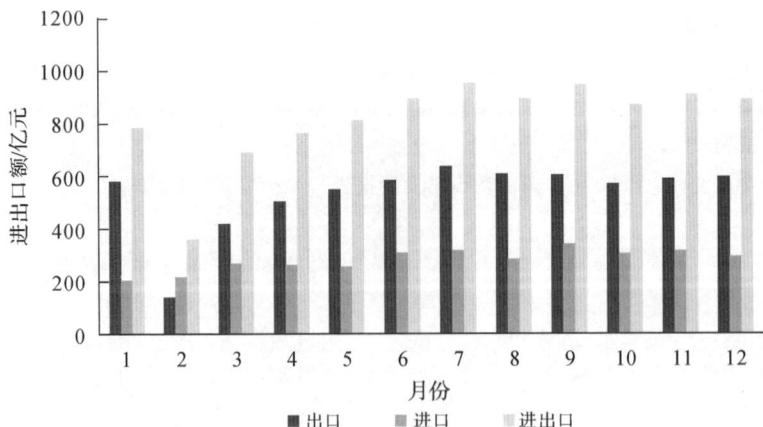

图 1　2020 年宁波市外贸进出口额

速分别比全国高出 4.8 个、3.3 个和 6.3 个百分点。进出口、出口和进口占全国比重分别达到 3%、3.6% 和 2.4%，较上年提高 0.13、0.11 和 0.14 个百分点，在计划单列市中均列第二位。

2.防疫物资及部分日用品是出口增长的主要动力

2020 年，口罩、医用防护服的出口增幅分别达到 525.6% 和 953%，家用纺织品、卫生设备、家具、体育用品及设备也分别有 70.8%、43.3%、25.9%、61.1% 的增长，两者合计拉动全市整体出口 12.3 个百分点。与此同时，服装、鞋类、箱包、二极管及类似半导体器件等出口下降较为明显，降幅分别为 10.9%、25.7%、16.7%、25.9%。此外，机电产品和高新技术产品出口受疫情影响相对较小，出口 353.06 亿元和 48.36 亿元，分别增长 7.4% 和 6.3%，出口占比相对稳定（详见表 1）。

表 1 2020 年宁波市主要出口商品情况

商品名称	本年累计/万元	比重/%	同比/%	比重同比增减百分点
机电产品	35306949	55.1	7.4	0.0
高新技术产品	4835769	7.6	6.3	−0.1
主要商品小计	28726762	44.7	6.7	−0.3
纺织纱线、织物及制品	5588234	8.7	43.9	2.2
服装及衣着附件	4727641	7.4	−10.9	−1.5
塑料制品	2810091	4.4	9.1	0.1
灯具、照明装置及类似品	2092127	3.3	8.0	0.0
家具及其零件	1888438	3	24.9	0.5
汽车零配件	1785141	2.8	5.4	−0.1
玩具	1049596	1.6	8.4	0.0
电线和电缆	937626	1.5	5.6	0.0
通断保护电路装置及零件	929417	1.5	0.8	−0.1
二极管及类似半导体器件	831240	1.3	−25.9	−0.6
体育用品及设备	817380	1.3	61.1	0.4
空气调节器	738216	1.2	−1.5	−0.1
钢材	657301	1	−6.7	−0.2
电视、收音机及无线电信设备的零附件	576751	0.9	15.2	0.1
纸及纸板（未切成形的）	566690	0.9	−6.8	−0.1

续表

商品名称	本年累计/万元	比重/%	同比/%	比重同比增减百分点
轴承	557935	0.9	−5.4	−0.1
钢铁或铜制标准紧固件	536694	0.8	−15.8	−0.2
手用或机用工具	533889	0.8	9.4	0.0
箱包及类似容器	507460	0.8	−16.7	−0.2
鞋类	483894	0.8	−25.7	−0.3

注:主要出口商品为 2020 年出口前 20 位商品。

3.进口以金属类大宗商品为主

2020 年,进口增长较快的商品主要有未锻轧铝及铝材、钢坯及粗锻件、合成橡胶、未锻轧铜及铜材、钢材、铁矿砂及其精矿等,增速分别达到 927.3%、741.8%、67.1%、65.6%、50.5% 和 23.6%。苯乙烯、废金属、二甲苯、成品油、煤及褐煤等进口规模下降明显,降幅分别达到 42.7%、31.0%、30.1%、26.4% 和 10.5%(见表2)。此外,消费品进口中美容化妆品及护肤品进口规模最大,达 71.58 亿元,同比增长 27.0%。

表 2　2020 年宁波市主要进口商品情况

商品名称	本年累计/万元	比重/%	同比/%	比重同比增减百分点
机电产品	5473544	16.2	2.3	−0.5
高新技术产品	3551040	10.5	−0.9	−0.7
主要商品小计	20981955	62.1	8.4	1.6
初级形状的塑料	4358624	12.9	−0.2	−0.8
未锻轧铜及铜材	3162565	9.4	65.6	3.4
铁矿砂及其精矿	2584908	7.6	23.6	1.1
集成电路	1660727	4.9	−4.4	−0.5
废金属	1550192	4.6	−31.0	−2.4
二甲苯	1040711	3.1	−30.1	−1.6
美容化妆品及护肤品	715847	2.1	27.0	0.4
液晶显示器	643974	1.9	7.5	0.0
纸浆	641606	1.9	10.5	0.1

续表

商品名称	本年累计/万元	比重/%	同比/%	比重同比增减百分点
成品油	620995	1.8	-26.4	-0.8
煤及褐煤	613886	1.8	-10.5	-0.3
未锻轧铝及铝材	438269	1.3	927.3	1.2
纺织纱线、织物及制品	432474	1.3	-6.4	-0.2
钢坯及粗锻件	426693	1.3	741.8	1.1
钢材	394393	1.2	50.5	0.3
原油	378543	1.1		1.1
合成橡胶(包括乳胶)	363509	1.1	67.1	0.4
苯乙烯	333944	1.0	-42.7	-0.8
乙二醇	321569	1.0	-9.8	-0.2
粮食	298524	0.9	12.9	0.1

注:主要进口商品为 2020 年进口前 20 位商品。

4. 美国首次跃居宁波第一大贸易伙伴

按地区情况划分,2020 年,宁波前十大主要贸易伙伴(见图 2)依次为美国(占比 17.7%)、欧盟(17.4%)、东盟(11.0%)、日本(5.7%)、韩国(5.2%)、澳大利亚(5.1%)、中国台澎金马关税区(4.2%)、英国(3.1%)、俄罗斯(3%)和巴西(2.5%)。其中,对美贸易增长最快(增速 22%),全年进出口贸易总额达 1735.3

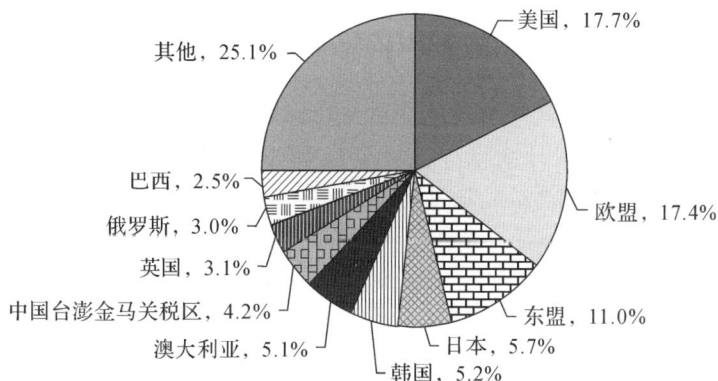

图 2　宁波 2020 年前十大贸易伙伴

亿元,占比较上年提高 2.2 个百分点,美国首次跃居宁波第一大贸易伙伴。此外,与"一带一路"沿线国家和地区进出口额达 2764.2 亿元,同比增长 4.9%,占同期全市进出口总值的 28.2%。其中与中东欧 17 国实现进出口额 295.2 亿元,同比增长 3.7%。

5.新兴领域领衔服务贸易逆势增长

2020 年,在全国服务贸易整体下滑情况下,宁波市国际服务贸易实现逆势增长。全年服务贸易进出口总额 1024.93 亿元,同比增长 7.67%。其中出口 686.86 亿元,增长 9.9%;进口 338.07 亿元,增长 3.5%。新兴服务贸易领域表现突出,全年实现进出口总额 500.54 亿元,同比增长 11.36%,占全市服务贸易进出口总额的 48.84%,占比较上年同期提高 1.64 个百分点。服务贸易出口中电信、计算机和信息服务出口占比最高,达 33.43%;个人、文化和娱乐服务出口增速最快,同比增长 30.25%。国际运输服务、旅游(教育)服务和建筑服务三大传统领域进出口总额 524.39 亿元,同比增长 4.46%。

6.跨境电商保持快速增长势头

2020 年,宁波市实现跨境电商进出口额 1486.8 亿元,同比增长 16%。其中,进口额 254.8 亿元,同比增长 23.7%;出口额 1232 亿元,同比增长 14.5%。进口商品品类以其他编号未列明的食品、护肤品、奶粉、其他不含可可的糖食及其他包装物酒精饮料为主,主要货源地仍以澳大利亚、日本、美国、韩国和新西兰等为主。出口商品以液晶显示板、小家电、纺织原料及纺织制品、文具用品、塑料制品、花园家具、日用杂货、五金工具、灯具为主,目的地市场以美国、英国、德国、中国香港地区和韩国等为主。海外仓发展迅速,截至 2020 年 12 月底,全市共有 66 家企业在全球 20 个国家建设经营海外仓 203 个,覆盖主要发达经济体、"一带一路"重要节点及新兴市场。

(二)外资利用水平稳中有升,外资结构调整明显

1.外资引进规模整体稳中有升

2020 年,宁波市累计新批外商投资项目 486 个,下降 34.1%。投资总额 131.63 亿美元,增长 6.2%。合同外资 46.99 亿美元,下降 39.3%。实际外资 24.68 亿美元,增长 4.4%(见表 3)。

表 3　2020 年宁波市利用外资情况

月份	外商投资项目/个	同比/%	合同外资/亿美元	同比/%	实际外资/亿美元	同比/%
1	47	−19	7.03	283.9	1.34	−70.8
2	23	−41	2.15	−44.1	5.6	123.1
3	46	−16.4	2.23	−24.6	1.66	−23.9
4	37	−36.2	1.43	13	2.66	45.6
5	30	−61.5	−0.23	−104.1	2.31	9.5
6	33	−60.7	2.37	−62.9	1.67	−5.3
7	29	−62.3	3.04	−56.6	1.4	0.4
8	44	−40.5	3.32	−78.4	2.51	−16.3
9	56	16.7	3.49	110.2	2.32	31.3
10	40	5.3	4.94	−34.2	1.51	16.8
11	42	−33.3	4.14	58.3	1.37	39.9
12	59	−9.2	13.09	−38.8	0.33	39.6
合计	486	−34.1	46.99	−39.3	24.68	4.4

2.重大项目、世界 500 强投资项目引进有突破

2020 年,宁波市新批外商投资 1000 万美元以上(不含增资)的项目共计 71 个,占比 14.6%,比重上涨 1.6 个百分点。新引进境外 500 强企业 4 家,分别是德国戴姆勒、德国费森尤斯、美国沃尔玛和香港华润集团。截至 2020 年底,全市累计共有 67 家境外世界 500 强企业投资了 147 个项目(分支机构),投资总额214.4 亿美元。

3.服务业引进外资形势优于制造业

2020 年,宁波市服务业实际外资 13.5 亿美元,同比增长 19.02%,占全市比重 54.7%,较上年同期增加 6.8 个百分点。其中,批发和零售业、租赁和商务服务业实际外资分别达到 4.25 亿美元和 6.06 亿美元,同比增长 129.83% 和44.82%,二者各占服务业实际外资的 17.2% 和 24.6%,占比较上年分别提高9.4 个和 6.9 个百分点。与此同时,全市制造业实际外资 10.92 亿美元,同比下降 6.99%,占全市比重 44.2%,占比较上年下降 5.6 个百分点。其中化学原料制造业、医药制造业和通用设备制造业实际外资同比分别下降 29.46%、36.8%和 74.35%。高技术产业实际外资 3.14 亿美元,同比下降 27.35%,占全市比重12.7%,较上年下降 5.6 个百分点。

4.欧美发达国家投资增长较快,利润再投资显著提高

中国香港地区依然是外资主要来源地,实际外资 17.61 亿美元,占比 71.3%。除此之外,来自美国、新加坡、德国和日本实际外资同比分别增长 519.3%、69.7%、13230.2%和 29.4%,比重较上年均有明显提升。来自"一带一路"沿线国家和地区实际外资 1.31 亿美元,占全市总数的 5.3%,较上年提高 2.4 个百分点。从投资方式看,宁波鼓励或引导现有存量企业通过利润再投资暂不征收预提所得税的优惠政策取得显著成效,全市共有 39 家外资企业通过外方股东利润再投资方式实现企业增资扩股、扩大经营,利润出资金额达到 6.44 亿美元,占全市总数的 26.1%,创历年新高。

(三)对外投资合作有序发展

1.新增境外企业机构数有所下降,但投资额增长明显

2020 年,宁波市累计新批备案(核准)境外企业和机构 162 家,同比下降 21.4%。备案(核准)中方投资额 24.81 亿美元,同比增长 45.9%;实际中方投资额 29.49 亿美元,同比增长 120.5%。反映在投资规模上,全年 5000 万美元以上的大项目 11 个,累计 14.6 亿美元,占比 58.9%。截至 2020 年 12 月底,全市累计备案(核准)境外企业和机构 3237 家,备案(核准)中方投资额 257.70 亿美元,实际中方投资额 172.38 亿美元,分布在 123 个国家和地区。2020 年全国、浙江和宁波境外(备案)投资额比较如表 4 所示。

表 4　2020 年全国、浙江和宁波境外(备案)投资额

月份	全国境外投资额		浙江省境外投资额		宁波市境外投资额	
	累计/亿美元	同比/%	累计/亿美元	同比/%	累计/亿美元	同比/%
1	83.2	−9.5	18.1	135.1	6.9	606.5
2	155	−1	20.6	−14.8	7	276.9
3	242.2	−3.9	23.3	−35	3.1	−34.4
4	335.7	−3.1	28.6	−23.1	9.9	210.7
5	422	−5.3	32.2	−25.9	10.5	110.2
6	515	−4.3	50.2	−21.6	12.4	47.5
7	602.8	−5.4	59.2	−15.7	12.9	4.6
8	684.8	−5.2	73.3	−7.3	13.6	5.7
9	788.8	−2.6	80.3	−14.8	15.5	16
10	863.8	−4.5	89.8	−15	20.7	48.1
11	950.8	−3.7	97.4	−12.1	22.4	49.4
12	1101.5	−0.4	110.3	−7.4	24.8	45.9

2. 制造业依然是主要投资领域

分行业看,2020 年,宁波市新批备案(核准)中方投资额中,制造业累计投资额 19.19 亿美元,同比增长 58.8%,占新批备案(核准)中方投资总额的 65.3%。其中,汽车制造业投资达到 4.7 亿美元,占制造业总量的 29%,同比增长 463.9%;服务业投资累计 7.61 亿美元,占比 30.67%,主要集中在批发和零售业、交通运输仓储和邮政业、租赁和商务服务业、信息传输软件和信息技术服务业等领域,占比分别达到 12.1%、6.5%、6.4% 和 4.0%。

3. 投资主要流向亚洲地区,对欧投资增长明显

从对外直接投资区域情况看,主要集中在亚洲,累计备案(核准)中方投资额 18.75 亿美元,占比 81.3%,同比增长 80.2%。其中,中国香港地区、印度尼西亚、新加坡、越南、柬埔寨和日本,占比分别为 29%、28.1%、7.1%、3.9%、2.8% 和 2.8%。此外,欧洲累计备案(核准)中方投资额 2 亿美元,占比 8.1%,同比增长 23.2%。其中,德国累计备案(核准)中方投资额达 1.07 亿美元,同比增长 34.5%,增长最快。

4. 对外承包工程增速放缓,结构更趋优化

2020 年,宁波市境外承包工程劳务合作营业额 17.7 亿美元,较上年同期增长 0.6%。期末在外劳务 124 人,下降 73.2%。工程行业结构更趋多元化,电力工业、交通运输、石油化工和制造加工设施建设类项目共完成营业额 12.4 亿美元,占营业总额的 70%,远超传统房建类项目。此外,实绩企业持续增多,全年新增对外承包工程注册企业 22 家,新增实绩企业 7 家。

(四)对外开放平台建设取得重大突破

1. 自由贸易试验区宁波片区获批落地并取得积极进展

2020 年 9 月 21 日,国务院发布了《关于北京、湖南、安徽自由贸易试验区总体方案及浙江自由贸易试验区扩展区域方案的通知》(国发〔2020〕10 号),其中公布了《中国(浙江)自由贸易试验区扩展区域方案》,涉及宁波片区 46 平方公里。根据此次国务院批复的浙江自由贸易试验区扩展区域方案,宁波片区承担"一枢纽、三中心、一示范区"的战略功能定位。自贸区宁波片区的获批落地,为宁波探索更高水平开放型经济新体制、提升城市发展能级带来重大发展机遇。截至 2020 年 11 月底,已制定《中国(浙江)自由贸易试验区宁波片区建设方案(征求意见稿)》和《中共宁波市委、宁波市人民政府关于支持中国(浙江)自由贸易试验区宁波片区创新发展的政策意见(征求意见稿)》等顶层设计方案,在成功复制全国前五批自贸试验区 172 项可复制经验的基础上,梳理提出了 18 项创

新政策和制度,已签约 29 个项目,累计总投资额超过 390 亿元。

2.“17＋1”经贸合作示范区建设有序推进

2020 年,宁波市成功举办了 2020 宁波投资贸易云洽会暨中东欧商品云上展,其间创新展会服务模式,以云会议、云展览、云直播、云洽谈、云签约为手段,通过线上线下方式举办了 12 项重要经贸活动。举行了中东欧国际产业合作园揭牌暨首批入园项目签约仪式,活动共签约投资项目 15 个,总投资 70.7 亿元。由中国贸促会授权的中国—中东欧国家联合商会宁波联络办公室揭牌成立。建立了一人对一国的中东欧国家对口联络官机制。成立了宁波市重点项目签约暨产业投资促进海外联盟。高频率举办了多场针对性较强的贸易对接、产品推介及项目路演活动。此外,中意、中捷、中新等国别产业园建设有序推进。

二、2021 年宁波对外开放形势展望

总的来看,尽管遭受新冠肺炎疫情的严重冲击,2020 年宁波市对外开放形势整体仍好于预期。这得益于有效控制疫情的同时较早地组织复工复产,以及疫情下国际市场对低附加值日用消费品需求上升与宁波外贸结构存在契合,同时也得益于国家、省市稳外资外贸政策的加持。但此间暴露的问题也十分明显:服务贸易占对外贸易总额比重仍偏低(2020 年低于全国平均水平 3 个百分点),包括日用消费品在内的多数出口产品附加值仍较低,高新技术产品整体出口规模小且占比低。长期来看,这种增长缺乏足够动力支撑:首先,国内劳动力成本和原材料价格快速上升,加上人民币汇率单边上扬对宁波出口产品的竞争力产生较大负面影响;其次,疫情结束后,国际市场商品需求结构必然发生调整,对低附加值日用消费品的需求会有所下降;再次,随着其他替代国产能的恢复,必然加剧国际市场份额的竞争。因此,优化贸易结构、提高重点产业集群竞争力、攀升全球价值链分工地位依然是长期选择。短期来看,尽管贸易摩擦、新冠肺炎疫情等带来的不确定因素增加,但如果当前外贸出口中的物流约束问题(空箱严重不足、运价快速上涨等)能得以缓解,宁波 2021 年对外开放形势仍将大概率延续 2020 年的增长态势。

(一)对外贸易仍有望实现较快增长

全球需求整体缓慢复苏的同时,各国产能恢复相对滞后,短期内仍利好宁波外贸出口。2021 年,国际市场需求整体将处于释放上升阶段,包括 IMF 在内的各大国际经济机构,普遍对 2021 年的增长预期有所回升(其中 IMF 最新预测增

长率为 5.5％）。随着疫苗正式研发成功并逐步扩大接种范围,宁波传统出口市场如美国、加拿大、英国和德国等有望较快走出疫情的影响,进而推动需求的整体上行,但这些地区的复工复产仍将在一段时间内处于低效状态,两者的脱节将造成需求外流并惠及宁波。而包括印度在内的传统与中国存在竞争替代关系的新兴经济体,由于受到严重的疫情冲击,其疫苗的大范围接种将晚于其他发达国家,2021 年底以前其生产供给能力大概率难以恢复到疫情以前的状态,这些国家的原有市场将部分转移并使宁波继续受益。

受国内消费需求修复以及出口带动影响,宁波消费品及原材料中间品进口都将保持较高增速。国内受疫情冲击较小,宏观经济环境持续改善,内需恢复势头明显。国家统计局数据显示,2020 年 12 月,我国制造业采购经理指数(PMI)为 51.9％,连续 10 个月处在荣枯线以上。新订单指数为 53.6％,进口指数为 50.4％。这些指标均表明我国内需持续改善,将推动进口继续修复。伴随宁波出口的稳定增长,对作为原材料或中间产品投入的如合成橡胶(包括乳胶)、未锻轧铜及铜材、钢材、汽车零配件等的需求也将保持快速增长。此外,人民币升值、RCEP 签署、自贸区扩区成功、国内国际双循环战略加快推进等因素叠加也将进一步推动进口持续走高。

(二)利用外资水平整体有望保持稳中有升

2021 年,中国仍是最具吸引力的投资目的地之一。相较于其他主要经济体利用外资规模出现断崖式下降,2020 年我国实际使用外资 9999.8 亿元人民币,同比增长 6.2％,规模再创历史新高,并实现了引资总量、增长幅度、全球占比"三提升"。国内巨大并且快速增长的市场、完整的工业体系、高质量的基础设施、不断深入的开放政策以及疫情冲击下我国产业链表现出的韧性是 2020 年我国利用外资整体表现优异的主要原因,并还将成为未来吸引外资的主要动力。此外 RCEP 的签署、自贸试验区加速建设等,也将大概率推动我国 2021 年吸引外资保持较快增长。联合国贸易和发展会议发布的《全球投资趋势监测报告(特刊)》指出,RCEP 区域将引领全球外国直接投资复苏。自贸区除了推动扩大开放与外贸增长之外,还不断降低外商投资准入门槛,且引领国际规则的对接,这些都有助于我国持续地吸引外资流入。

自身完善的产业链和持续优化的营商环境加上政策利好将助力宁波吸引外资再上新台阶。产业链配套方面,宁波具有较为完善的产业链,尤其是重点建设的 246 产业领域,具有全球分工融入度高、自身综合配套能力强的特点,已然成为制造业吸引外资的主战场。宁波营商环境在央视公布的《2019 中国城市营商环境报告》中排名第十,且正在实施《宁波市打造国际一流营商环境实施方案》,全力打造优化营商环境"3.0 版",外商投资环境将更加优越。政策层面,除了国家层面的普惠政策外,省市吸引外资政策持续加码,如浙江省政府印发《关于支持中国(浙江)自由贸易试验区油气全产业链开放发展的实施意见》提出,到2025年浙江自贸试验区目标累计引进外资企业1000家以上,实际利用外资达到15亿美元。《中国(浙江)自由贸易试验区宁波片区建设方案》提出争取片区所在行政区域利用外资增速要高于全省平均3个百分点。

(三)对外投资平稳增长与对外经济合作高速增长并存

2021年,效率寻求型对外直接投资延续的同时,贸易摩擦规避型对外直接投资将减少甚至回流。近年来宁波对外直接投资主要集中在纺织服装等传统制造业领域,主要流向印度尼西亚、新加坡、越南、泰国等亚洲国家。这些国家大多为中等收入水平的发展中国家,经济发展潜力巨大,而且具有原材料资源丰富和劳动力相对廉价的优势,效率寻求是去这些国家投资的主要动因。伴随产业转型升级、原材料价格的持续上涨、劳动力土地成本的抬升以及人民币的持续升值,这部分对外直接投资仍将大概率持续。但与此同时,一部分贸易摩擦规避型对外直接投资将减少甚至回流。调查显示,此前部分宁波企业为了规避中美贸易摩擦的影响将生产基地转移到越南、泰国及印度等地,由于2020年这些地区受疫情影响复工复产困难出现部分"回流",加上受其中部分国家被美国列为汇率操纵国或列入汇率监测名单的影响,使得这类投资可能趋于下降,从而使得整体上对外投资趋于平稳增长。

境外承包工程劳务合作有望实现高速增长。自2020年5月以来,宁波市境外承包工程劳务合作当月营业额和新签合同额的比值普遍达到1∶6甚至更高,为2021年的快速发展奠定了基础。加上2020年全年基数较低、疫情对境外承包工程劳务合作的冲击逐渐下降等因素的影响,2021年有望实现快速发展。

(作者单位:浙江万里学院)

2020年宁波金融发展情况分析及2021年展望

黄　柯

一、2020年宁波金融发展现状

2020年,面对新冠肺炎疫情和世界经济衰退给宁波经济社会发展带来的严重冲击,宁波市金融系统深入贯彻中央和省市各项决策部署,在非常之时拿出非常之举,有力有效服务保障了全市经济回升向好发展和社会和谐稳定,全市金融发展取得了较好成绩。

(一)抗击疫情成效明显,经济金融发展态势稳中向好

2020年,宁波金融践行抗疫"80字方针",出台"甬18条"实施细则、加强企业全面复工复产银行服务工作"12条"、强化金融服务保障支持稳企业稳经济稳发展"13条",开展争规模、争进度、争满意度"三争"行动,有力推进金融抗疫和促进经济社会复工复产。宁波金融行业系列经验做法被中央媒体广泛报道,被工信部和人民银行等国家部委肯定和推广,为全国抗疫促产提供了丰富的宁波元素和创新样本。截至2020年末,全市金融机构抗疫援企信贷总投放3444亿元,涉及企业7.8万户,为1.72万户企业提供临时性延期还本资金266亿元,累计向140余家名单内企业发放防疫优惠贷款71.3亿元,向3.6力户企业和农户发放复工复产优惠贷款(含贴现)超400亿元。

(二)存款增速大幅提升,企业存款和非银存款增长较快

截至2020年末,宁波市本外币存款余额23988亿元,同比增长15%,增速同比提升6个百分点,余额较年初增加3130亿元,同比多增1429亿元。从存款

结构看,非金融企业存款余额 9165 亿元,同比增长 19%,增速提升 9.8 个百分点,比年初增加 1464 亿元,同比多增 812 亿元,是拉动全市存款的主要原因。住户存款余额 8611 亿元,同比增长 13.8%。广义政府性存款余额 4507 亿元,增长 7.2%,较年初新增 301 亿元。非银存款余额 1567 亿元,增长 20%。

(三)贷款增速稳步提升,中长期贷款结构明显优化

截至 2020 年末,宁波市本外币贷款余额 25452 亿元(主要银行本外币贷款余额情况见表 1 和图 1),同比增长 14.7%,增速提高 3.4 个百分点,贷款余额较年初新增 2933 亿元,同比多增 1325 亿元。从贷款结构看,住户贷款余额 9331 亿元,同比增长 24.2%,增速提升 2.5 个百分点。其中,短期贷款仅增长 8.9%,增速同比下滑 15.9 个百分点,而以房贷为主的中长期贷款增长 31.2%,增速提升 10.8 个百分点,是拉动住户贷款增长的主要原因。企事业单位贷款余额 16014 亿元,同比增长 9.9%,增速提升 2.7 个百分点,新增贷款 1446 亿元,比去年同期多增 466 亿元。其中,短期贷款增长 7.1%,新增 455 亿元;中长期贷款增长 12.4%,新增 803 亿元,是上年同期的 2.3 倍,增幅明显。从贷款投向看,主要支持受疫情影响较大的行业,全年制造业、软件信息业、住宿餐饮业、批发零售业贷款分别新增 649 亿元、19 亿元、30 亿元和 458 亿元,增速分别为 13.7%、44.1%、23.1%和 22.9%。截至 2020 年末,全市外汇贷款余额为 61.3 亿美元(主要银行外汇贷款余额情况见表 2),同比增长 3.5%。较年初增加 2 亿美元,同比多增 29.5 亿美元。

表 1 宁波市主要银行 2020 年度本外币贷款余额情况

贷款余额				余额新增(从年初)			
金融机构	余额/亿元	占比/%	排名	金融机构	新增/亿元	占比/%	排名
工行	2745	10.8	1	宁波银行	568	17.4	1
宁波银行	2717	10.7	2	建行	258	7.9	2
农行	2220	8.7	3	农行	231	7.1	3
建行	2000	7.9	4	中行	183	5.6	4
中行	1853	7.4	5	工行	158	4.8	5
合计	25452	100	——	合计	3264	100	——

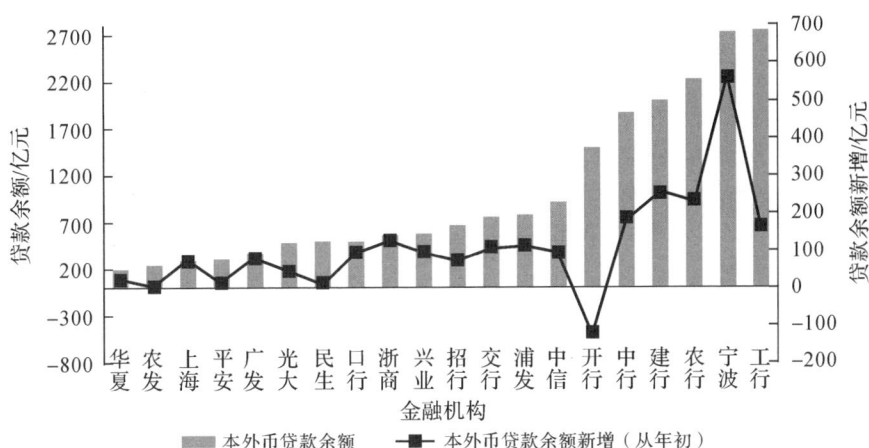

图 1　2020 年宁波市银行业金融机构本外币贷款余额及新增

表 2　宁波市主要银行 2020 年末外汇贷款情况

贷款余额			余额新增(从年初)		
金融机构	余额 /亿美元	占比 /%	排名	金融机构	新增 /亿美元	占比 /%	排名
中行	11.5	18.8%	1	工行	1.8	89.0%	1
宁波银行	6.8	11.1%	2	中行	1.7	84.9%	2
开行	6.8	11.1%	3	建行	1.7	84.9%	3
农行	6.5	10.6%	4	光大	1.6	81.1%	4
工行	5.8	9.5%	5	广发	1.6	81.0%	5
合计	61.3	100%	—	合计	2.0	100%	—

(四)社会融资规模增长提速,企业融资渠道不断得到拓宽

宁波深入推进"凤凰行动"宁波计划和融资畅通工程,抢抓新证券法实施、创业板改革并试点注册制、新三板推出精选层等资本市场各项重大改革落地机遇,资本市场发展成效显著,新增境内外上市公司 13 家、过会企业 7 家,新三板精选层挂牌企业 1 家。截至 2020 年末,全市境内外上市公司达 111 家,其中 A 股上市公司达 92 家,居全国各城市第 8 位(计划单列市排第 2 位),总市值超过 1 万亿元。2020 年 9 月,宁波市唯一的综合类证券公司甬兴证券正式揭牌开业,这是十年来中国证监会批设的首家内资证券公司,是优化地方金融体系结构、提升宁波金融资源配置效率的重要手段和重大平台,在宁波乃至中国证券行业发展

史上都具有重要意义。

(五)普惠金融改革推进顺利,助力"六稳""六保"成效明显

2020 年,宁波市制定出台宁波市普惠金融改革试验区建设实施方案,建立普惠金融工作联席机制,各金融机构通过降低利率、减少收费、贷款延期还本付息等措施,不断加大力度支持宁波制造业企业。截至 2020 年末,宁波市普惠小微贷款余额 2692.5 亿元,增长 42.4%,增速高于各项贷款平均增速 27.7 个百分点;比年初增加 802.2 亿元,同比多增 410.8 亿元。在全国独创保险防疫情促复产专项支持政策,全国首创政策性小微复工复产防疫保险,全国首推政策性担保"三免一减半"优惠措施,开发全国首个金融知识宣传教育 App。聚焦实体经济发展,开展"万员助万企""百行进万企""百地千名行长助企业复工复产"等专项行动,强化金融服务和保障,提升金融保障集成度和精准性。开展制造业资金合作计划、中小企业应急贷款与大中型企业应急融资等试点,成功争取宁波成为 5 个试点省市之一,辖区 8 家试点银行已为 172 户企业发放 2.2 亿元应急贷款,贷款平均利率 4.33%。制造业中长期贷款提升专项行动、首贷户拓展专项行动、"微担通"业务等做法被《人民日报》报道,跨境金融区块链服务平台试点业务笔数居全国第一,人脸识别线下支付安全应用试点交易量居全国首位。通过创新"财政+金融+担保"三方联动的"微担通"模式,率先落地全国专项再贷款财政贴息政策,破解小微企业融资难题。截至 2020 年末,宁波市制造业贷款余额 4322 亿元,同比增长 11.3%,其中制造业中长期贷款余额 875.8 亿元,增长 71.4%,比年初增加 364.7 亿元,为上年的 5.8 倍;制造业信用贷款余额 657.3 亿元,增长 51.8%,比年初增加 224.3 亿元,为上年的 17.1 倍。

(六)金融改革试点深入推进,行业呈现持续稳健发展态势

2020 年,宁波市启动国家保险创新综合试验区建设三周年阶段性评估,专家认为宁波试验区建设在推进保险业创新驱动发展方面取得显著成效,在服务经济建设以及推动社会治理体系和治理能力现代化等方面取得新进展。试验区建设以来,累计创新推出和巩固深化保险产品 180 余项,提供风险保障超过 10 万亿元,政策性小微企业复工防疫保险、食责险等"宁波模式"在全国多个省市复制推广。2020 年,宁波市新引进保险资金协议规模超 100 亿元,"险资入甬"连续五年破百亿元。在地方金融监管改革方面,正式设立地方金融监督管理局,加挂市金融办牌子,同步协调指导各区县(市)金融工作部门体制改革,这标志着宁波市地方金融组织协调管理向实质性监督管理转变。作为全国仅有的两个示范区之一,宁波正式入围创建国家文化与金融合作示范区名单,成功组建宁波文旅产业基金,总募集规模 20 亿元。在风险防控方面,宁波金融系统稳妥做好金融

风险化解和处置应对,加快不良贷款资产依法处置,保持较低的不良率,不断强化信用风险防控,参与打击治理跨境赌博和电信网络诈骗违法犯罪、扫黑除恶专项斗争等重点工作,系统性金融风险防范取得良好成绩,宁波金融生态环境持续优化。

二、当前宁波经济金融发展存在的短板和问题

当今世界正经历百年未有之大变局,我国正处于中华民族伟大复兴的关键时刻,疫情和外部环境存在诸多不确定性,世界经济严重衰退,产业链供应链循环受阻,国际贸易投资萎缩,复苏不稳定不平衡,疫情冲击导致的各类衍生风险不容忽视。

(一)世界经济严重衰退,外向型经济机遇与挑战并存

自 2020 年下半年以来,随着我国疫情得到有效控制,国内生产和消费端需求逐步回归正常水平,而且国外疫情暴发导致大量工厂出现停工潮,海外市场对我国商品需求呈现爆发式增长,产业链阶段性回归,宁波外贸在一定时期内可保持稳定增长。然而,随着特朗普下台,中美贸易摩擦可能会出现短时减弱现象,但长期来看中国与以美国为首的西方国家的政治经济贸易摩擦将长期存在,甚至在某些阶段会对国内部分企业带来致命性打击。因此,在当前国内国际双循环新格局下,宁波外向型经济同时面临机遇与挑战。

(二)金融服务质效有待提高,实体经济发展面临困境

在宁波市地方金融监督管理局(市金融办)、人行宁波中心支行等部门的指导监督下,宁波市各级金融机构加大对实体经济尤其是民营和小微企业、制造业的信贷支持,广大企业在融资便利性以及降低综合融资成本等方面取得了较大成效。但在落实惠企政策上还存在短板,部分信贷资金投放后没有真正用到实体上去,政银企融资对接实质性成果不明显,部分金融机构在促进小微企业融资的相关制度落实上打折扣,仍然存在"不敢贷、不愿贷、不能贷"现象,也有部分金融机构支持制造业存在"撒胡椒面"和"蜻蜓点水"问题,小微企业有效融资扩面增量与中央、省市尚有一定差距,金融服务质效有待进一步提高。

(三)潜在风险依然存在,重点领域风险防控压力加大

在当前复杂多变的宏观形势下,宁波经济"稳增长"压力依然存在,金融机构经营不确定性因素大幅增加,"灰犀牛"和"黑天鹅"风险需要时刻关注,风险防控压力逐步升级。经过过去几年各金融机构加快对不良贷款的处置,宁波金融机

构整体资产质量呈现逐步趋好态势。但受新冠肺炎疫情的影响,企业经营面临挑战,加上 2020 年各金融机构加大防疫专项贷款和复工复产专项贷款投放力度,大量贷款将于 2021 年逐步到期,企业还本付息和银行续贷均存在一定压力,案件风险或将有所回潮。在落实稳健的货币政策、政府化解隐性债务和房地产强力调控的过程中,政府平台公司和中小微企业融资、房地产贷款、个人信用贷款等重点领域金融风险防控压力依然较大。部分中小法人银行负债不合理,客户基础薄弱,抵御风险能力不强,部分银行自身流动性承压能力不达标。

三、2021 年金融发展展望

2021 年,是中国共产党成立 100 周年,是"十四五"开局之年,也是宁波市争创社会主义现代化先行市启动实施之年。宁波市金融系统将以习近平新时代中国特色社会主义思想为指导,全面落实市委市政府的部署,按照立足新发展阶段、贯彻新发展理念、构建新发展格局的要求,紧扣忠实践行"八八战略"、奋力打造"重要窗口"的主题主线,继续做好"六稳""六保"工作,大力深化金融供给侧结构性改革,出台更加灵活精准高效的金融服务措施,进一步加大对重点领域和薄弱环节的金融支持,协同创造更加优质的金融服务保障环境和生态系统。

(一)提升金融服务质效,保持社会融资规模合理增长

一是积极应对疫情防控,顺势而为执行好货币政策。2021 年的货币政策"稳"字当头,保持正常货币政策空间的可持续性,保持流动性合理充裕,保持广义货币(M2)和社会融资规模增速同名义经济增速基本匹配。从当前中央制定的财政和货币政策来看,我国近期不大可能再出现货币"大水漫灌"现象,而是要发挥好货币政策工具精准滴灌作用,因此部分领域投融资供需矛盾或将有所加大。二是加大信贷投放力度,保障重点领域和重点项目资金需求。提升"百行进万企""万员助万企"专项行动质效,完善争先创优机制,健全"项目化实施＋专班化推进"运作方式,做好综合金融保障工作,以宁波的"稳"和"进"为全国全省大局多做贡献。三是探索创新融资产品和融资模式,加大资金保障力度,发挥开发性、政策性和商业性金融机构的作用,鼓励金融机构结合宁波实际力争更多的创新试点示范,重点保障轨道交通第三期规划线路建设、通苏嘉甬铁路、宁波舟山港六横公路大桥一期、228 国道宁海段、象山国际物流园码头、宁波机场四期等一批重大项目的资金需求,亟须用好宁波市域内外金融资源,做好资金保障。

(二)提升金融资源配置效率,加大支持实体经济发展力度

一是加大对受疫情影响严重行业、民营小微企业的精准帮扶。继续引导各

级金融机构服务重心下沉,针对疫情防控、疫苗生产等急难任务,助力企业高效率复工、复产、达产,坚决做到金融支持企业"不停步""不间断"。二是强化对重大战略和重点产业的金融服务保障。发挥金融机构专业化队伍优势,积极对接宁波市政府"225"外贸双万亿元行动、"246"万千亿产业集群、自贸区扩区建设等重大战略,做好项目资金中长期资金保障服务。三是加大力度推动制造业中长期贷款发放和余额双增长。通过完善制造业中长期贷款相关制度,正面引导和考核监督"双管齐下",鼓励政策性银行发挥更大的作用、争取更多的优惠政策和创新试点,推动知识产权质押融资业务、首台(套)重大技术装备保险、新材料首批次应用保险等业务增量扩面,探索开展软件保险等试点工作。四是积极推动金融支持宁波"稳外贸"工作。配合地方政府发挥财政和金融的联动作用,继续建立和更新外贸企业重点帮扶"白名单",探索应用"银行+信用保险+政策性担保"供应链金融模式,全力帮助外贸企业保持平稳增长势头。

(三)提升综合金融服务水平,切实增强重点领域资金保障

一是推进宁波市普惠金融改革试验区、文化金融合作示范区建设,深入开展分层次、常态化银企精准对接,探索政府、银行、企业三方合作共建项目库,采用投资、贷款、租赁、证券、保险等综合金融服务方式,提升金融服务实体经济水平。二是坚持守正创新,优化直接融资和间接融资结构,积极支持优质企业发行直接债务融资工具,通过加快发行一批、正在开发一批和提前储备一批等"三个一批"模式助力企业扩大债券发行规模,优化企业融资结构,降低企业融资成本。二是深化国家保险创新综合试验区建设,开展保险业高质量发展宣传月活动,举办保险业高质量发展培训班、试验区建设成果展、保险创新指数研讨会等系列活动,强化民营企业尤其是民营制造业的保险产品和服务配套,提升社会民生领域保险保障水平,推进宁波保险生态体系健全、创新产品落地、产业能级壮大。四是稳步推进各项金融改革试点取得实效,尤其是要以地方金融监督管理局挂牌成立为契机,联合辖区金融监管部门牢记职责使命,积极引导金融机构深化改革创新,推进金融科技应用试点,强化普惠金融服务,融资支持"卡脖子"领域,深化外汇改革试点,推进金融综合服务提质争先。

(四)守牢风险底线,坚决打赢防范化解风险攻坚战

一是持续强化信用风险防控,增强风险抵御能力和信心。受内外部环境不确定性以及 2021 年大量短期专项贷款到期影响,辖区内银行逾期贷款或将有所提升,各金融机构既要多措并举加大不良贷款处置力度,更要提前准备,严格资产质量分类,提足拨备、补充资本,进一步增强风险抵御能力。二是中小法人机构要切实担起主体责任,加强稳健经营,做好流动性预测和资金安排,优化资产负债结构,审慎开展创新业务,加强信用风险、合规风险、操作风险管理,争取在不良资产处置、增资扩股、业务发展等方面得到政府、股东、监管机构的支持,确保风险管控能力与业务发展相匹配。三是增强风险防范意识,坚持底线思维,加强房地产、网贷、个贷等重点领域风险排查,采取对风险企业"一行一策"盯防,加强影子银行和交叉金融业务穿透监管。用好各类监管监测平台和互联网及大数据手段,严格做好舆情管控、正面宣传解读和声誉风险防范,积极妥善做好突发事件的应对处置工作。

四、2021 年金融业发展的对策建议

(一)坚守底线,防范风险,维护地区金融大局稳定

要坚守底线,增强风险意识,强化金融风险监测预警,推进"天罗地网"监测防控系统后续开发建设与运用,做好与省金融综合服务平台协调衔接,推动金融共享和风险联防联控。保持类金融机构排查整治高压态势,完善金融风险网格化管理和风险处置长效机制。发挥企业债务风险化解小组作用,防范、纾解民企债务风险及上市公司股权质押风险,纵深推进非法金融活动联动打击,确保全市不良率保持在较低水平,有效维护宁波辖区良好金融生态。

(二)坚守初心,彰显担当,提升金融服务发展质效

要提高政治站位,立足本源,坚守初心,彰显担当和本领,通过创新产品和服务模式,尽可能满足不同类型企业尤其是中小微企业的资金需求,保证宁波实体企业融资环境相对宽松。对于受海内外疫情影响以及贸易摩擦带来短暂困难的企业,辖区内金融机构要在监管框架内,积极争取总行或总部政策支持,做到不盲目抽贷、压贷,适当扩大无还本续贷适用范围,帮助企业维持正常生产经营并尽可能保住海外市场。

(三)聚焦战略,围绕产业,体现金融"直达实体"效果

要聚焦当前宁波市融入长三角一体化、长江经济带、共建"一带一路"等重大战略,发挥政策和战略"红利",结合宁波市重点产业,加大对高端装备制造、电子信息制造、集成电路、生物制药等重点领域的支持力度。进一步完善有关宁波民营和小微企业金融服务配套政策,发挥开发性和政策性金融机构以及政策性担保机构优势,合理降低准入门槛,扩大创新金融产品应用范围,加大信贷资源对宁波民营制造业的倾斜配置,确保有更多、更优的资金支持宁波实体经济持续健康发展。

（四）改革争先，提升能力，践行宁波金融高质量发展

要深化金融服务"最多跑一次"改革，充分用好大数据平台，发挥科技金融作用，推动"最多跑一次"改革继续向金融交易类项目延伸，实现企业融资便利度指标有明显改善。继续推进国家保险创新综合试验区建设，持续深化应用保险创新成果，推动全国数字健康保险交易示范性平台发挥更大作用。深入推进全国文化金融合作示范区创建，创新文化金融组织、产品和服务，增强金融服务"阿拉宁波"文化的能力与水平。继续加快发展直接融资，推动宁波市优质企业在境内外上市，鼓励成长型企业在"新三板"、宁波股权交易中心挂牌，扩大各类债务融资规模，持续推进实施"凤凰行动"计划，有效满足实体经济高质量发展需求，力争早日把宁波建成区域性金融中心。

（作者单位：浙大宁波理工学院）

2020 年宁波房地产发展情况分析及 2021 年展望

陈裕荟琳

一、2020 年宁波房地产发展情况

(一)房地产投资基本情况

1. 房地产开发投资低开高走,住宅投资高开低走后横盘震荡

2020 年,宁波市房地产开发投资累计同比增速低开高走。受年初疫情影响,房地产开发投资处于冷冻期,4 月过后,其累计同比增速由负转正,5 月达到短暂的小高峰后,6—8 月有小幅回落,9—10 月开始持续走高,11—12 月小幅回落,累计同比增速平均为 3.2%,高于全国 2.5 个百分点。房地产住宅开发投资累计同比增速高开低走后横盘震荡,累计同比增速平均为 0.1%,具体如图 1 所示。

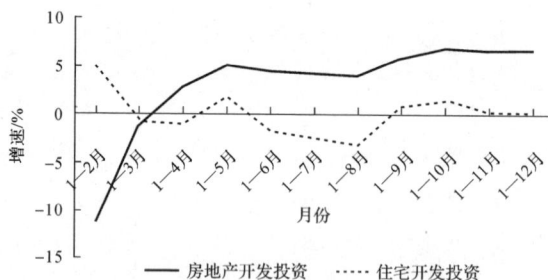

图 1　2020 年宁波市房地产开发投资和住宅开发投资累计同比增速

数据来源:宁波市统计局。

2.房屋施工面积总体稳中有升,房屋竣工面积显著提升

2020 年,宁波市房屋施工面积整体走势小幅增长,其累计同比增速从 1—2 月的 13.7％提高到 1—12 月的 26.7％,均高于全国平均水平(分别为 2.9％和 3.7％),其中,住宅施工面积累计同比增速从 1—2 月的 14.7％增加到 1—12 月的 28.5％,总体增速略高于房屋施工面积,如图 2 所示。受疫情和春节假期影响,2020 年 1—2 月,新开工施工面积累计同比增速达到全年最低,低至 −51.9％,自 1—3 月由负转正之后,一路走高,1—6 月达到全年最高增速 62.5％,远高于全国同期平均水平(−7.6％)。说明疫情过后,我市房地产行业复工复产脚步较快,施工情况不但得到恢复还优于去年同期。

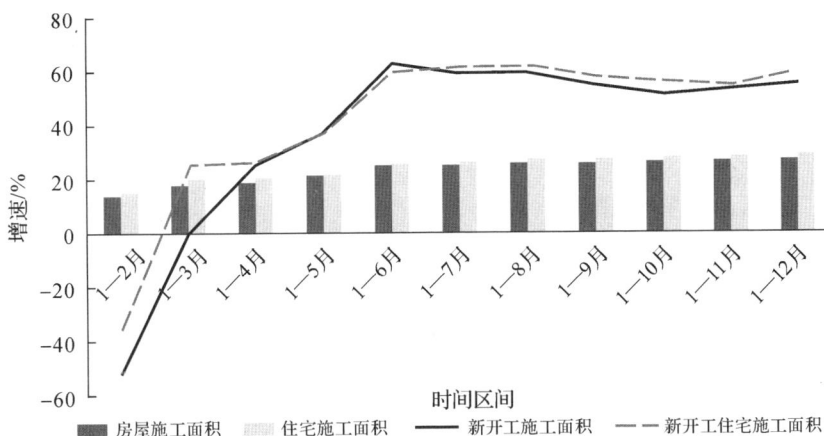

图 2　2020 年宁波市各项施工面积指标累计同比增速

数据来源:宁波市统计局。

2020 年,宁波市房屋竣工面积显著高于上年同期。如图 3 所示,房屋竣工面积累计同比增速的均值为 119.8％,其中住宅竣工面积累计同比增速均值为 149.5％,远高于全国平均水平(分别为 −11.8％和 −11.2％)。说明,虽然疫情对宁波市房地产带来一定影响,但是随着疫情的缓和,房地产市场快速回暖。同时,近两年土地市场的高热度也催生了 2020 年较高的房屋竣工面积,房地产企业将积极推盘促销。

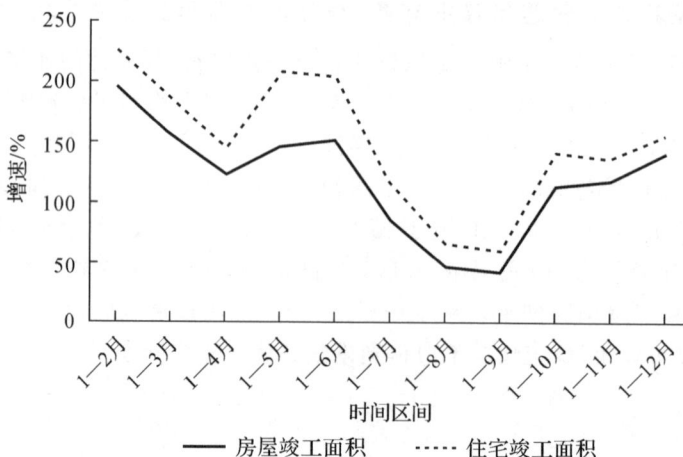

图 3 2020 年宁波市房屋竣工面积和住宅竣工面积累计同比增速

数据来源：宁波市统计局。

（二）商品房销售情况

1. 住宅销售面积涨跌互现，成交套数"先扬后落"

2020 年，宁波市五区新建住宅销售面积和二手住宅成交面积分别为 549.1 万平方米和 631.3 万平方米，分别同比增长 3.0% 和 −2.7%，新建住宅市场热度高于二手市场。如图 4 所示，从环比走势看，除 2 月受疫情影响楼市供应受阻出现断崖式下跌，2020 年 3 月以来住宅销售面积步入快速恢复期，新建住宅供给快速增加，7 月新建商品住宅和二手住宅成交面积达到全年峰值。

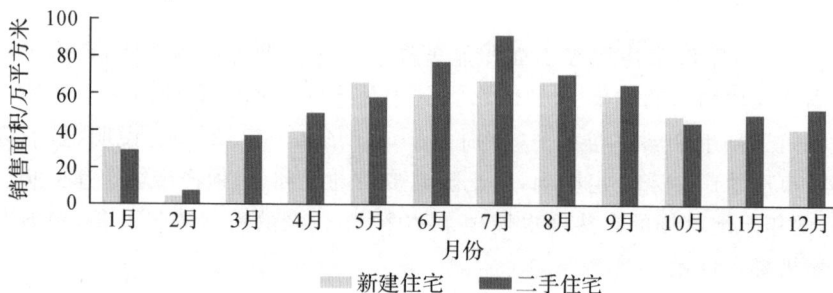

图 4 2020 年宁波市五区住宅销售面积

数据来源：国家统计局宁波调查队。

2020 年，宁波市区商品住宅成交套数共计 67630 套，为加快经济复苏，包括放宽商品房预售许可申领条件在内的各项楼市利好政策加大了市场销售力度，如图 5 所示,市区商品住宅成交套数在 7 月达到年内最高。但是,随着调控政策《关于进一步完善商品住房销售行为切实保障居民自住需求的通知》的出台,市场热度开始趋降,2020 年 8—12 月市区住宅成交套数开始下降。

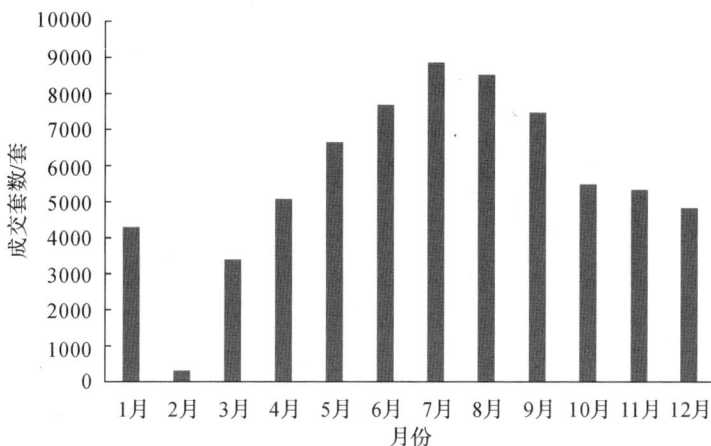

图 5　2020 年宁波市区商品住宅成交套数

数据来源:宁波市住房和城乡建设局。

2. 一、二手房价格倒挂,增速全国排名处于中上水平

根据同花顺 iFind 数据库统计,2020 年,宁波市新房、二手房平均销售价格

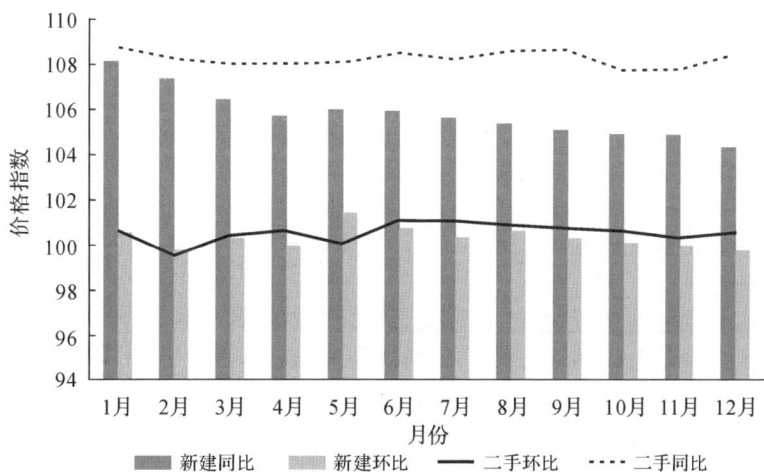

图 6　2020 年宁波市每月新建商品住宅、二手住宅销售价格指数同比数和环比数

数据来源:国家统计局宁波调查队。

分别为 17122.67 元/米²、24037.42 元/米²，同比增长 1.6% 和 16.1%，限价令下的一、二手房价格倒挂现象也助涨了市场对新房的追捧热情。图 6 所示为 2020年宁波市每月新建商品住宅、二手住宅销售价格指数同比数和环比数。根据国家统计局城市司发布的 2020 年 70 个大中城市住宅销售价格变动情况，宁波新建商品住宅销售价格同比增速排名从 1 月的第 28 名下降到 12 月的第 31 名，然而，二手住宅销售价格同比增速排名从 1 月的第 11 名上升到 12 月的第 2 名。

3. 新开楼盘数量同比上涨，环比涨跌互现

根据宁波市房产交易信息服务网信息，2020 年，宁波市累计新开盘项目许可数 656 项，比上年同期增长 12.9%。如表 1 所示，慈溪市新开盘数量最高，有145 项，占比 22.1%，其中，有 51 项来自杭州湾新区，在全面融入长三角一体化的背景下，作为宁波接轨上海、融入长三角的门户地区，杭州湾新区楼盘具有先天优势；鄞州区新开盘数量排名第二，占比 16.6%，其中东钱湖 11 项，高新区 16项。同比来看，2020 年宁海县新开盘楼盘数量增速最大，为 96.43%；奉化次之，为 43.64%。环比来看，除 2 月因为疫情新开盘数量大幅降低外，2020 年新开盘数量在 6 月、12 月达到全年高峰，分别为 96 项和 98 项。

表 1　2020 年宁波各县市（区）月商品房新开盘项目数量

	1月	2月	3月	4月	5月	6月	7月	8月	9月	10月	11月	12月	总计
海曙区	2	1	2	3	4	3	2	4	2	3	1	3	30
江北区	2	0	2	6	2	8	5	9	5	1	3	10	43
北仑区	0	1	3	4	7	5	5	3	5	3	4	3	43
镇海区	0	0	3	3	3	3	2	1	0	0	0	2	17
鄞州区	6	0	13	10	7	26	9	6	9	8	8	7	109
象山县	2	0	0	6	1	7	4	2	3	0	4	6	35
宁海县	2	0	4	4	2	7	12	5	3	4	3	9	55
余姚市	4	0	8	4	10	6	11	15	6	10	8	8	90
慈溪市	3	0	10	10	16	21	10	9	15	12	11	28	145
奉化区	1	1	2	5	8	10	8	5	8	4	6	21	58
总计	22	3	47	55	60	96	67	59	56	45	48	98	656

数据来源：根据宁波市房产交易信息服务网信息整理所得。

4. 房企推盘踊跃，本地房企和外来房企平分秋色

2020 年，宁波市新开盘项目许可名单里共有 396 家房地产企业，同比增加

18.9%,平均每家企业有 1.6 个项目获得认购许可,其中,单个企业开盘项目数量最高是 17 项,所涉楼盘均位于宁海县。根据克而瑞研究中心发布的 2020 年宁波房企销售前十排行榜,入榜的均为品牌房企,包括三家宁波本地企业,销售金额排名前三的房企为绿城中国、万科地产、荣安地产。

(三)土地出让基本情况

1.土地出让提高要素保障,服务经济和民生

根据浙江省土地使用权网上交易系统数据,2020 年,宁波大市土地成交 714 块,总出让面积 20681798 平方米,总成交额约为 1463 亿元,其中,以工业用地和城镇住宅用地为主,分别为 391 块、175 块,合计占总成交量的 79.3%。如表 2 所示,工业用地主要分布于市五区之外,其中奉化占到近 1/4,符合工业企业资源集约利用的目标,有助于推动高精尖产业空间局部,提高要素配置精准度,推动工业经济高质量发展。城镇住宅用地与社会民生相关,其成交量靠前的区域是慈溪、鄞州和余姚。较高的城镇住宅用地供给有助于提升杭州湾新区和都市核心区对人才的吸引力,缓解房价持续上涨的压力。

表 2　2020 年宁波市按土地用途划分各县市(区)土地成交数量

	海曙区	江北区	北仑区	镇海区	鄞州区	象山县	宁海县	余姚市	慈溪市	奉化区	总计
餐饮用地	1	0	0	1	0	0	2	0	1	0	5
仓储用地	0	0	2	0	0	2	3	4	0	0	11
城镇住宅用地	10	16	19	11	25	14	9	25	29	17	175
风景名胜设施用地	0	0	0	0	0	0	0	4	0	0	4
港口码头用地	0	0	1	0	0	1	0	2	0	0	4
工业用地	13	10	25	11	14	37	51	58	85	87	391
公用设施用地	0	0	0	0	0	0	1	0	2	0	3
交通服务场站用地	0	0	0	0	0	4	0	2	0	0	6
教育用地	0	0	0	0	0	0	1	0	1	0	2
科研用地	0	0	0	0	1	0	1	0	0	0	2
零售商业用地	4	6	1	1	8	7	17	14	7	6	71
旅馆用地	0	1	1	0	0	7	0	0	0	1	10
批发市场用地	0	0	0	0	0	0	0	0	0	1	1

续表

	海曙区	江北区	北仑区	镇海区	鄞州区	象山县	宁海县	余姚市	慈溪市	奉化区	总计
其他商服用地	0	0	0	0	0	0	1	2	0	1	4
商务金融用地	1	2	2	0	4	0	0	4	2	3	18
文化设施用地	0	4	0	0	1	0	0	0	0	1	6
娱乐用地	0	0	0	0	0	0	0	0	1	0	1
总计	29	39	51	24	53	74	85	117	126	116	714

数据来源:根据浙江省土地使用权网上交易系统网站信息整理所得。

2. 土地供应区域分布不均,城镇住宅用地价格偏高

2020 年,受区域发展战略和自然资源条件影响,宁波市内土地供应区域分布不均衡。如表 3 所示,从土地成交数量来看,排名前三的是慈溪、余姚和奉化;从土地出让总面积来看,排名前三的是慈溪、余姚和鄞州;从城镇住宅用地出让总面积来看,排名前三的是慈溪、鄞州和奉化。单个土地交易项目成交价排名前三的地块分别位于海曙、鄞州和北仑,均为城镇住宅用地,城镇住宅用地出让价格明显高于其他用途土地出让成交价。

表 3　2020 年宁波市土地成交数量、出让总面积、城镇用地出让总面积

	土地成交数量		土地出让总面积		城镇住宅用地出让总面积	
	数量/块	比重/%	面积/米²	比重/%	面积/米²	比重/%
海曙区	29	4.1	998556	4.8	685346	7.8
江北区	39	5.5	1304694	6.3	779570	8.8
北仑区	51	7.1	2031912	9.8	749937	8.5
镇海区	24	3.4	811817	3.9	654160	7.4
鄞州区	53	7.4	2508768	12.1	1261973	14.3
象山县	74	10.4	2204332	10.7	417889	4.7
宁海县	85	11.9	1273894	6.2	277627	3.1
余姚市	117	16.4	2699667	13.1	957766	10.8
慈溪市	126	17.6	4861647	23.5	1853286	21.0
奉化区	116	16.2	1986512	9.6	1189975	13.5
合计	714	100	20681798	100	8827529	100

数据来源:根据浙江省土地使用权网上交易系统网站信息整理所得。

二、当前宁波房地产发展面临的主要问题

(一)商品住宅供给与刚性需求不匹配

中心城区住宅项目大户型产品比重较大,刚需型住房供给处于低位,尤其是外来人才和中低收入家庭,依然面临"住房难、房价贵"问题。国家统计局宁波调查队调研数据显示,现阶段存在房企供给与购房者需求不匹配的问题,51.4%购房者偏向于 90~120 平方米的房源,79.8%的购房者可以承受的总价在 350 万元以下,然而,由于近两年不断上涨的中心城区土地价格,致使开发商更倾向于开发利润空间相对较大的中大户型住宅(户型集中在 120~140 平方米,单套总价 420 万~490 万元)。此外,在中小户型二手房需求坚挺的情况下,保障性住房供给依然有待提高。2020 年,市区保障性住房计划用地面积占国有建设用地计划总面积的 15.8%,远低于杭州(41.7%)和南京(25.5%)等城市。

(二)城镇老旧小区改造的长效机制有待优化

宁波市作为全国城镇老旧小区改造试点城市,老旧住宅小区改造工作取得初步成效,2020 年,全市城镇老旧小区改造完成率达 130%。然而在老旧小区改造工作推进过程中依然面临痛点和难点,包括部门间职能界定不清、相关法律法规制定落后、创新力度有待提高、群众参与热情不高等。城镇老旧小区改造关乎民生福祉和群众利益,优化城镇老旧小区改造的长效机制,有助于改善居住环境,满足人民日益增长的美好生活需要。

(三)本地房地产企业综合竞争力有待提高

随着长三角一体化高质量发展不断推进,宁波市房地产企业呈现多足鼎立的态势。与外地品牌房企相比,本地房企具有地缘人脉优势,但整体实力有待提高。根据克而瑞研究中心 2020 年中国房地产企业品牌传播力前 100 排名,宁波本地房企无一上榜,品牌影响力有待提高。此外,在全国 132 家房地产板块上市企业中,宁波只有京投发展、荣安地产两家上市房企,其中,两家房企 2020 年第三季度总资产报酬率分别为 1.08 和 1.92,均低于行业均值 2.27,同时资产负债率分别为 85.8%和 87.54%,均高于行业均值 62.73%,说明宁波本地房企盈利能力有待提高,资产负债率较高。

(四)房地产项目的人文关怀元素有待加强

在宁波市"3433"服务业倍增发展行动背景下,宁波开启服务业高质量发展

新征程。房地产关联的服务业整体呈现"小而散"的特征,以绿色、智慧、人文为引领的生态宜居房地产项目较为稀缺,品牌服务竞争力有待提高。根据宁波市服务业局数据库 8285 家服务业企业统计数据,宁波市房地产租赁和物业服务品牌 164 个行业样本中,未注册商标的企业占 79.80%,注册商标的企业仅占 20.20%。根据 2020 宁波品牌百强榜,仅荣安、银亿两家房地产企业上榜,排名分别为 47 和 49。

三、2021 年宁波房地产发展展望

(一)房地产市场运行总体行稳致远

一是调控新政改变市场预期。在坚持"房住不炒、一城一策"的政策主基调下,稳地价、稳房价、稳预期依然是长期调控目标。2020 年 12 月出台的房地产市场调控政策"认房又认贷",扩大家庭住房情况核查和限购圈范围,遏制投机客利用假离婚、假落户等手段骗取无房家庭优先认购资格,不断升级的楼市调控势必会悄然转变市场预期,有助于抑制市场炒房客的投机热情,提升刚需人群信心,降低刚需人群购房压力。二是"双限项目"将有效抑制房价上涨。2019 年 11 月开始实施的宁波土地拍卖"限房价、竞地价"的项目将在 2021 年逐步低开入市,个别新开楼盘价格将低于周边在售楼盘,也有助于回稳未来房地产价格市场预期,缓解持续走高势头。总体而言,2021 年房地产市场基本面将进一步趋于稳定,商品住房价格同比增幅有望进一步收窄,保持稳中略升的发展态势。

(二)房地产市场分化格局或将扩大

一是不同层级城市间楼市分化将扩大。在"一城一策"精准调控政策主基调下,一、二线以及强三线热点城市一旦出现市场过热现象,不排除升级限购、限贷的可能性,而三、四线城市市场热度会有所下降,去化压力开始显现,政策层面有望从保市场主体出发,从需求层面予以刺激,为市场减压,为企业纾困。二是宁波区域内分化也将逐渐明显。土地交易方面,在行业金融监管持续强化,"三道红线"试点实施背景下,房地产企业融资环境将逐渐转向"一企一策",融资压力和成本增大,房地产企业拿地策略将会出现分化倾向,中小房企拿地策略会趋于谨慎。市场需求方面,随着涉房贷款监管不断加强和信贷政策逐步收紧,一些限价盘和低总价项目依然会是市场"红盘",限购圈内高总价楼盘去化速度将出现放缓趋势。

（三）住房市场整体需求依然旺盛

一是进一步开放的落户政策将增加市场需求。2020 年 8 月出台的《关于进一步放开我市落户条件的通知》在就业落户条件、投资创业落户条件、人才落户条件和便利长三角地区人员落户条件方面予以再度放宽，吸引长期人口集中流入，带来大量的住房需求，尤其是住房租赁的需求。二是公民同招政策带动二手房市场需求。2020 年 5 月确认宁波的中小学均将实行"公民同招"招生入学政策，优质教育资源周边小区的住宅和落户需求将增大，对于 90 平方米及以下的中小户型低总价的二手房需求将继续坚挺。三是小户型稀缺楼盘需求依然旺盛。持续上扬的住房价格区间促使刚需群体寻求小户型低总价的新房楼盘，许多刚需购房者将分流至限价楼盘、限购圈外总价相对较低的新建楼盘和二手房市场。

（四）住房市场供应结构持续优化

一是共有产权住房试点将优化租赁市场供应体系。宁波市"十四五"规划中提出要规范发展住房租赁市场，探索试点共有产权住房。共有产权住房作为新型保障性住房模式，已在北京、上海、深圳等 6 个城市试点，旨在构建租购同权的住房制度，将进一步优化多主体供给、多渠道保障、租售并举的住房供应体系，提高房地产调控政策的精准性。二是融资压力下的房地产企业将积极推盘。房地产被定义为现阶段我国金融风险最大的"灰犀牛"，在去杠杆和防范系统性金融风险的背景下，房地产企业融资将进一步收紧。企业将加快项目竣工周期，通过"抓回款、促销售，多推盘、少拿地"的经营策略提高资金回笼速度，市场可售房源将进一步增加。三是近两年活跃的土地市场将提升商品房供应预期。房地产开发周期从拿地到商品房项目入市需要一两年的时间，近两年成交的地块项目将在 2021 年陆续入市，提升市场对商品房供应增加的预期。

四、2021 年宁波房地产发展对策建议

（一）加大租赁房和保障性住房供应

通过完善租赁市场、加大保障性住房供应等措施有助于进一步完善住房供应体系。增加租赁住房用地供给、出台租赁市场监管细则、增加公共租赁房供给等措施有助于保障租赁住宅供给，规范市场秩序。加强对租赁市场中介机构、长租平台的监管，借助行业协会力量建立星级考评机制，积极推进住房租赁市场良性发展。同时，中小户型住宅依然是住宅市场需求的主力，加大保障性住房供应

有助于稳定市场预期。通过加强对保障性住房的用地供给、税收优惠、低息贷款等方式,激励优质房地产企业积极开发中小户型住宅项目和参与保障性住房建设。优化保障性住房居住环境和住宅质量,从交通、医疗、教育、生活等方面入手加大周边配套设施建设,提升居民居住获得感和幸福感。

(二)构建弹性的土地供应机制

通过加大盘活集体经营性建设用地、宅基地、农村闲置土地来提高土地利用效率。推进城市有机更新,推动旧园区、旧厂房、旧市场等低效空间改造,改善城镇老旧小区人居环境。例如,鼓励和引导农民以土地、闲置房屋入股的方式参与文化旅游和休闲项目,还富于民,建设美丽乡村。同时,探索出台"上天入地"空间布局战略,一方面,将零星用地用于建设工业楼宇,借鉴深圳成功试验,允许工业楼宇分栋、分层、分间进行产权登记和产权转让;另一方面,深入开发建设地下空间资源,实现城市空间容量拓展,提升土地利用效率。将亩均税收、设备投入、应税销售作为工业用地开发的考量因素,加强工业用地保障,深化"亩均论英雄"改革,优先满足亩均税收较高的企业用地需求,提高低效工业用地的再利用率。

(三)科技创新引领房地产企业高质量发展

借助大数据、物联网、人工智能和云计算等数字技术,以信息化和智能化的方式,实现房地产开发、运营、服务、监管的精细化和差异化发展,培养和提高本地房地产企业的核心竞争力。同时,将"绿色地产"理念融入房地产的可持续发展目标中,将绿色建筑标准、健康生活建筑理念与房地产开发相融合,形成绿色引领的房地产发展新方向。探索从房地产调控政策、税收政策两方面入手,对绿色房地产项目和非绿色房地产项目进行差异化管理,引导企业优化项目设计,秉承降低能耗、节约资源和以人为本的理念,积极推进绿色保障性住房项目,实现绿色发展。

(四)智慧社区的优化升级提高居民居住幸福感

宁波在智慧社区建设方面属于先行市,已探索出不少成功经验和有效模式,尤其在政务服务、基层党建等方面已取得一定成效,但在物业服务、邻里互动、社区养老服务、社区医疗服务方面的缺口依然较大。提高智慧社区建设的广度和深度,从社区治理、小区管理、便民服务、主题社区等角度出发,丰富智慧社区内容,提高智慧社区覆盖面。通过"政府引导+市场运营"政企合作的模式调动市场主体参与积极性。将健康住宅理念、智慧社区建设融入房地产项目设计,从生理和心理多方面提升居民居住的舒适感、安全感和幸福感。

(作者单位:浙大宁波理工学院)

2020年宁波数字经济发展情况分析及2021年展望

郑从卓

一、2020年宁波数字经济发展情况

2020年,宁波按照中央和省委省政府的战略决策,围绕"246"万千亿级产业集群建设总体部署,深入实施数字经济"一号工程",产业的数字化、智能化、网络化水平不断提升,数字产业化保持较快增长,数字经济核心产业加速发展,新业态新模式不断涌现,数字经济迈上了高质量发展的快车道,呈现出多点突破、快速推进的良好发展态势。2020年,全市数字经济核心产业实现增加值746.9亿元,占GDP比重达6%,增长10.4%。

(一)数字产业化水平不断提升

宁波注重数字经济核心产业发展,以创建特色型中国软件名城为抓手,扎实推进电子信息制造业、软件产业等核心产业发展,实现较快增长。一是电子信息产品制造业持续提档升级。电子信息产品制造业行业经济运行呈现良好态势,2020年,规模以上电子信息制造业企业产值2615.3亿元,汽车电子、光学电子等重点领域加速发展,均胜电子、舜宇集团、东方日升、方太、公牛等5家企业入围"2020年全国电子信息竞争力百强榜单"。二是软件与信息服务业保持高速增长。2020年,宁波深入创建特色型软件名城,推动宁波软件园扩容增量,实施工业软件自主创新发展三年行动计划,上线工业软件公共服务平台,软件与信息服务业保持良好发展势头。2020年,全年实现软件业务收入1025亿元,同比增长25.2%,增速位居全国、全省前列。均胜电子入选全国软件百强,蓝卓、中之

杰入选中国工业互联网 50 佳,宁波吉利汽车研究开发有限公司、胡杨网络科技(宁波)有限公司入选浙江省软件业务收入前 30 家企业。三是集成电路产业链创新链基本形成。宁波已形成超百亿级规模的集成电路产业,构建了集成电路产业园和材料基地、制造与封测基地、设计基地"一园三基地"的发展格局,中芯 N2 工厂、甬矽二期等项目顺利开工,南大光刻胶、全芯微电子等企业实现重大突破,形成了涵盖材料、设计、制造、封测等环节的集成电路产业链。四是物联网产业成为地方特色产业。物联网产业一批行业领军企业相继涌现,物联网生态体系初步形成,物联网产业已经成为宁波市的特色产业。截至 2020 年底,全市拥有 180 余家工业物联网企业,涉及传感器及仪器仪表、自动控制装置及设备制造、软件及系统集成服务等三大行业,企业产业规模超过 200 亿元。

(二)产业数字化转型不断加快

宁波以深化供给侧结构性改革为主线,加快推进传统产业改造提升和新旧动能转换,有效提升了产业的数字化、网络化、智能化水平。一是制造业数字化转型加快。宁波积极推进制造业数字化转型,实施千万元以上重点智能化改造项目 1703 个、市级数字化车间/智能工厂 100 个,入选省级数字化车间/智能工厂/未来工厂 24 家,新增工业机器人 3816 台,截至 2020 年底,首批省级认定(培育)未来工厂 4 个,省级数字化车间/智能工厂 20 个,2020 年全市两化融合发展指数位居全省第二。二是电子商务呈现高速发展态势。宁波抢抓建设跨境电子商务综合试验区机遇,在行业 B2B、跨境电商领域呈现出快速发展的良好势头,电子商务交易额持续高速增长,推动了产品、商业模式的不断持续创新,2020年,全市网络零售额达 2512 亿元,同比增长 10.9%;居民网络消费 1622.8 亿元,同比增长 9.8%;跨境网络零售出口 119.7 亿元,成功入选 2020 年国家级综合型信息消费示范城市。

(三)新业态新模式竞相涌现

宁波重视平台经济、工业互联网、大数据、5G、区块链等新业态新模式的培育,技术研究与产品开发取得了一定突破,数字经济发展新动能活力不断增强。一是平台经济不断发展壮大。宁波互联网平台经济不断发展壮大。在生产服务平台方面,涌现了海上鲜、生意帮、众车联等平台;在生活服务平台方面,涌现了啾啾救援平台、云行天下等平台。二是工业互联网产业发展成效明显。宁波不断加大工业互联网平台建设和应用推广力度,深耕操作系统、应用软件、智能设备等领域,努力把宁波打造成工业互联网领军城市。工业互联网平台体系正在形成,宁波入围 2020 年国家工业互联网试点示范项目的企业数量位居全省第一,蓝卓 supOS 入选工信部 2020 年跨行业跨领域工业互联网平台。三是 5G 产业培育发展取得一定成效。5G 核心器件上下游企业引培力度不断加快,全市已有中芯宁波、环球广电等 20 多家制造业企业与中兴、华为公司开展配套与合作,推动宁波鲲鹏产业生态园的建设落地。涌现出华瓷通信、元芯光电子、芯健半导体、余大通信、泰立电子、志伦电子、东方电缆、盈峰光通信等一批创新型企业。四是区块链产业发展初显成效。2020 年出台的《关于宁波市加快区块链产业培育及创新应用的实施方案》,推进了宁波市政府与浙江大学区块链领域的战略合作,推动了趣链公司在宁波落地。在区块链产业培育等方面取得了一定进展,初具成效,集聚了复杂美、布比、众享比特等全国区块链前 20 强企业及爱立示、图灵奇点等“3315”人才区块链企业。

（四）数字创新载体园区进一步壮大

宁波市全面整合产业发展资源要素,持续推进数字创新载体建设,扎实推进数字创新能力提升工程,产业集聚效应进一步显现,数字创新能力进一步增强。数字创新载体进一步发展壮大,宁波引进落地了浙江大学机器人研究院、上海交通大学宁波人工智能研究院、北京航空航天大学宁波创新研究院（研究生院）、复旦大学宁波研究院等一批数字经济领域的高端研究院,以及“两院一园”、华为云沃土工场等创新平台。数字经济产业园区有序推进,宁波着力打造一批定位明确、特色鲜明、错位发展的数字产业园区,成为推动宁波数字经济快速发展的重要引擎。集成电路“一园三基地”建设加快推进;宁波软件园、江北工业物联网产业园等软件产业创新载体高标准建设持续推进;宁波电商经济创新园区、宁波（国际）电子商务产业园、鄞州区大学生（青年）电商园区和 NB568 跨境电商产业园等电商产业园加快发展。

二、当前宁波数字经济发展存在的主要问题

当前,宁波市数字经济发展取得了明显成效,但发展短板和挑战仍然明显。

（一）产业规模总量有待提升

一是数字经济总体规模偏小。近几年来,宁波市推进特色型中国软件名城创建,大力发展软件和信息服务业,取得了一定成效,同比增速保持同类城市前列,2020 年,宁波市在 15 个副省级城市中的软件和信息技术服务业排名第 12 位。但是由于产业基础、统计口径等多方面的原因,我市数字经济规模总体偏小。二是发展潜力动能不明显。根据《2019 浙江省数字经济发展综合评价报告》,宁波市数字产业化和新业态新模式等发展指数偏低,分别位列全省第 4 和

第5。其中,代表数字经济发展潜力的数字经济核心产业 R&D 经费支出占营业收入比重、核心产业年人均劳动生产率等指标位于全省中下游;大数据、人工智能、区块链、平台经济等数字经济新兴产业、未来产业的发展动能和潜力有待加强。

(二)"一号工程"举措有待强化

一是"一号工程"政策措施不够有力。宁波市正在实施数字经济"一号工程",但缺乏"一号工程"战略顶层设计、实施方案、配套政策,战略推力不强。二是多部门推进合力尚未形成。发展数字经济是系统工程,目前推进发展的工作职能主要落在市经信局,发展考核监督机制尚不健全,发改、科技、统计、教育、财政、人社等部门,以及各区县(市)、管委会的合力推进局面尚未形成。

(三)平台载体辐射带动缺乏

一是缺乏龙头企业的渗透带动。宁波市引进了旷视科技、和利时、东华软件、京东、腾讯云启等大企业大项目,但是与深圳、杭州、广州等城市相比,宁波缺乏 BAT 龙头型、平台型企业以及实质性大工程大项目的辐射带动,软件、智能终端等企业规模相对较小,自主研发能力相对较弱,系统集成能力较差。二是产业园区建设相对滞后。宁波市数字经济相关产业园总体谋划建设水平相对较低,园区布局相对分散,总体产值不高,"低小散"现象突出,导致相关人才和产业集聚度不够,产业资本、服务平台、创业氛围基因等产业生态培育困难。三是创新载体的支撑带动作用还不够明显。宁波市众多产业技术研究院还处于建设初期阶段,创新人才引进落地等工作尚未全部完成,平台的技术、人才溢出作用,协同创新带动作用,以及规模集聚效应还未完全体现,平台和本地产业匹配机制、成果转化机制、激励机制、评估机制、服务机制还有待完善。

(四)发展环境氛围不够浓厚

一是人才、资本等要素资源紧缺。由于宁波市人才政策优势不明显,缺少普适性、复合型的数字经济人才引进政策,对市外人才的吸引能力不足,难以实现人才快速聚集,导致数字经济发展人才短缺明显。目前,宁波市面临着上海、杭州中心城市的人才"虹吸效应"挑战越来越明显,本地培养人才留甬比例越来越低,据统计,浙大软件学院毕业生留甬比例仅为 2%～3%,宁波大学信息学院30%左右,诺丁汉不到 40%。二是数字经济发展基因有待培育。对于数字经济的认识与参与程度不高,企业比较热衷于实体经济的培育发展,对平台经济、共享经济等数字经济的指数级增长作用认识不够明显,对数字经济的创业创新投入和热情相对不够,不利于形成开放、包容、创新的数字经济发展土壤。

三、2021 年宁波数字经济发展形势展望

数字经济是继农业经济、工业经济之后更高级的经济阶段,成为引领科技革命和产业变革、带动经济增长的重要引擎,甚至成为影响全球竞争格局的核心力量。随着新一轮科技革命和产业变革加速突破,数字经济将迎来新一轮爆发式增长,不断激发高质量发展新动能。

我国数字经济进入已提速换代的蓬勃发展期,5G、大数据中心、人工智能、工业互联网等新型数字基础设施加快建设;后疫情时代数字消费需求爆发式增长,数字融合成为构建"双循环"新格局的重要力量;数字经济发展伴生的平台治理、新业态监管、数据合规使用、个人信息保护等难题凸显,城市间数字经济优势资源争夺愈演愈烈。

浙江作为首批国家数字经济创新发展试验区,"十四五"时期,全省数字经济增加值将占 GDP 半壁以上江山,进入高质量发展的 2.0 阶段,要努力在危机中育新机、于变局中开新局,把数据作为重要生产要素,深入实施数字经济"一号工程"2.0 版,抢占数字经济竞争制高点,不断激发高质量发展新动能,为建设"重要窗口"增添澎湃动力。

发展数字经济对宁波市意义重大。发展数字经济,可以有效提升经济辐射渗透能力,促进资源配置优化和全要素生产率提升,是城市发展层级提升的重要动力,可以有效快速壮大城市经济能级。后疫情时代,发展以数据为关键要素的数字经济,是宁波市培育发展新动能、促进新旧动能转换的必由之路和战略抉择。

四、2021 年推进宁波数字经济发展的对策建议

以浙江省全力创建国家数字经济创新发展试验区为契机,深入落实数字经济"一号工程"2.0 版,提升战略高度,压实工作责任,深入实施"制造业高质量发展"和"数字经济创新发展"双轮驱动战略,聚焦集成电路、工业互联网、平台经济、人工智能、物联网、智能港航贸易等重点领域,谋划建设特色鲜明的数字经济产业体系,助推宁波当好浙江建设"重要窗口"模范生。

(一)压实工作责任,实现效率倍增

一是强化顶层谋划,提升思想意识。强化宁波市数字经济顶层设计,积极谋

划重点项目、重点工程,系统性推进数字经济发展。二是加大政策扶持,培育企业发展。加快制定数字经济发展专项扶持政策,加大对软件产业、新业态新模式的财政扶持力度,特别是创建特色软件名城补助资金的足额保障,确保政策的连贯性、完整性、有效性。在信息化项目和数字新基建建设中,优先考虑本地数字经济企业,采购本地的产品和服务,扶持本地企业发展。三是强化考核监督,形成工作合力。强化宁波市数字经济发展工作领导小组的作用,加强区县市、市级部门、管委会的沟通协调,以更高标准、更硬作风、更实行动推进"一号工程"。强化数字经济发展统计和目标考核,形成工作合力,推进工作落到实处,实现效率倍增。四是进一步规范统计,做到应统尽统。加强和省经信厅、省统计局的对接,推进数字经济统计目录的规范和调整,规范市数字经济统计工作,进一步排摸全市符合数字经济入库条件企业的入库,分类分批次做好代码规范和调整,做到应统尽统。

(二)明确目标任务,实现能级倍增

建议突出特色、聚焦重点、明确主要任务,推进数字经济产业能级倍增。一是壮大数字经济核心产业。积极发挥宁波市汽车电子、光学电子、半导体等企业的龙头带动作用,做大做强电子信息制造业;大视野、大格局谋划创建特色型中国软件名城,大力发展软件和信息服务业。二是大力培育新业态新模式。后疫情时代,结合宁波市基础和优势,聚焦工业互联网、智能终端、平台经济、人工智能、智能商贸、社区电商、在线教育、无人驾驶、无人配送等重点领域,加大"两新"基因企业的引进和培育,培育平台型独角兽企业,打造超千亿级产业集群。三是培育壮大制造业数字化产业。鼓励企业利用互联网开展服务型制造、大规模个性化定制、网络化协同制造等新型制造模式,创建国家制造业数字化转型示范区,把宁波市打造成为国际知名的数字制造模式输出高地,打造制造业数字化转型示范区。四是培育壮大商贸数字化产业。把宁波市打造成为全国跨境电商综合发展示范区、全国跨境电商发展"样板城市"、进出口商品"世界超市",打造数字化商贸先行区。

(三)壮大创新载体,实现能力倍增

强化重点项目、重点工程引进,推进产业园区、创新平台、服务平台等创新载体建设,优化产业生态,实现数字经济创新能力倍增。一是推进重大项目实质性建设。做大做强阿里宁波中心、华为鲲鹏生态产业园、中芯宁波、工业互联网研究院等重点项目、重点工程建设,进一步引进建设一批技术水平高、带动性强、市场前景好的重大项目、重大企业,并推进这个项目的实质性建设。二是创新产业园区建设。创新园区建设模式和考核机制,全市"一盘棋",打破区域间机制障碍,强化各县市间、部门间的协作,统一谋划,建议采用"飞地"和"虚拟园区"方式,重点推进集成电路产业园、工业互联网产业园、智能终端产业园、物联网产业园、智能商贸电商产业园等产业园建设,加快企业和平台招商入住,形成比拼赶超、蓬勃发展的良好局面。同时,加大园区地铁、公交、人才公寓、学校、商场等生活配套建设,优化产业生态,有效推进产城融合发展。三是强化创新平台建设。强化对先进制造所、工业互联网研究院、宁研院等各类产业研究院、企业创新中心的建设绩效评估和服务,解决它们发展中的问题,积极发挥产业创新载体作用。积极推进共性技术研究院、企业研究院、行业创新中心、工程技术研究中心、重点工程实验室的建设。

(四)精准企业招商,实现数量倍增

创新招商方式,拓宽招商渠道,实施精准招商,构建智能产业地图平台,着力引进一批数字经济领域的科技型中小企业、瞪羚企业、独角兽企业。一是拓宽招商渠道。推进数字经济全域招商、全民招商、全要素招商、全方位招商,积极提升宁波市党政部门、企业、社会团体、个人等主体在数字经济招商中的积极性,对于有贡献的企业和个人等主体给予适当奖励。二是拓宽招商地域。统筹好国内国外"两种资源"、政府市场"多级层次",尤其是加强产业全球招商,加强在全球数字经济创新发展领先的地区、城市、学校开展数字经济技术链接、资本链接和产业链接。三是强化招商平台。继续办好中东欧博览会、中国智博会、中国机器人峰会、智能家电博览会等平台,通过展会论坛等平台方式,讲好"宁波故事",向全球推广"宁波数字经济"品牌,推进数字经济项目引进签约,实现平台搭建和数字经济互动发展。

(五)强化要素保障,实现氛围倍增

强化数字经济发展的配套政策,整合财税、金融、人才、土地等要素的扶持政策举措,加快推进数字经济发展资源要素向宁波集聚。依托宁波市"3315 计划"等人才计划,强化高层次人才、数字经济企业名家、"数字工匠"等数字经济人才引培,并重点吸引数字经济腰部人才来宁波发展。深化数字发展理念,加强对大数据、人工智能、区块链、工业互联网等新一代信息技术产业的思想认识和实践水平,培育数字文化素养,培养数字发展"新文化"。

(作者单位:宁波市智慧城市规划标准发展研究院)

2020 年宁波人才和创新情况分析及 2021 年展望

冉红艳

一、2020 年宁波人才和创新基本情况

(一)各类创新人才加快集聚

一是高端人才加快集聚。实施顶尖人才集聚计划,东钱湖院士之家正式启用,全年引进 4 名海内外全职院士,累计达 23 名。入选国家"杰青"2 名、省"鲲鹏行动"计划 1 名、省级领军人才 67 名。"3315 系列计划"累计吸引 1923 个高端人才项目申报,同比增长 27.9%。撬动民间资本投资 24.7 亿元,同比增长 38%。全球引才网络平台汇集高端意向人才突破 1.3 万名。二是青年人才加快集聚。依托宁波人才日、人才科技周等线上线下活动,积极吸引青年人才,2020年新引进大学生超 15 万人。依托"在浙里·甬抱你"系列品牌招聘活动,推进企业引进青年人才近 6 万人。三是产业人才加快集聚。围绕"246"产业集群布局,2020 年新增高技能人才超 6 万人。制订出台新材料、数字经济产业人才发展三年行动计划,编制宁波人才开发指引,细化明确"246""225"涉及 13 个产业 992个职业类别的具体岗位人才紧缺程度。

(二)高能级创新平台加快落地

一是做强新型科研平台。宁波市产业技术研究院累计达 69 家,集聚各类人才 3 万多名,其中研发人才占比超 70%,产业创新关键人才近 700 名。二是打造区域开放平台。深度融入长三角一体化发展战略,制定出台沪甬人才合作示范区建设行动方案和甬舟人才一体化发展方案。持续推进浙江创新中心建设,

累计集聚市内外人才企业、孵化平台 119 家。三是创建特色平台。启动宁波高端装备海外工程师协同创新中心运营,集聚海外工程师 251 名,服务企业 372 家。新建海曙、鄞州、慈溪三个市级人才创业园区,集聚国家级领军人才 72 名,省级领军人才 41 名。新建国家级、省级博士后工作站 14 家、28 家。

(三)重大创新技术研发应用加快布局

一是关键核心技术加快梳理。编制形成关键核心技术"三色图",梳理关键核心技术 1000 余项。二是关键领域研发加快推进。实施"科技创新 2025"重大专项项目(课题)117 项,支持经费超 5 亿元。部署实施进口替代技术应急攻关项目 26 项。三是重大成果应用加快推进。研制出首台国产 Sanger 测序仪等一批重大科技成果。分别获得国家、省科学技术奖 5 项、39 项。累计发布 2 批次 68 个企业自主创新产品。

(四)企业创新梯队培育持续推进

一是科技型中小企业规模持续壮大。2020 年新增科技型中小企业 3461 家,累计达 18595 家。入库国家级科技型中小企业 3038 家,同比增长 46%,其中非高企科技型中小企业 1843 家,居全省第一。二是高新技术企业培育持续推进。高新技术产业增加值同比增长 5.0%,高于规上工业增加值增速 1.6 个百分点,占规上工业增加值的比重达到 56%。全年新增申报高技术企业达到 1136 家,累计突破 3000 家,11 家高新技术企业在主板、创业板和科创板上市。三是企业研发能力稳步提升。全市拥有各类研发机构的企业突破 4000 家,全市 R&D 经费支出占 GDP 比重约为 2.85%,同比提高 0.15 个百分点。

(五)人才创新创业生态不断优化

一是服务体系持续优化。开发"甬智通"人才创业创新全周期"一件事"改革服务平台,上线人才安家补助、购房补贴、就业补助等 29 项高频服务事项。启用江北、奉化、海曙、鄞州、慈溪等地宁波人才之家,打造"一站式"人才服务综合体。二是要素保障持续完善。创新实行重点人才企业"一企一策"、外籍高层次人才"一人一档"、人才问题需求"一事一议",全要素精准服务体系不断健全。三是"关键小事"持续破解。放宽人才购房补贴政策申报时限,延长人才公寓、人才安居专用房租期 3 个月。全力保障高层次人才子女就学问题。进一步放宽人才落户门槛,允许本科生配偶和未婚子女、博士生夫妻双方父母户口随迁至人才专户,制定外籍高层次人才在华永久居住证推荐申请细则。

(六)人才政策体系持续完善

一是加大政策创新。聚焦新冠肺炎疫情和海外引才形势变化,制定出台"关心关爱人才 12 条",推出简化人才项目经费拨付方式、放宽海外工程师工作地域要求、优化人才政策线上办理制度、强化人才企业金融支持等一揽子突破性举措。二是加强顶层设计。聚焦市委十三届八次、九次全会精神，围绕打造高素质人才首选地的新定位，谋划推进人才发展"十四五"规划。三是深化体制改革。深化引才条件、引才方式、引才结构等人才发展体制机制改革，进一步深化"3315系列计划"，整合升级为"甬江引才工程"，以更大力度吸引天下英才。

二、当前宁波人才和创新面临的主要问题

2020 年，宁波市人才和创新发展取得了明显的成效，但在领军型创新人才集聚、企业创新效能提升、关键核心技术自主可控、新兴产业培育等方面还存在不少薄弱环节。

（一）高端和青年人才吸纳能力有待提升

一是城市人才品牌吸纳度较低。中国人民大学和 BOSS 直聘联合发布的《2019 中国城市人才品牌吸纳度 50 强》报告显示，宁波的城市人才品牌吸纳度在全国排名第 34 位，远远落后第 1 名的上海和第 4 名的杭州。二是高层次人才吸引力有待提升。宁波全球创新资源配置能力不足，对高端创新人才吸引力不足。2020 年，宁波市累计引进全职顶尖人才 23 名，分别仅为深圳和南京的50％、25％左右。同时，上海、杭州等周边城市对高端紧缺人才的虹吸效应明显。三是青年人才吸引力有待提升。市委组织部对全市 2000 多名青年人才择业意向的调研显示，青年人才选择比例较高的行业别是经济/金融、科研/教育/培训、公务员/行政岗位，分别占调查对象的 21.7％、17.4％、17％，宁波以第二产业为主的产业结构对青年人的吸引力有待提升。同时，教育、医疗、城市品质等城市综合环境对青年人的吸引力也有待提升。

（二）高端科技创新资源供给有待提升

一是高端科创平台缺乏。宁波科教资源先天不足，缺乏 985、211 高校，全市高校数量仅为 16 所，仅宁波大学一所高校入选国家"双一流"建设学科。目前，宁波拥有省级以上重点实验室 34 家，在 15 个副省级城市中数量排名靠后。二是科技创新投入和成果供给不足。2020 年，全市研发投入强度为 2.85％，低于2019 年杭州（3.45％）、深圳（4.9％）的水平。2020 年获得国家级科技奖项数量5 项，获奖数在副省级城市中是最少的。三是高科技企业数量较少。截至 2020年底，全市高新技术企业约为 3050 家，在 15 个副省级城市中排名第 10 位，全国城市排名第 21 位，总量仅为深圳的 13％、杭州的 39％左右。

（三）战略性新兴产业培育有待加强

一是产业规模较低。以数字经济、医疗健康、工业互联网、"5G＋"、智能物流等为重点的新兴产业占比偏低。2020 年,宁波市数字经济核心产业增加值为 746.2 亿元,同比增长 10.4％,占全市 GDP 比重仅为 5.99％,远低于杭州（24.69％）的水平。二是新兴产业发展生态还未完整构建。全市生命健康、人工智能、区块链等新兴产业处于起步阶段,产业布局仅集中在产业链的部分环节,产业规模效应尚未形成,2020 年战略性新兴产业增加值为 1203.8 亿元,同比增长 7.4％,占全市 GDP 比重仅为 9.7％。

三、2021 年宁波人才和创新形势展望

2021 年是"十四五"开局之年,是全面建设社会主义现代化国家新征程开启之年,也是深入实施人才和创新"栽树工程"加快建设高水平创新型城市的关键之年。展望 2021 年,宁波人才和创新发展将面临新形势新要求。

（一）构建国内国际双循环新格局使得人才和创新的重要性更加凸显

构建国内国际双循环相互促进的新发展格局,为宁波充分利用自身优势,打造高素质人才首选地与创新高地提供了历史发展机遇。宁波既是国内大循环的重要生产、物流、消费平台,也是参与国际大循环的重要窗口。在"双循环"战略背景下,一方面,要立足"双循环"产业发展新需求,充分激活人才引擎的新动能,加大关键技术攻关力度,提高自主创新能力,实现关键核心技术自主可控;另一方面,也要推动国际循环,抓好开放式人才引聚和创新,用好海外高层次创新人才和科技成果,为融入"双循环"提供有力支撑。

（二）适应经济高质量发展新阶段使得人才和创新的必要性更加凸显

当前,我国经济转入高质量发展新阶段,区域竞争与合作越来越聚焦科技创新提质赋能,城市优势塑造越来越基于人力资源和创新驱动这一战略基点。宁波是长三角南翼经济中心和"一带一路"建设战略支点,具备走在高质量发展前列的坚实基础,但同时也面临高新技术产业发展不足、科技创新短板较为明显等诸多不平衡不充分问题。推动宁波经济高质量发展,必须充分发挥人力资本和人才资源优势,不断优化人才发展环境,充分激发各类人才的创新创造才能,解决好制造业高质量发展中存在的各类问题,积极布局具有战略意义的高科技产业,提升产业基础高级化、产业链现代化水平,把人才和创新优势转化为经济高质量发展动力。

（三）顺应新一轮科技革命和产业变革新趋势使得人才和创新的紧迫性更加凸显

当前,新一轮科技革命和产业变革加速演进,正在重构全球创新版图,重塑全球经济结构。在这样的大背景下,人才成为宁波抢占科技创新制高点的决定性战略资源。要更加突出坚持创新的核心地位,突出科技自立自强,围绕打造国家自主创新示范区这个重要目标,强化增强城市科技创新策源能力、培育具有核心竞争力的创新型产业集群、营造国际化创新创业生态等重大支撑,助力打造高水平创新城市、制造业高质量发展先行城市,让科技创新成为城市发展最强劲的内生动力。

四、2021 年宁波人才和创新发展的对策建议

（一）创新开放揽才聚智模式

一是深入实施"甬江引才工程"。深化人才发展体制机制改革,创新实行人才举荐制、认定制,深入实施"揭榜挂帅·全球引才"行动,梳理相关领域重大研发需求,滚动编制发布关键核心技术攻关榜单,吸引更多海内外人才、创新资源协同破题。二是做大做强全球引才网络平台。建立跨部门人才引荐信息数据共享,优化人才大使经费拨付方式,提升人才大使工作绩效,充分激发揽才触手作用。进一步探索推进在国内重点城市设立人才联合会、创业创新联盟等机构,加强区域间人才合作交流。三是充分发挥各类引才载体作用。深化推广人才"云招聘"模式,做好宁波人才日、中国浙江·宁波人才科技周等重大引才活动,做大"与宁波·共成长"人才工作品牌,打造让人才向往的"青年友好城"。四是推进人才开放合作先行区建设。全面对接上海人才创新资源,创新上海人才项目来甬若干举措,加快沪甬人才合作特色园区建设。深入推进甬舟人才一体化发展,以甬舟人才一体化飞地为主阵地,推进人才平台共建,扩大甬舟人才专家入库数量和互联互通服务场景范围。优化浙江创新中心、浙江院士之家、宁波高端装备海外工程师协同创新中心等平台功能,充分发挥高端人才的引领示范效应。

（二）提升自主创新能力水平

一是推进甬江科创大走廊建设。聚焦新材料、工业互联网、关键核心基础件等重点领域,加快推进大走廊核心区建设,布局建设重点实验室、创新中心、数据中心、大科学装置等公共科研基础设施,吸引集聚全球一流的研发机构和创新团队。二是打造以甬江实验室为龙头的实验室体系。集聚全省新材料领域资源,

谋划布局大科学装置、重大科研基础设施建设,聚力打造新材料浙江省实验室(甬江实验室)。大力支持产业技术研究院自建或联建市级以上重点实验室。三是加快突破关键核心技术。聚焦"卡脖子"技术难题,加快形成十大重点产业链精准靶向攻关清单。创新组织实施方式,优化"科技创新 2025"重大专项领域布局,加强面向单项冠军等龙头领军企业牵头的产业化攻关,攻克一批关键技术和核心产品。四是加大自主性研发力度。瞄准世界科学前沿和重大产业前瞻问题,加强基础及应用基础研究,在人工智能、生命健康、量子信息等领域,前瞻布局前沿技术和颠覆性技术研发。推进重大创新产品场景应用,面向社会民生、环保、交通、安全、政务、5G 等应用领域重大需求,编制重点自主创新产品推荐目录,以市场应用带动集成创新,推进重大创新产品首试首用。

(三)建立产业链创新链深度融合机制

一是建立健全制造业单项冠军培育机制。探索实施"关键核心技术—产品—企业—产业链—产业集群"和"关键核心技术—材料—零件—部件—整机—系统集成"的全链条培育路径。二是打造"科创企业森林"。加大科技型中小企业培育,发挥众创空间、科技企业孵化器等双创载体作用,引导科技企业孵化载体向高质量方向发展。加快高新技术企业发展,形成"科技型中小企业—高新技术企业—创新型领军企业"的创新型企业梯队。加强企业研发机构建设,推动重点实验室、研发中心、工程(技术)中心等各类企业研发机构扩面提质。三是推进科技成果转移转化示范区建设。健全国家重大科技项目接续支持机制。加快建设科技大市场 2.0 版,推进与长三角地区技术市场融通发展。优化提升产业创新服务综合体、众创空间、孵化器、加速器,加快发展科技服务业,推动研发设计、科技文献、检验检测、技术交易、创业孵化、知识产权服务等科技服务机构做大做强。

(四)优化创新创业生态系统服务体系

一是深化科技体制机制改革。健全"百日百场"院企双向对接机制,常态化推进科技成果与技术需求"无缝对接"。完善《宁波市自然科学基金项目管理办法》,优化项目布局和突出原始创新。完善宁波市科学技术奖励办法,实行市科学技术奖提名制。深化科技领域"最多跑一次"改革,有效运作"科技大脑",实现科技数据资源共享。二是深化"科技争投"行动。进一步加大财政科技经费支持力度,优化企业研发投入后补助方式。发挥科技发展专项资金预算作用,优化配置科技资源。优化市级科技计划项目管理方式,简化项目预算编制,赋予科研单位项目经费管理使用自主权。三是强化科研诚信建设。深入实施项目评审、人才评价、机构评估"科技三评"改革。加强科学普及,广泛开展科技活动周等各类创新性、群众性科学教育活动。探索创新容错免责机制,营造鼓励创新、宽容失败的社会氛围。四是打造人才创新创业服务升级版。优化"甬智通"平台,加快实现人才政策"一网查询"、人才办事"一网通办"、人才服务"一码集成"。推进人才服务综合体建设,在区县(市)全覆盖布局宁波人才之家,制定专项建设管理办法,更大力度提升创业创新服务能力,营造温馨舒适环境。推进人才安居工程,将人才安居房用地需求纳入宁波市 2021 年国有建设用地计划及土地储备计划通盘考虑。创新拓展助创专员、法务专员、财务专员等"专员式"服务体系。

（作者单位:宁波财经学院）

2020 年宁波港口和交通发展情况
分析及 2021 年展望

林　杨

一、2020 年宁波港口和交通发展现状

2020 年,宁波市交通运输业总体呈持续恢复态势。市统计局口径全市完成交通固定资产投资 364.7 亿元,同比增长 8.3%。宁波舟山港集装箱吞吐量完成 2872.2 万标箱,同比增长 4.3%,总量居全球第三位、全国第二位;宁波舟山港货物吞吐量完成 11.7 亿吨,同比增长 4.7%,连续 12 年居全球港口货物吞吐量第一位。公路总周转量为 565.1 亿吨公里,同比增长 4.4%;水路总周转量为 3608 亿吨公里,同比增长 3.8%,高出全省平均增速 5.6 个百分点。邮政业务总量完成 257.3 亿元,同比增长 12.9%。2020 年,宁波市交通运输业主要指标完成情况如下表所示。

表 1　2020 年宁波交通运输业主要指标完成情况

指标名称	单位	2020 年完成情况	同比增幅
固定资产投资(市统计局口径)	亿元	364.7	8.3%
宁波舟山港集装箱吞吐量	万标箱	2872.2	4.3%
宁波舟山港货物吞吐量	亿吨	11.7	4.7%
公路总周转量	亿吨公里	565.1	4.4%
水路总周转量	亿吨公里	3608	3.8%
邮政业务总量	亿元	257.3	12.9%

(一)交通投资较快增长

1.交通投资增速震荡回升,区县(市)增速差异较大

2020 年,宁波市统计局口径完成交通固定资产投资 364.7 亿元,同比增长 8.3%,高出省平均 2.2 个百分点。二季度,交通建设项目全面复工,高速公路、铁路投资快速增长,带动上半年投资大幅增长。三季度,因上年同期象山湾疏港高速、网约车购置等投资额骤增,大幅拉高基数,投资增速回落。四季度,铁路项目加速推进,高速公路超额完成年度计划,投资增速回升。分区县(市)来看,区县(市)投资整体呈放缓趋势,地区增速差异较大。如图 1 所示,镇海、江北等 7 个区县(市)实现正增长,象山、鄞州、海曙出现不同程度下降。

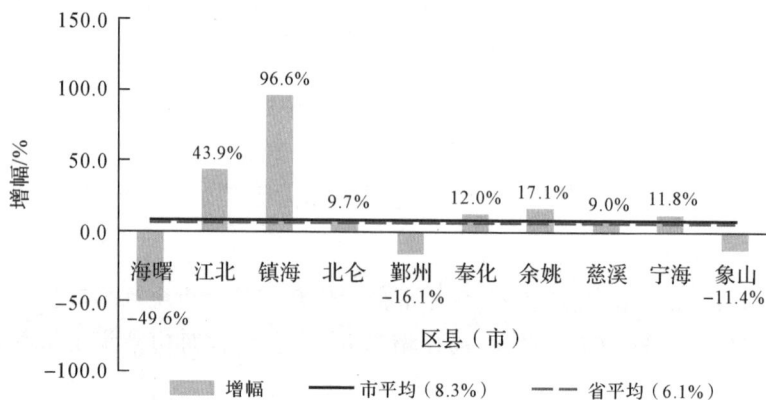

图 1   2020 年宁波市区县(市)交通投资增幅

2.交通重大建设项目进展良好

重大项目方面,2020 年宁波市重点实施推进"5411"工程,其中,5 个确保建成项目中,宁波舟山港穿山港区 1♯集装箱码头工程、宁波舟山港北仑港区通用泊位改造工程、宁波舟山港穿山港区中宅矿石码头二期工程已完工;4 个力争开工项目中,宁波杭州湾新区十一塘高速公路工程(一期)、规划 S310 四明路东延、杭州湾大道跨十一塘江桥梁工程已开工;11 个续建项目均按计划或超额完成年度目标。

(二)港口生产延续向好态势

1.集装箱吞吐量有力回升,总量保持全球第三

2020 年,宁波舟山港集装箱吞吐量完成 2872.2 万标箱,同比增长 4.3%,总量保持全国第二位、全球第三位。宁波港域集装箱吞吐量完成 2705.4 万标箱,

同比增长 3.4%（见图 2）。下半年外贸市场向好，宁波市积极适应国内国际双循环发展新格局，力促集装箱吞吐量持续向好。一是积极拓展航线，维护国际中转业务稳定运行，争取换装业务，年末集装箱航线达 260 条，其中远洋干线 115 条，近洋支线 93 条，内支线 20 条，内贸线 32 条。二是长江线继续按照外贸出口、外贸进口、外贸空箱和内贸四个业务板块同步推进，并积极寻找新增进口重箱货源。三是各项散集互改业务不断推进。四是依托港口一体化高质量发展优势，充分发挥南北两翼辐射作用，助推支线业务增长。

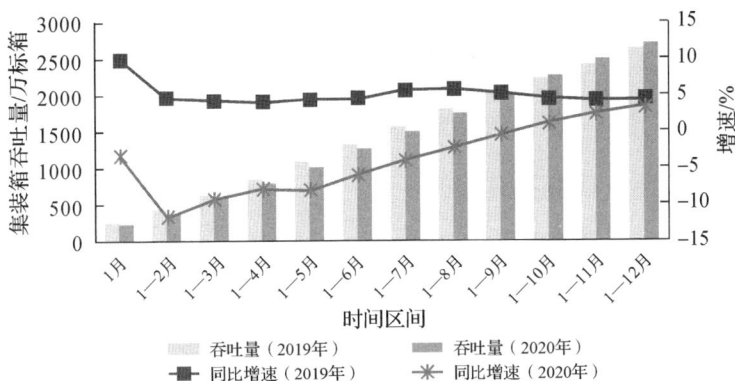

图 2　2019—2020 年宁波港域集装箱吞吐量及同比增速

2.货物吞吐量平稳增长,总量蝉联世界第一

2020 年，宁波舟山港货物吞吐量完成 11.7 亿吨，同比增长 4.7%，总量继续位居世界第一。宁波港域货物吞吐量完成 6 亿吨，同比增长 2.9%（见图 3）。随着生产消费不断回升、国内基建持续加快，通过积极组织大宗散货货源，落实保供工作，及时了解客户选港动态，不断提升服务效率及满意度，稳定当前业务，促使货物吞吐量平稳增长。

3.海铁联运量保持两位数增速

2020 年，宁波海铁联运业务量完成 100.5 万标箱，同比增长 24.2%，总量位居全国第三。辐射腹地已达 15 个省和 56 个地级市，内陆"无水港"达到 30 个。上半年受疫情影响，省外湖北方向、省内台州方向同比降幅较大，通过铁路局装卸费让利、海铁联运优惠等政策，吸引外贸客户改公走铁，重点加强省内义乌、金华、浙北，省外江西、安徽等市场揽货力度，海铁联运量逆势上扬。下半年随着外贸市场逐步恢复，出口箱量增加，海铁联运箱量持续增长。

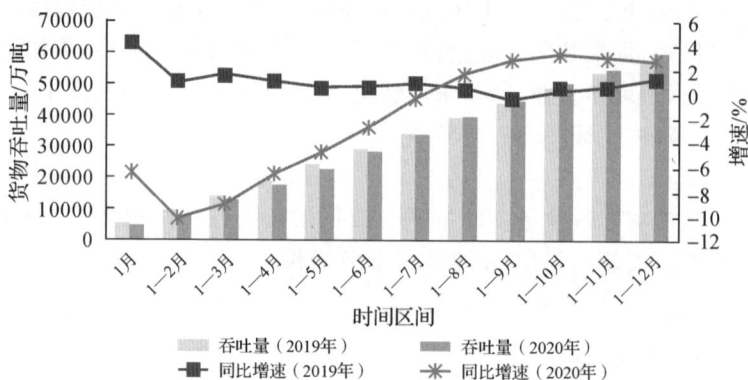

图 3   2019—2020 年宁波港域货物吞吐量及同比增速

(三)全社会运输量持续回升

1.公路总周转量小幅增长

2020 年,宁波市公路总周转量为 565.1 亿吨公里,同比增长 4.4%,比省平均增速低 0.8 个百分点,总量居全省第一,占比达到 25.3%。公路总周转量增速不及省平均主要有三方面的原因:一是综合运输体系结构趋于合理,公路集疏运需求相对下降,4 月,宁波舟山港铁路穿山港站正式启用,煤炭、黄沙等海铁联运分流公路货源;二是道路货运行业加速转型造成部分数据流失,一些重点货运企业业务重心向租赁、房产、电商、平台经济等环节转移;三是其他地市高增长拉高省平均增速,舟山一批港口和临港工业项目投用促进了港口公路集疏运需求的增长,义乌外贸市场迅猛增长带动当地公路运输需求攀升。

2.水路总周转量增速高于省平均水平

2020 年,宁波市水路总周转量完成 3608 亿吨公里,同比增长 3.8%(见图 4),高出全省平均 5.6 个百分点。一季度,受春节因素和疫情双重影响,水路总周转量降幅达 20%。二季度,全球海运市场逐步向好,6 月末波罗的海干散货运价指数(BDI)突破 1800 点,单月涨幅超 260%,水路运输市场行情快速扭转,带动上半年水路总周转量快速回升。三季度,向好趋势持续,水路总周转量累计同比增速转正。四季度,市场表现平稳,水路运力规模未有扩张,水路总周转量平稳增长。

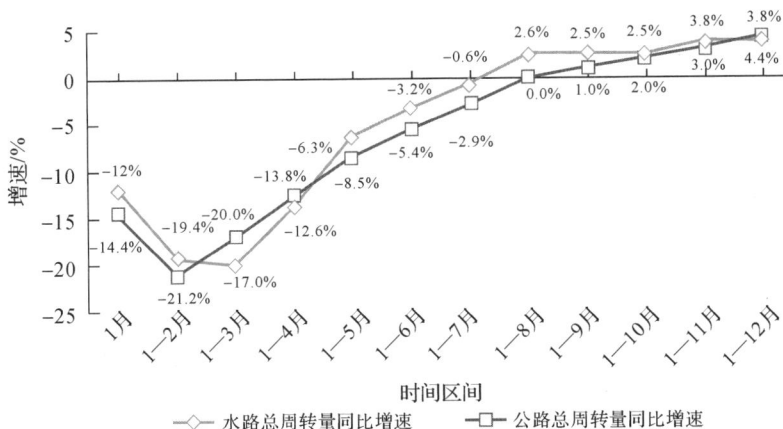

图 4　2020 年宁波公路、水路总周转量累计同比增速

3. 民航客运量降幅持续收窄,货运吞吐量逆势增长

客运方面,2020 年,宁波市实现民航旅客吞吐量 897.2 万人次,同比下降 27.7%,降幅较前三季度收窄 7.8 个百分点,在各项复工复产措施及政府专项补贴政策的支持下,旅客吞吐量持续恢复,但由于国际航班受损严重,加之第二波疫情影响,旅客吞吐量仍远不及上年同期。货运方面,2020 年,宁波市完成货邮吞吐量 11.9 万吨,同比增长 12.3%,由于防疫物资需求大幅增加,货邮吞吐量逆势增长。

4. 铁路客货运量一降一升

2020 年,宁波市实现铁路客运量 4051.6 万人次,同比下降 34.6%,因疫情防控需要,旅客出行意愿降低,铁路客座率维持低位,客运量大幅下降。完成铁路货运量 2977.5 万吨,同比增长 5%,铁路局装卸费让利政策的实施促进了海铁联运的发展,铁路货运量实现正增长。

5. 城市公共交通客运量大幅下降

2020 年,宁波市实现公共交通客运量 6.3 亿人次,同比下降 30.2%,受疫情影响,公众出行意愿降低。其中,轨道交通客运量 15846 万人次,同比下降 5.3%。2 号线二期首通段、鄞奉剩余段(明辉路站至金海路站)、4 号线分别于 5 月 30 日、9 月 27 日、12 月 23 日开通。截至 2020 年底,轨道交通线路长度共 155 公里,运营车数 672 辆,运营里程 1129.1 万列公里。公交客运量 35679.3 万人次,同比下降 38.4%,行驶里程 45082.2 万公里,同比下降 8.8%。截至 2020 年底,全市公交运营车辆总数 8954 辆,同比减少 0.1%;运营线路 1272 条,同比增加 8.3%。公共自行车累计租车量 2259.7 万辆次,同比下降 19.2%。截至 2020 年底,全市共有公共自行车网点 1672 个,投放公共自行车 41795 辆,同比分别增加 2.2% 和减少 0.5%。巡游出租车客运量 9169.8 万人次,同比下降 28.3%,截至 2020 年底,全市运营车辆总数 6281 辆,其中,双燃料出租汽车 5823 辆,占比 92.7%,纯电动出租车 272 辆,占比 4.3%。

6.邮政业务量平稳增长

2020 年,宁波市实现邮政业务总量完成 257.3 亿元,同比增长 12.9%;业务收入 129.7 亿元,同比增长 8.7%。快递业务量 11.5 亿件,同比增长 19.9%,同城、异地、国际及我国港澳台地区快递业务量分别占全部快递业务量的 16.25%、82.75% 和 1%;业务收入 111.6 亿元,同比增长 11.5%。

(四)运输市场经济指数总体呈复苏态势

1.港口景气指数稳中略降,信心指数明显扩张

宁波港口指数(NPI)显示,2020 年,宁波港口景气指数均值为 115.8 点,同比下跌 0.2%。2 月,指数大幅下跌;3 月,生产生活秩序加快恢复,各地复工复产情况持续改善;之后,港口景气指数连续 6 个月保持上扬;8 月,达到全年高点,随后呈平稳微跌态势。2020 年,宁波港口企业信心指数均值为 106 点,同比上涨 4.3%。下半年,国民经济克服了疫情和汛期的不利影响,保持稳定复苏态势,港口企业信心加快恢复。年末,我国加快部署疫苗审批及接种工作,加之中欧投资协定谈判完成,12 月港口企业信心同比上涨 7.7%,环比上涨 2.2%。

2.航运业景气指数震荡回升,信心指数同比微跌

宁波航运经济指数(NSEI)显示,2020 年,宁波航运业景气指数均值为 104.5 点,同比下跌 1.1%。航运业景气指数自 3 月起连续 6 个月回升,9 月入秋天气转凉,大宗物资终端消费结构变化,沿海运输市场表现略有回落,年末大宗物资需求维持高位,运价加速上涨,航运业景气指数达到 2018 年以来最高点。2020 年,宁波航运企业信心指数均值为 94 点,同比下跌 2.4%。下半年,国内基建工程加速,海外需求也处于复苏阶段,航运企业普遍持乐观心态,航运企业信心指数三季度大幅回升。年末,国内疫情局面趋于紧张,加上临近过年,工业生产强度逐步减弱,航运企业信心略有回落。

3.公路运价指数同比下跌,景气指数持续恢复

宁波交通物流动态信息采集分析系统显示,2020 年,宁波市公路货物运输价格指数均值 942.2 点,同比下跌 3.9%。疫情期间,高速公路免费通行,燃油价格大幅下调,公路运价指数下行;5 月,高速公路恢复收费,公路运价指数连续

两个月回升;三季度,普货整车运输市场价格整体不及上年同期,公路运价指数震荡下跌;四季度,运价指数走势平稳。2020 年,宁波市公路货物运输景气指数均值 925.8 点,同比下跌 7.5%。国内疫情暴发期间,除应急物资运输外,公路货运市场短期规模大幅缩减,2 月、3 月,景气指数同比跌幅超过 20%,后续中国制造业采购经理指数(PMI)持续运行在 50% 以上,经济处于持续恢复态势,公路货物运输景气指数持续恢复。12 月,普货整车运输市场景气指数显著上涨,同比上涨 3.3%,环比上涨 5.1%。2019 年 12 月至 2020 年 12 月宁波市公路货运市场价格指数变化如图 5 所示。

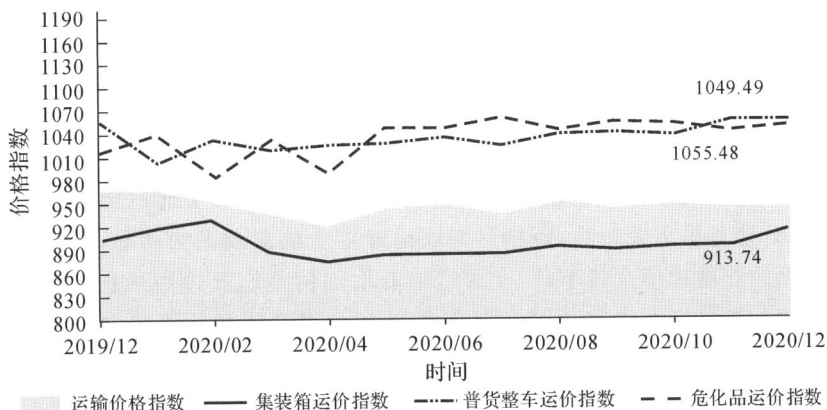

图 5　2019 年 12 月至 2020 年 12 月宁波市公路货运市场价格指数

二、2020 年宁波交通发展存在的问题与挑战

(一)交通投资增长潜力有限

一是交通重大项目数量及区县(市)投资呈减少趋势。2020 年,宁波市交通重大建设项目数量仅 20 个,远少于上年的 28 个,区县(市)投资总体下降,本年投资增长主要靠铁路、高速等市本级项目。经排摸,2021 年,轨道、铁路、高速等市本级项目增长幅度有限,而区县(市)投资增长仍显乏力,稳增长压力较大。二是前期项目投资节奏较难把握。项目前期工作协调难度较大,1 个计划 2020 年开工的重大项目暂未开工,重大前期项目中多个港口水运项目受港口规划调整影响,推进进度相对滞后,在大通道项目协调、生态红线、国土空间规划对接等方面仍需持续跟进。三是资源要素保障压力大。项目建设用地保障困难,资金募

集难度较大且耗时长。

（二）交通运输重要指标回升基础仍不稳固

2020 年，交通运输业重要指标虽呈迅速回升态势，但稳增长的基础仍不牢固。一是公路总周转量面临较大不确定性。外贸形势随着海外疫情的发展存在较大变数，港口公路集疏运需求较难把握，加之 2021 年公路总周转量测算方法调整，规上企业周转量、国省道货车流量、高速公路收费数据、规模以下业户车辆数等多重因素将影响测算结果，不确定性大大增加。二是水路总周转量增长乏力。当前宁波市水路运力仍略低于上年同期水平，运力增长停滞不足以支撑航运生产持续增长。三是航空运输市场形势仍较为严峻。第二波疫情蔓延，国际航班开行严重受限，国际商务、旅游出行信心短期内难以恢复，航空客运量恢复仍需时日。

（三）交通产业发展能级仍需持续提升

一是交通经济规模层次仍有待提升。2020 年宁波市交通运输业增加值占全市 GDP 比重呈下降趋势，疫情对交通运输主业的影响尤为明显，陆运、水运、空运规上企业增加值全线下跌，交通运输业增加值负增长，占 GDP 的比重难保上年份额。二是行业发展质量和服务水平有待提升。交通领域大型综合性企业、新型企业数量较少，新业态新模式发展、交通智慧化应用水平等与发展要求存在一定差距。三是交通发展不平衡不充分问题较为明显。铁路民航短板突出，全国性综合交通枢纽地位仍需巩固，产业低小散弱现状仍有待持续改善。

三、2021 年宁波交通发展形势展望

（一）世界经济深度衰退，国内经济复苏基础有待强化

新冠肺炎疫情依然在国际上肆虐，逆全球化思潮不断发酵，世界经济进入衰退期，多数经济体经济活动停摆，并通过贸易和产业链扩散至全球，对全球供应链供需两端均造成显著冲击。国际货币基金组织（IMF）最新预测，2020 年全球经济萎缩 4.4%，2021 年反弹后，全球经济将在中期逐步放缓至 3.5% 左右的水平。国内经济复苏态势稳健，外贸市场加速恢复，由于经济持续复苏和基数因素，多数权威机构预测 2021 年国内各类宏观参数将全面反弹，全年 GDP 增速将达到 8% 以上，但当前经济复苏的核心力量依然来自超常规的疫情纾困政策，经济复苏远没有恢复到常态化水平，中国经济发展的外部环境依然复杂。

（二）宁波交通多期交汇，将于变局中开新局

国际国内双循环新经济格局造就转型"培育期"，需要加快适应发展新常态，促进原有的出口型货运体系向进出口并重转变，不断完善现代化交通体系。高水平交通强市"建设期"，需要明确重大建设项目清单，落实主体责任，加快建设进程。长三角城市群组团发展"窗口期"，需要紧抓机遇，构筑便捷的对外开放通道，增强区域间协作，运用好宁波自贸区政策优势，在打造高水平对外开放高地进程中迈出实质性一步。供给侧结构性改革"深化期"，需要加快补齐发展短板，推动行业高质量发展。新一轮科技革命发展"红利期"，需要充分激发创新这一发展动力，以"新基建"赋能交通运输，以物联网、大数据、人工智能等信息技术的广泛应用推动智能交通产业发展。

（三）主要指标预测

2020 年，宁波市交通经济复苏势头良好，外贸的强劲增长有力地带动了港口生产，但商务局监测数据显示，宁波出口订单短期化现象处于高位，3 个月内以短期订单为主的企业比重为 69.9％，后续疫情得到控制后，各国供应能力将恢复，供求缺口可能快速收窄，经济稳步发展仍面临较大不确定性，预计 2021 年宁波市港口和交通发展将呈平稳增长态势。交通投资方面，根据重大项目初排及区县(市)反馈情况，2021 年交通投资额将大致与 2020 年持平。港口生产方面，外贸形势良好，集装箱市场火爆形势延续，后续市场行情变数较大，保守预计 2021 年宁波舟山港集装箱吞吐量、货物吞吐量可完成省定目标。全社会运输方面，公路货运周转量增速整体呈放缓趋势，初步预测，2021 年，宁波市公路运输总周转量增长 3.0％左右；据当前水运经济运行态势和宁波市水运业发展情况综合判断，预计 2021 年水路总周转量增长 2.5％左右，若水路运力激励政策出台后能按预期力度执行，则增幅有望进一步提高。

四、2021 年宁波交通发展的对策建议

（一）协调谋划，促进交通投资平稳可持续增长

一是重精细管理，解关键问题。深入开展重大项目争速"挂图作战"专项行动，做细做实项目攻坚方案，加强与省厅、自然资源规划、财政等部门的沟通协调，重点解决高速公路、国省道用地预审、资金方案落实等问题。二是强上下协调，促项目加速。积极推进港口规划调整方案审批工作，加快推进重大港口项目前期进度，力争前期项目报批取得实质性突破。三是实战略规划，谋项目储备。

将甬台温福沿海高铁、通苏嘉甬铁路等对于完善国家高速铁路网及促进我省深度融入长三角一体化发展的重大项目积极提请国家、省级相关部门,协助明确投融资方案等重要事项,针对沪甬跨海通道、栎社机场四期、空铁一体化综合枢纽等全力做好前期研究,推动项目切实落地。

(二)帮扶引导,辅助巩固关键指标提升基础

一是积极促进公路、水路总周转量提升政策有效落地。做好《进一步促进公路、水路运输业扩量提质的实施办法》宣贯及相关实施细则的制定工作,积极鼓励道路运输企业增加货车高速通行次数,鼓励航运企业新增优质船舶运力,力争政策效果最大化,精准促进周转量提升。二是提高机场高质量发展韧性。科学制定明年拟出台的航空流量提升政策,重点鼓励航空公司开拓市场,提升旅客流量,提高航班执行率,积极引进航空公司,加快航空运力提升,支持空管能力升级。三是促进本地需求提升。积极对接企业,全力保障运输畅通,支持交通运输"本地货本地运",鼓励辖区内工业、商贸企业与本区物流企业合作,扩大"本地货本地运"占比。

(三)提质增效,加强交通运输与经济社会融合发展

一是积极培育交通新消费新业态。支持网络货运平台发展,推进智慧交通、通航经济等新业态新领域发展,带动交通运输转型升级。统筹交通、邮政、商务、供销等资源共享,打造智能物流共享经济、平台经济、体验经济新业态。二是深入推进交通与产业联动发展。推动制造企业优化供应链组织,依托交通运输推动网络化协同制造。围绕跨境电子商务等新业态新模式,强化交通运输与商贸流通融合发展。强化城市、城乡即时配送共享业态创新。三是大力发展枢纽经济和通道经济。打造集交通、商业、经贸等于一体的现代城市综合体,依托综合运输通道,推动沿线客货流、资金流、信息流等高速流动与集聚,加快构建交通沿线经济带。

(四)强化管理,提升交通现代化治理能力

一是加快形成交通内部大治理格局。落实综合交通规划一张图、建设一盘棋、管理一体化要求,加快构建上下对口衔接、左右统筹协调的区域大交通管理模式。二是加快推进大数据在交通领域的分析应用。着力破除行业信息壁垒,打造互联共享的信息服务平台,有序推进交通非现场执法等创新性行业管理模式,实现信息共享、精准治理。三是积极推进"十四五"综合交通规划编制。明确"十四五"期间宁波交通运输发展重点,高水平编制宁波市"十四五"综合交通规划,完善交通领域行业统计、行业信用、行业标准化等法规制度及体系。

(作者单位:宁波市交通发展研究中心)

2020年宁波慈善事业发展情况分析及2021年展望

袁彦鹏

一、2020年宁波慈善的发展成就

（一）依法治善取得初步成效

2019年1月上位法《浙江省实施〈中华人民共和国慈善法〉办法》（以下简称《实施办法》）正式实施。2020年，《宁波市慈善事业促进条例》开始修订，为宁波慈善事业提供更贴切的法律依据和保障。面对突如其来的新冠肺炎疫情，宁波市专门出台《宁波市新冠肺炎疫情慈善捐赠专项检查工作方案》《关于在疫情防控中进一步发挥社会工作专业优势加强精准服务的通知》，进一步规范了突发公共卫生事件中的慈善参与。专门出台《关于2020年深化"最多跑一次"改革推进政府数字化转型工作的通知》，进一步规范政府数字化兴善行为。这些立法、政策文件构建起宁波依法治善的"经纬网"，为宁波现代慈善事业发展新格局奠定了制度基础。

（二）"互联网＋慈善"网络初步形成

移动互联网、大数据、智慧终端与慈善事业的深度融合，助推宁波"互联网＋慈善"更加平台化、智能化，场景化。一是公益慈善的透明度继续提高。以善园网为例，截至2020年12月3日，善园网平台累计筹款额5518万余元，累计捐款人数近97万人次，提升了项目专业化水平和慈善募捐透明化程度。二是宁波互联网慈善事业生态正在进入升级版。"互联网＋慈善"推动了社会公众对公益慈善的认知、态度和行为变迁,特别是疫情推动慈善在线学习、在线捐赠等迭代发展。慈善参与"原子化"现象显现,公益参与的可及性和场景化更加生动。三是开启了公益慈善组织的融合发展道路。平台化互联网＋公益格局使得平台、捐赠人、公益机构、企业与受捐赠人的联系更加紧密。互联网正成为宁波市公益慈善组织内部治理、在线学习、组织发展等专业化公益的新沃土。

(三)慈善捐赠继续稳步提升

2020 年,宁波慈善捐赠继续增长。2019 年,累计获得各类捐赠 93932 万元,同比增长 41.37%。2020 年,全市慈善总会系统捐赠款物 109983 万元。2019 年,市福利彩票全年销量达 20.05 亿元,筹集公益金 5.87 亿元。针对疫情防控,广大爱心企业和市民踊跃参与,以宁波市慈善总会为例,共接收款物约 16322 万元。从捐赠主体来看,企业仍然是宁波社会捐赠的主要力量。以 2020 年上半年疫情捐赠为例,全市捐赠金额在 500 万元以上的企业有 14 家;公益慈善作为家族代际传承的有效载体,成为宁波企业慈善的一大亮点。此外,宁波的匿名捐赠文化成为全省乃至全国的重要文化元素。至 2020 年,"顺其自然"连续第 22 年参与捐赠,1999 年至今已累计向宁波慈善总会捐款 1258 万元。匿名捐赠成为宁波慈善文化的一道靓丽风景线,折射出宁波这座慈善城市的温度与厚度。

(四)慈善人才培养特色鲜明

公益慈善事业发展不断发展倒逼公益慈善人才培养模式创新,宁波立足自身慈善资源相对集聚的优势,充分挖掘高校智力资源,形成了公益慈善人才培养"宁波模式"。一是高校主导型。鄞州区民政局利用南高教园区优势,成立官产学研创新综合体——鄞州益立方社会组织研究院。二是校地共建型。象山县民政局同宁波大学法学院达成长期战略合作关系,构筑全省第一个由党委、政府主导为社会组织及其工作者提供教育培训的校院联体平台。三是生态构建型。余姚市民政局联合余姚乐善基金会和浙大宁波理工学院益立方公益学院合作打造余姚乐善公益学院,学院立足余姚实际,打造深耕本土辐射全国的慈善人才准学历教育平台。平台型人才培养基地的存在催生了宁波本土项目创新和专业化公益的提速。带动了一大批如李靖慧、叶成龙等具有创新精神和示范引领作用的年轻人深耕公益慈善领域。

(五)慈善支持网络生态良好

以体系化、平台化、集群化为特征的慈善协同正在进入 2.0 时代。一是政府、社会组织、企业与公众参与的慈善集群创新网络溢出效应正在显现。据不完全统计,截至 2020 年 1 月,宁波市已建立各类社会组织服务中心、志愿服务指导中心、社工站、新时代文明实践中心等枢纽型机构 500 余家,这些枢纽型机构在注册、项目指导、能力建设、发展咨询等方面提供了全面陪伴式成长服务。二是继续将慈善基地列入年度平安区县(市)考核,充分激发基层慈善工作活力,累计形成各类慈善基地 10 家(不含造血型扶贫基地),在地实施慈善资源整合,极大地促进了县域慈善生态的形成。三是本土基金会转型为资助型基金会正在提速,极大地加速了草根组织的专业化进程。四是慈善服务与志愿服务、社工服务的融合正在提速,推动了慈善服务的系统化、专业化和精准性。

(六)慈善参与社会治理价值凸显

2020 年《浙江民营企业百强榜》上,宁波上榜企业数为 19 家,位于全省前列,这为宁波慈善事业的发展带来了稳定的经济基础。慈善资源的"爆聚现象"和"清汤寡水"现象有所缓解,一大批优秀项目走向基层社区和偏远乡村。慈善作为社会治理的重要抓手的作用逐步显现出来。一是慈善优化基层服务供给。越来越多的政府部门开始同慈善组织合作提供公共服务,改变了基层的服务生态。一大批基层志愿者和退休在家人员因为参与慈善事业由被服务者向价值创造者转变,社区共治的局面正在形成。二是困境人群的服务生态正在改变。改变了以往"遇困难,找政府"的生态,一批扎根基层,在社区开展服务的志愿者组织、社工机构、慈善组织因为服务周期长、服务内容多、服务精准度高,正在成为困境人群恢复社会功能的"娘家人"。

二、2020 年宁波慈善存在的问题

(一)"互联网＋慈善"生态尚未形成

虽然宁波互联网募款和互联网慈善场景化不断提速,但是"互联网＋慈善"生态仍尚未形成。一是互联网慈善尚未成为主流。宁波市慈善捐赠位于全省前列,在疫情期间尽管慈善会系统通过网络募捐累计获得 1000 万余元捐款,但互联网捐赠仍未成为主流。互联网捐赠参与文化仍然没有全面形成,面向公众筹款依然难成主流,"藏善于民"的设计初衷难以实现。二是公益慈善的全互联网化场景有待提高。尽管运用互联网手段进行传播、筹款、内部治理已成趋势,但是互联网作为全链参与慈善的协同性仍未打通,如何挖掘互联网在公众参与、倡导和行动方面的动能,仍是需要深入思考的重大课题。宁波还没有建成全国性的公募平台,对 5G、区块链等新技术条件下如何有效驱动慈善缺乏深入研究。

（二）慈善文化传播深度有待加强

一是《中华人民共和国慈善法》（以下简称《慈善法》）普法精准化有待加强。《慈善法》出台后出现了很多新问题，各地缺乏依法依规办事的实践经验，使得各个慈善主体在行善时面临不少困惑，如何提供常态化、精准化的《慈善法》咨询服务亟须提上日程。二是城市慈善文化的亮显度不够。宁波以各类慈善基地、社会组织创新园、善园等形式不断打造公益地标，各地围绕如"慈善日"等时点加强公益文化宣传，但仍略显不足。三是各类媒体在慈善文化建设中的作用发挥不够。宁波目前的报刊缺乏专门的公益慈善专刊，需要更多的报纸、杂志、广播、电视、新媒体等媒体平台以矩阵模式为社会公众开拓参与慈善的渠道。

（三）慈善资源的均等化尚未实现

尽管宁波慈善事业发展特色鲜明，成绩突出，但是慈善资源不平衡的情况仍然非常严重。一是慈善事业城乡区域发展不平衡。各个区县（市）慈善会系统的募款能力及既有资金的多寡、当地支持型基金会的数量和活跃度都影响到各地慈善事业的发展状况。一般而言，集中表现为市区多、郊县少，城市多、农村少的态势，慈善资源"爆聚"现象突出。二是慈善服务供需不平衡。目前从宁波市而言，缺乏一个慈善信息服务平台，慈善供需双方信息不充分的现象比较突出，直接导致了慈善供给不足和重复救助现象的发生。特别是城市社区人口素质高，公益资源多，农村慈善服务需求分散，成本高，直接导致了面向农村开展慈善服务较为困难，城乡慈善发展不平衡仍难以有效解决。

（四）慈善品牌的数量和品质有待提升

《慈善法》的出台，对大力发展慈善组织提出了较高的要求，使得宁波慈善组织的登记和认定整体较为缓慢。一定程度上影响了宁波慈善事业高质量发展的推进。就目前而言，一是品牌的慈善组织数量少。目前，仅有善园公益基金会及慈善会系统的慈善组织在慈善事业发展中产生了一定的品牌效应，这从公开募集的善款数量可以反映出来。但是从全省乃至全国来看，宁波慈善组织品牌可识别程度仍然相对较低。二是品牌项目比较少。这同组织的品牌化程度不高一脉相承，因为慈善组织需要通过慈善项目来筹款和拓展影响力，在组织品牌化程度不高的情况下，宁波整体而言鲜有像"免费午餐""母亲水窖"这样的品牌项目，再加上缺乏互联网传播方面的系统性协同，导致宁波慈善品牌传播整体处于劣势。

三、2021 年慈善事业展望

(一)不断优化立法体系,提供制度支撑

由于《慈善法》《实施办法》两部上位法已出台,特别是慈善法对慈善组织、慈善募捐等都有了非常详细的法律规定,《实施办法》又根据浙江实际做了较为系统的补充,对于慈善事业发展中的关键问题和关键环节都有了较为完整的规定。因此,需要对《宁波市慈善事业促进条例》做系统全面的修订,特别是要结合宁波实际做系统补充完善。要以《宁波市慈善事业促进条例》修订为契机,对慈善组织、慈善募捐与捐赠、慈善信托、信息公开、慈善促进、慈善服务、监督与法律责任等几个方面做全面系统的梳理和补充,做到努力反映宁波慈善事业发展的真实需求,确保能够有效地指导宁波慈善事业未来实践。

(二)理顺慈善参与社会治理的体制机制

一是积极利用好浙江政务服务网的统一信息平台,建立由民政部门牵头的慈善联席会议机制,就有关慈善工作进行交流、沟通和协调,形成多部门各司其职的慈善协同局面。民政部门应当通过政府购买服务、孵化培育、公益创投等方式,培育、扶持发展各类慈善主体,优先发展各区县(市)民众所需的基层慈善组织。二是鼓励研究和制定慈善组织内部治理、慈善捐赠、慈善服务、信息公开、慈善信托等标准。三是积极构建政府与社会公益慈善资源的协同平台。将政府直接管理的行政手段,转化为依靠法律手段、经济手段为主,行政手段托底的现代慈善管理机制,借助慈善论坛、行业会议、专题培训等方式加强交流,运用税收、奖励、项目扶持等手段,调动企业开展公益慈善的积极性。

(三)创新载体,深化慈善文化传播

一是鼓励各区县(市)慈善文化资源的挖掘。加强慈善研究,进一步挖掘宁波诸如阳明文化、慈孝文化等特色,形成宁波的慈善文化自觉。二是打造整体传播矩阵。积极营造慈善文化建设的整体氛围,可在商业用地、公共文化场所等人流比较集中的地方设置特色公益文化宣传品以增加曝光度,民政部门及慈善组织应会同博物馆、美术馆等开展公益文化展品、美术作品的推广活动。三是加强各类公益慈善的评选活动。继续开展如"宁波好人""宁波慈善奖"等的评选,创新评选机制和评选形式,让公众参与评选内容、评选机制的设计制定,让公益慈善更加"接地气"。四是鼓励全媒体在慈善文化建设中发挥作用。通过媒体融合和互联网技术产生创新裂变,传递公益文化。

（四）大力扶持平台型组织，形成慈善生态网络

鉴于当前基金会沉淀资金较多，应引导成立企业基金会、家族基金会、社区基金会等各类慈善基金会，加快促进基金会等类型组织形成以枢纽型和资助型为主的慈善组织。鼓励城乡社区居（村）委会、物业管理公司、业主委员会建立慈善互助会或设立社区基金等平台型组织，大力发展咨询类、评估类慈善组织以及行业性、支持型的平台类组织，发挥它们在行业联合、资金筹集、项目合作、组织赋能等方面的优势，不断优化宁波慈善生态。此外，鉴于当前慈善组织发展整体缓慢，因此，有必要在基层大力扶持受民众欢迎，能切实有效解决基层问题，具有传播价值的慈善组织，不断优化基层公益慈善网络，特别是县域的公益慈善生态网络是未来宁波慈善需要思考的重要议题。

（五）重视社会创业，加速资源整合

从顶层设计角度看，应加强向成都、北京等地学习，尽快将社会创业理念融入慈善工作，社会企业将成为宁波慈善领域新的增长点，社会企业是社会治理的重要创新，可以增加公益资源，能有效提升公益效率和可持续性，对促进社会创新、完善社会经济结构、消除宁波慈善资源不平衡、优化社会治理具有重大意义。宁波慈善总会系统的"造血型扶贫基地"已初步具备社会企业模型，银巢养老等社企模式实现了社会价值和商业价值的共赢。未来，随着政府和资助型基金会以及相关社企赛事的驱动，社会企业模式将获得更加蓬勃的发展，也将更好地推动宁波慈善事业的发展。宁波慈善事业应该尽快融合社会创业元素，发挥先发优势推动宁波整体慈善事业可持续化运营。

（作者单位：浙大宁波理工学院）

专 题 篇

海曙区推进产城融合路径研究

陈 超

一、海曙区产城融合现状分析

（一）优势

一是区域产业基础雄厚。2020 年，海曙区实现地区生产总值 1201.2 亿元，三次产业比重为 1.3∶30.1∶68.6，产业体系较为完备，都市工业规模较大。二是城市功能相对完善。海曙区作为宁波中心城区的重要组成部分，拥有完备的生活居住、生产活动、交通集散、服务贸易等城市功能。三是成功实践经验丰富。随着经济社会的发展，先有"城"后有"产"（如古林镇蒻水港村）、先有"产"后有"城"（如位于集士港、古林附近的望春工业园区）、"产城"同步发展［如位于望春街道的宁波（国际）电子商务产业园］等不同城乡融合模式都有成功的经验。

（二）短板

一是老城区产业承载能力在弱化。随着宁波城市发展重心和行政中心、金融中心向东迁移，老城区承担的金融、商务等核心功能不断外迁，医疗、教育等各类高端公共资源被分流，对高端要素的吸引力正在不断减弱。二是城乡接合部城市功能不完善。石碶街道、古林镇、高桥镇与老城区接壤的城乡接合区域，在城市功能空间上与海曙老城区长期处于割裂状态。三是城区外围产城融合程度低。城区外围各镇（乡）村历史上一直处于内生型自发发展的状态，产城融合程度整体较低。

（三）机遇

一是新一轮技术变革为产业发展带来机遇。随着新一轮科技革命和产业变革拉开序幕,促进制造业和服务业在产业链上融合,大幅提升传统产业发展能级和发展空间。二是重大战略实施为产城融合发展带来机遇。长江经济带、长三角一体化、浙江建设"重要窗口"、宁波建设高水平国际港口名城和高品质东方文明之都等区域发展战略深入实施,区域合作与竞争格局加速变化,为海曙区产城融合发展带来了机遇。三是重点平台建设为产城融合提供了载体。国家级临空经济示范区、宁波阿里中心、智能制造产业园、姚江南岸科创城、桃源湾人工智能产业集聚区、中新创智(宁波)产业园等重大产业平台建设,将成为海曙区产城融合发展的主战场。

（四）挑战

一是周边区域对优质资源的争夺日趋激烈。随着城市发展重心东移,区域间的激烈竞争将对海曙区带来挑战。二是高质量发展对资源高效利用提出新要求。新一轮国土空间规划编制将落实高质量发展要求,更加注重对土地等稀缺资源的高效利用,尤其在新增建设用地等重点指标安排上更加严格控制。三是体制机制因素的影响短期内难以消除。中心城区与县、市相比,行政职能先天不足,区级事权财权并不充分,可供调度的资源相对有限。

二、海曙区产城融合发展总体思路

（一）指导思想

坚持以习近平新时代中国特色社会主义思想为指导,按照高质量发展要求,统筹推进"五位一体"总体布局,协调推进"四个全面"战略,认真贯彻新发展理念,构建新发展格局,抢抓新一轮产业革命和长三角一体化发展战略契机,坚持"产业化"和"城市化"双轮驱动,创新发展理念、统筹整合资源、优化发展空间、强化平台建设,着力推进产业布局优化,着力推进城市功能提升,着力推进制度体系完善,实现产、城、人的深度融合,全面建设以产城融合为特色的城乡融合示范区。

（二）基本原则

一是始终坚持"十四五"时期经济社会发展必须遵循的五大基本原则,即坚持党的全面领导,坚持以人民为中心,坚持新发展理念,坚持深化改革开放,坚持系统观念。二是重点把握五个方面关系,即把握好内循环和外循环互促共进,扬优势和补短板双向发力,优空间和强功能整体协同,稳增长和防风险统筹兼顾,事智治和人满意有机统一。三是突出强化五大引擎驱动,即强化数字化升级驱动,强化硬科技创新驱动,强化全流量经济驱动,强化新消费贸易驱动,强化大项目投资驱动。

三、海曙区产城融合发展重点任务

(一)加快构筑以数字经济为引领的现代产业体系

1.在产业空间布局上,促进东中西协同发展

一是东片老城区,作为商业多元化发展的重要载体,要以城市功能提升和高端产业植入为重点,重点布局现代商贸、现代金融、专业服务、文化创意等现代服务业,推进总部企业集聚,打造"楼宇经济示范区"和"最宁波"商圈。二是中片产城拓展区,作为海曙经济发展的引擎,要以产业转型提升和融入中心城区为着力点,重点布局航空关联产业、战略性新兴产业、智能制造产业,加快形成若干具有海曙特色的产业集群,打造区域经济新增长极。三是西片四明山区,作为海曙经济发展的环境支撑,重点布局乡村旅游、健康养生、文化创意等产业。

2.在产业发展选择上,促进产业融合发展

一是发展现代服务业。以新零售、新金融为重点,巩固传统商贸、金融服务强区功能和地位;以商务服务业、科技服务业、文化创意业为重点,壮大现代服务业总量;以航空服务业、都市旅游业为重点,彰显区域产业特色。二是发展先进制造业。贯彻落实全市"246"万千亿级产业集群发展战略,依托现有产业基础,专注发展优势产业,培育发展新兴产业,重点聚焦打造智能经济、数字经济、时尚经济三大产业集群,重点发展以新材料、新能源、高端装备、生物医药、节能环保和新一代信息技术为代表的六大战略性新兴产业,加快提升纺织服装、电气机械、文教文具、汽车配件和电子信息为代表的五大传统优势产业,着力培育形成一批新的百亿级细分行业和国内领先的行业单打冠军。三是坚持高端业态引领,坚持以楼宇经济、总部经济、平台经济、临空经济、共享经济、体验经济等产业模式和产业形态为重点,打造宁波市新业态新模式的集聚地。

3.在产业发展动能转换上,促进经济发展

一是深入实施创新驱动发展战略,完善科技体制机制建设,加快培育创新主体,构建高效完整的创新体系。二是加快数字经济发展,深入实施数字经济三年行动计划,加快培育工业互联网、工业软件等智能制造产业和信息服务、互联

网服务、云计算及大数据应用等高端专业服务业。三是加快为纺织服装、汽车配件等传统优势制造业赋能,推进商贸业、文化旅游业融合发展,实现产业能级提升。

(二)加快形成功能定位清晰合理的城市空间体系

1.更加突出城市核心区的整体性和综合性

一是优化行政区划设置,加强行政区划与经济社会发展研究,适时推进城市开发边界线范围内的部分区域撤镇改设街道,加强与中心城区管理体制接轨,以最大限度优化空间、释放活力。二是加快推进城中村改造,深入实施《海曙区城中村改造规划(2019—2025)》,促进城乡接合区域空间布局优化,完善城区功能,改善城中村综合环境,打造新型城市社区和都市经济新板块。三是持续推进重大区块开发,加快高塘片区、三市区块等城市核心区老旧小区更新改造,全面完成月湖西区、秀水街等历史文化街区保护改造,加快推进铁路宁波站周边区域、鄞奉路区域、启运路区块、丁家区块、五江口区块等重大功能性区块开发,促进交通道路、市政管网等基础设施联通,全力打造展示城市形象的"门户客厅"。

2.更加聚焦综合性节点城镇功能的培育

一是强化集士港镇卫星镇的辐射带动功能,顺应城市化趋势,坚持以培育综合性功能为主导,以建设科创城为目标,强化与望春工业园区的功能互补、产业互动,高起点、高标准建设功能载体和平台,培育形成高端产业集群和城市综合功能,打造创新创业新经济高地。二是加快推进古林镇、高桥镇、洞桥镇等近郊镇融入中心城区,优化空间布局、完善生态体系、加强公共服务、提升环境品质,突出与中心城区功能的协同互补发展,尤其是科技创新功能的集聚能力。三是凸显鄞江镇、横街镇、章水镇、龙观乡等中心镇区域特色,强化土地节约集约利用和紧凑布局,培育相对独立的服务功能,增强对周边农村地区的公共服务覆盖和就业岗位提供,统筹资源配置和社会管理。

3.更加凸显乡村自然和谐宜居功能

一是加快推进新村建设,探索建立新村建设分级推进机制,分类打造精致庭院、特色村庄、风景长廊,充分利用四明山旅游资源,着力打造美丽乡村风景线。二是加快基础设施提升,加强老旧基础设施改造,深入实施美丽经济交通走廊项目,推进农田水利基本建设,深化"高山巡回"服务模式,建设宜居宜业美丽乡村。三是扩宽增收渠道,重点是积极稳妥推进农村土地制度改革,实施休闲农业和乡村旅游精品工程,大力推进"田园综合体"建设,发展特色观光农业、乡村休闲旅游。

（三）加快建设层次分明的产城融合平台体系

1.加快搭建重大产城平台

一是加快建设国家级临空经济示范区,高起点编制园区发展规划,强化制造、研发、生产服务等功能,合理布局各类功能设施,以拓展临空产业创新链为重点,引导和推进临空指向性的高端制造业和现代服务业集聚发展,着力构建以航空运输为基础、航空关联产业为支撑的产业体系。二是谋划建设智能制造产业园,加强与新一轮城市国土空间规划编制衔接,加快园区规划编制,明确园区空间范围、功能定位,研究制定园区建设方案,明确管理体制和建设时序,争取早日启动园区建设。三是提升发展望春工业园区,加快产业更新步伐,促进"腾笼换鸟",加快推进中新创智(宁波)产业园等园中园建设,集聚发展新材料、新能源、电子信息和生物医药等产业,形成关键核心技术新优势,争创国家级高新技术产业园。

2.加快建设功能性平台

一是谋划建设姚江南岸科创城,大力发展研发设计、科技孵化、智能制造等产业,完善教育医疗、居住配套、商业综合等服务,打造高能级科创城,使之成为"甬江科创大走廊"的重要组成部分。二是谋划建设桃源湾人工智能产业园,推动人工智能领域的创新资源集聚,大力推进创新合作和示范试点。三是整合发展宁波电子商务产业园,拓展跨境电子商务产业链,努力建成国内领先的跨境电子商务产业升级引领区、监管服务创新区和仓储物流示范区。四是加快建设环铁路宁波站商务区,深入谋划周边产业布局,将流量优势转化为经济优势,吸引各类高端服务业规模化集聚。五是推进月湖金汇小镇、静脉小镇、军民融合小镇等特色小镇建设,使之成为产城融合发展的典范。

3.全力推进小微园区建设

一是激活建设主体,积极探索政府和社会资本合作(PPP)等新型投融资方式,因地制宜选择开发模式。二是灵活制定政策,社会投资主体开发建设的小微企业园区,鼓励开发主体自持,鼓励小微企业园区通过租赁等方式经营,对小微企业园区产权分割、转让等采取更加灵活的政策。三是加强要素保障,重点加强小微企业园区用地、用能等要素保障,鼓励利用旧厂区、旧厂房建设小微企业园区,鼓励利用低效用地、拆改土地建设小微企业园区,对入园企业优先安排用能、排污等指标。

（四）加快完善产城融合发展的制度政策体系

1.完善有利于产业集聚发展的体制机制

一是建立健全上下联动、统分结合的招商机制,统筹全区招商资源,加快引进一批技术含量高、经济效益好、产业链条长的大项目好项目。二是完善要素配置机制,深化要素供给侧结构性改革,高效解决重大项目落户过程中的土地、规划、能耗和人才等要素制约问题。三是完善项目管控机制,建立健全工业项目进园区制度,严格产业准入条件,全面实施"标准地＋承诺制"改革。

2. 完善有利于空间建设管理的体制机制

一是以新一轮国土空间规划编制为契机,健全"多规合一"体制机制,强化对区域功能定位、城市发展、生态保护、重大项目落地等的整体谋划,统筹布局城乡道路、供水供电、信息通信、广播电视、防洪和垃圾污水处理等设施,推进重要市政公用设施向农村延伸覆盖。二是健全城市开发建设管理机制,加大城市空间建设管理统筹力度,实施重要功能区块和重大基础设施由区级统筹开发运营制度,完善城市精细化法治化智慧化管理机制。三是完善城乡基础设施建设和管护机制,明确城乡基础设施的公共产品定位,构建事权清晰,权责一致,区、街道、村负责的城乡基础设施一体化建设和管护机制。

3. 完善有利于公共服务均衡发展的机制体制

一是完善公共就业服务体系,加大对失地农民、城镇就业困难人员、农村剩余劳动力等重点人群的就业帮扶力度,巩固"充分就业区"成果。二是推进社会保障服务城乡均衡,持续推进城乡居民养老、医疗等保险制度衔接转换,稳步提高保障水平,形成城乡统筹、全面覆盖的保障体系。三是推进教育、卫生、文化等公共服务城乡均衡。稳步推进学校标准化建设,提升集团化办学水平,引导教育资源均衡配置。完善分级诊疗体系,深化"医联体"建设,继续引入大医院优质医疗资源,扩大高山巡回医疗、远程医疗服务、家庭医生品牌影响力。整合城区街道综合文体活动场地资源,推进镇(乡)、街道综合文化站和健身场地整体提升。

(作者单位:宁波多越企业管理咨询有限公司)

北仑区志愿服务提升工程研究

张红霞

一、北仑区志愿服务的现状

2004 年以来,北仑区牢牢抓住志愿服务的精神内核,不断深化志愿服务内容,从赛会志愿服务到社会志愿服务进而到专业志愿服务,蹚出了一条北仑特色的志愿服务发展之路。

(一)志愿者数量和结构

截至 2020 年 11 月,北仑区注册的志愿者有 170549 名,志愿团队 538 支,荣获国家级表彰 6 项,总服务时长超过 160 万小时。从性别结构来看,男性志愿者 85915 名,女性志愿者 84634 名,性别结构基本平衡。注册志愿者的分布情况为城区志愿者人数相对多,农村志愿者人数相对少,城区志愿服务密度高。从志愿者的政治面貌结构分析,党员志愿者 10832 名,共青团员志愿者 9335 名,在八个民主党派均有分布,群众占 83.92%,由此可见北仑区志愿服务群众基础坚实,正式组织参与度广。整体志愿者的活跃度在 11% 左右。服务时长超过 100 小时的志愿者共计 3494 名,他们是北仑志愿者的精英和骨干。目前,服务时长最长的志愿者是杨美妃,总服务时长达 5639.5 小时。

(二)志愿服务团队的数量和结构

北仑区共有 538 支注册的志愿服务团队,按照服务类别分成六大类:技能奉献类 16 支,关爱服务类 359 支,城市管理类 28 支,治安维稳类 21 支,文化娱乐类 23 支,其他类 91 支。面向社会和弱势人群的志愿关爱服务组织占 66.73%。

除了 115 支团队组织化程度相对较低之外,78.6％的志愿服务团队组织化程度较高。有 22 支团队志愿者人数超过 1000 人,是北仑志愿服务团队的中坚力量,能够常态化发布志愿项目、组织志愿服务、开展志愿培训,志愿服务的效果也非常好。

社会团体志愿团队有 168 支,占比 31.2％;基层治理机构(居委会)组织的志愿团队有 81 支,占 15.0％;党政机关、事业单位、教育机构发起组织的志愿服务团队有 181 支,占比超过 1/3。

(三)志愿服务结构

近 5 年来,北仑区累计开展了 42473 个志愿服务项目。按照志愿服务项目的类型划分,关爱服务项目占 66.73％。按照志愿服务主要项目的服务对象分析,志愿服务集中在"一少一老","一少"是指儿童及青少年,"一老"是指孤寡老人、优抚对象、特困群体,这两类对象的志愿服务覆盖率达到 48％。

(四)特色亮点

北仑志愿服务增强了新北仑人的归属感,弘扬了社会核心价值观,已经成为社会治理的稳定器,主要具有以下特色。

1.制度化管理

一是形成了一套完整的组织体系,建立了志愿服务工作机制,形成了志愿服务组织"四级架构",覆盖了全区所有的社区和农村。二是实行志愿服务标准化管理,创造"DREAM 工作法",形成了《标准化观护手册》,向全国输出了志愿服务标准;三是建立了志愿服务激励机制,将志愿服务纳入流动人口量化积分管理,建立了阳光志愿服务基金和新时代文明实践志愿服务慈善公益基金。

2.常态化服务

建立了八大主题志愿服务体系,围绕中心服务大局,围绕需求服务群众。以文明创建为主题的公益服务活动,以大型赛事服务为主题的赛会服务活动,以便民利民为主题的社区服务活动,以帮困助弱为主题的帮扶服务活动,以服务大型活动为主题的应急专项服务活动,以长期服务固定对象为主题的长效服务活动,以平安建设为主题的平安专项服务活动,以工业社区为主题的"锋领企服"活动,构成北仑特色的志愿服务体系。

3.专业化发展

一是涌现了专业志愿服务,如社区矫正、应急救援、健康医疗、检测维修、安全生产、艾滋病防控、女工心理、儿童性教育等。二是涌现了职业公益群体,如百灵鸟公益联合会、富春社区的宝贝洛可(babylook)等。

（五）存在的问题

一是志愿服务管理有待提升。志愿服务行政色彩比较重,党政部门均把志愿服务作为完成部门工作的载体;组织上,志愿服务存在多头组织现象;考核上,两套志愿服务管理信息化系统并用。二是志愿者活跃度有待提升。志愿者的活跃度仅为11%,大部分注册志愿者没有进入实质性志愿服务。三是志愿服务结构有待提升。志愿服务人群结构上,农村和社区老年志愿者为主体,年轻人参与度低,年龄结构失衡;志愿服务组织结构上,来自企业的志愿服务组织不到5%;志愿服务内容结构上,基础性志愿服务占比高,技能性和专业性的志愿服务占比低;志愿服务组织发展结构上,社会公益组织型的志愿服务组织仍处于初创期。四是志愿服务知识挖掘有待提升。志愿服务缺乏阶段性和系统性的总结提炼,未能形成制度性的经验和成果,未能在全国志愿服务领域形成较强的话语权和影响力。

二、志愿服务提升总体思路

（一）指导思想

以习近平新时代中国特色社会主义思想为指导,紧密结合新时代文明实践工作,按照成为新时代全面展示中国特色社会主义制度优越性的"重要窗口"模范生的总要求,将"奉献、友爱、互助、进步"的志愿者精神与"知行合一、知难而进、知书达礼、知恩图报"的宁波精神有机融合,紧紧围绕"青年北仑""数字北仑""美丽北仑"建设目标,从治理体系和治理能力现代化的视角,系统性地谋划北仑志愿服务工作,实现北仑志愿服务更上一层楼。

（二）总体目标

基于北仑厚实的志愿服务基础,着力开展志愿服务提升工程建设,通过3~5年的努力,打造"美丽北仑・新时代志愿服务"品牌,使志愿服务成为北仑区域形象和区域增值的金字招牌和重要载体,成为东部地区志愿服务的典型样板,成为展示中国特色志愿服务体系的重要窗口之一。

（三）具体目标

1. 围绕中心服务大局更实

按照区委"双城"战略和打造高水平创新型城市先行区的部署和要求,以丰富多彩的青年志愿服务,提高对青年志愿者的承载力、吸引力,广泛凝聚青年共识,激发城市活力,助力创业创新;深化工业社区和城市综合体的志愿服务,提高对投资、项目、人才、科技等优质要素的支撑力、服务力,助力打造现代化临港智创之城;以绿色创新的志愿服务,提高对生态、生活、健康、休闲等高品质元素的推动力、融合力,助力宁波全面建设国际化滨海秀美之城。

2.志愿服务社会贡献更大

按照新时代文明实践的要求,发挥志愿者主体力量作用,围绕服务民生、社会治理、文明创建、生态文明建设等重点领域,做深志愿服务项目,实现社区和农村养老志愿服务全覆盖和精细化,实现党员、社工、普通志愿者三位一体的志愿服务体系化和网络化,实现文明创建志愿服务大众化和常态化,实现生态文明志愿服务专业化和国际化。

3.志愿服务专业能力更强

围绕志愿服务的专业度和活跃度,培育志愿服务组织。到 2025 年,以志愿服务为主业的社会公益组织达到 10 支,在全国有一定影响力的骨干志愿者达到30 名以上,专业志愿服务团队达到 50 支,We 平台注册志愿者活跃度达到 50%以上。

4.志愿服务知识产出更高

做精做响北仑志愿服务项目和品牌,5 年内争取全国金奖项目 3 个,全省金奖项目 10 个,参加国际志愿服务交流 2 次;建立北仑志愿服务研究基地,开展志愿服务理论和实践研究,举办 1 次全国性志愿服务专业论坛,扩大北仑志愿服务影响力。

三、志愿服务九大提升

(一)管理提升

1.做好顶层设计

把"美丽北仑·新时代志愿服务"建设目标纳入北仑区"十四五"发展规划,制定北仑区志愿服务提升行动方案,搭建起北仑志愿服务提升的"四梁八柱",整体推进志愿服务提升。

2.完善管理模式

一是建立"美丽北仑·新时代志愿服务"领导小组;二是建立更加社会化和更具包容性的北仑区志愿服务联合会;三是明确本部门志愿服务管理机构,街道、社区、村要建立志愿服务管理分支机构。

3. 优化信息化管理

完成志愿服务信息化管理系统迁移,全面使用 We 志愿服务平台。

(二)窗口提升

1. 硬件提升

根据新时代文明实践中心建设以及北仑区志愿服务的规模和未来几年的发展要求,择址迁建北仑区志愿者(义工)服务指导中心。

2. 能力提升

重点提升窗口服务的 5 种能力,包括基础服务能力、资源协调能力、项目策划能力、学习培训能力、对外交流能力。

(三)结构提升

未来几年北仑要重点发展以下 4 支志愿者队伍。

1. 青年志愿者队伍

一是加强青年文明素质建设。根据"青年北仑"确定的目标体系,加强青年思想道德水平、政治素养和文明素质的建设,以志愿服务为着力点,推进青年社会融入和社会参与,不断扩大青年志愿服务的参与空间,丰富参与渠道,从青年自身发展的视角来引领青年志愿服务队伍建设。

二是大力培育青年志愿者骨干。用好用足"青年北仑"政策体系,建立"平台＋政策＋服务"的志愿发展支撑体系,在志愿服务联合会下建立青年志愿服务分会,将青年志愿服务纳入"青领项目"体系,吸引更多的青年创业者、青年工匠、青年产业工人、青年公益人等加入志愿者队伍,推动青年志愿者自我管理和自我服务,成为志愿服务组织的骨干,形成青年志愿文化,挑起"美丽北仑·新时代志愿服务"建设的大梁。

三是着力推进青年志愿服务岗位化。结合"青英项目"和"青匠项目",激活青年志愿者的时代担当,结合青年自身的需求,根据青年的兴趣设计志愿岗位,以灵活多样的方式推进大众化的青年志愿活动向岗位化的青年志愿项目发展,向专业化的青年志愿品牌转化,让青年志愿服务更加贴近基层、贴近群众,更加受到欢迎。

四是探索建立青年志愿者大讲堂,寓理论宣讲于志愿服务,融文明实践于志愿服务,涵知识学习于志愿服务,人民群众点单与青年志愿者接单相结合,既明理又躬行,让 90 后、00 后青年大胆地站到舞台上,让青年志愿者在参与中体悟美好生活、提高自身素质。

五是大力发展青年志愿者驿站,将与企业、商铺等携手开展的志愿伙伴、公益同盟、爱心商家、志愿小店、文明经营户等多种形式的活动,统一整合为青年志愿者驿站,制定标准,公开挂牌,为青年志愿者解决实际问题,提供礼遇和优惠,共同营造"礼遇志愿者"良好氛围。

2. 工业社区志愿者队伍

一是做大做优工业社区志愿者队伍。要坚持工业社区志愿服务与产业协同发展,根据工业社区的特点,从长远规划工业社区志愿者队伍建设,增强工业社区志愿者投身产业发展和企业发展的社会共鸣,增强志愿服务的获得感和荣誉感;要继续发挥基层党员和社工志愿者的先锋模范作用,团结和吸引企业员工,并将志愿服务活动渗透到企业日常生产管理之中,体现在为企业员工提供细致周到的服务之中,体现在工业社区志愿文化建设之中,实现工业社区志愿服务从"小马拉大车"向"众人拾柴火焰高"迈进。

二是探索建立工业社区企业家志愿服务。北仑的企业家务实低调,热心公益,对志愿服务事业支持很大。要尝试组建专门的企业家志愿者服务分队,发挥企业家组织管理、项目策划、落实执行、跟踪监督的能力,既立足北仑,又面向全国,打造一批符合社会需求和企业家意愿的精品志愿项目,树立北仑企业家志愿服务的样板;要通过志愿服务基金、冠名志愿服务组织、指定志愿服务项目等方式,为有志于公益的企业家提供资助志愿服务的渠道和平台。

三是把志愿服务融入企业文化建设之中。借鉴国际经验,将志愿服务纳入企业社会责任体系,以上市公司、重点企业、大型企业为核心,探索建立北仑区企业社会责任暨志愿服务评价机制,尝试与政策奖补、评先评优等挂钩,推动志愿服务内化为企业文化。加强企业党组织、团组织建设,抓住企业分管党建的副总、支部书记等关键少数,将志愿服务植入公司的制度规范、入职上岗培训、团队建设、公益活动、员工关爱等环节,使志愿服务成为企业倡导、员工自觉的行为习惯。

3. 农村志愿者队伍

坚持城乡志愿服务均衡发展的原则,着力破解农村志愿者队伍老龄化问题。

一是以农村两委委员、党员为核心夯实农村志愿者队伍基础。农村基层党组织党员要率先垂范、身先士卒,既组织推动又带头实践,增强志愿服务的感召力和覆盖面,通过党员引领带动群众参与,扩大农村志愿服务的参与度和活跃度。既要凝聚本地群众又要吸引外来人员,建立互补融合的农村志愿服务队伍。既要深入村庄、农舍、企业、店铺,发掘热心公益的志愿者,激励他们成为骨干,发挥积极作用,又要拓展联结基层党政组织、社会团体,吸引其领导层成为志愿服务组织的领头羊、带队人。

二是牢牢抓住农村群众的最基本需求,建立农村熟人社会的互助式志愿服务。弘扬邻里守望互助的乡风文明,充分调动农村老年人、妇女、大学生、少年儿童的积极性,结合农村实际,设计和实施特色实效的志愿服务项目,如老年志愿者义务巡逻维护文明安全环境服务、妇女志愿者探访孤寡老人和残疾人的关爱扶助服务、青少年志愿者新时代文明实践网络宣传服务、外来人员志愿者文化融合互助友爱服务等,通过实实在在的项目培育发展农村志愿服务队伍。

三是探索建立离乡工作的优秀志愿者返乡。出台志愿者返乡政策,根据农村志愿服务的需要,每年从离乡工作的本地籍优秀志愿者中选拔一批人,通过组织安排到农村基层组织任职或兼职,将城区志愿服务的好经验和好做法带到农村,充实农村志愿者骨干力量。

四是引导城区志愿者队伍服务农村。通过志愿服务牵手行动,根据农村志愿服务需求,积极对接城区志愿服务组织,灵活安排服务时间和方式,有效弥补农村志愿者数量不足的缺陷,形成城乡志愿服务互补互动互融的发展格局。

4. 社区志愿者队伍

一是建立政府和社会组织融合的社区志愿者队伍体系。在志愿服务促进中心的指导下,融合学雷锋志愿服务枢纽站、工作站,融合党政条线因业务需求而建立的志愿服务组织,构建社区志愿服务队伍,把不同年龄、不同职业、不同爱好的志愿者有机组织起来。

二是重点培育特色志愿者队伍。基于社区的特点和需求,大力培育与社区群众最贴近的助老助疾、助幼助学、生活服务志愿者队伍,大力培育与社区基层治理最相关的小区业委会、安全治理、环境卫生志愿者队伍,大力培育与社区特色最匹配的、最能发挥社区志愿者热情和技能的志愿者队伍,鼓励百花齐放,形成"一个社区、多项特色"的队伍结构。

三是着力培育社区志愿者骨干。要通过3~5年的时间,实现社区志愿者骨干队伍的更新和迭代。要努力挖掘社区中有技能、有知识、有热情的志愿者,积极创造条件,注入资源,放手让他们自主组织开发志愿活动,形成服务规模,打造强大阵势。要特别注意吸收社区内优秀的外来人员加入志愿者队伍,外来人员志愿者骨干量要占到一定比例,建设和谐社区下的志愿服务共同体。

(四)内容提升

1. 做久基础志愿服务

做好小区义管家、爱心食堂、健康义诊、上门理发、家电维修、安全巡逻、社区义工坊、假日学校、文艺服务、文明创建、清洁家园、秩序维护、轨道交通引导、垃圾分类、海洋环保等 15 项基础服务,推动基础志愿服务的常态化、本地化和社区化。

2.做大专业志愿服务

做大技能志愿服务,重点包括党建、扶贫、赛会、健康、社区矫正、亲子、儿童性教育、青少年观护、艾滋病防控、女工心理、法律、财务、IT、创业、金融等 15 项专业服务,扩大专业志愿服务的范围和领域。

3.做强应急志愿服务

建立和提升防汛、抗台、防火、水上救援、事故救助、生命急救、安全生产、疫情防控等 8 项应急服务,成为"平安北仑"建设的重要支撑之一。

(五)团队提升

1.培育公益性社会组织

简化社会公益组织注册登记流程,适当放宽准入条件,壮大志愿服务队伍,并根据实际需要,通过街道备案等模式,在特定志愿组织下发展更多的志愿团队。

2.扶持民间志愿服务团队

既要保护民间志愿服务纯粹公益的热情,尊重其独立性,挖掘其在志愿服务领域、资金筹措、队伍凝聚力、服务方式、队伍管理等方面的好经验好做法,又要积极创造条件,逐步将其纳入社会组织注册登记和管理。

3.与国际志愿组织在华机构互动

主动与国际志愿组织在华机构建立联络和互动,通过学习和借鉴国际经验,倡导"人人参与、人人享受"的志愿服务理念,倡导志愿服务成为一种生活方式,提升北仑志愿团队的国际形象。

(六)技能提升

1.根据志愿服务高质量标准提升技能

着重从志愿服务基本礼仪、志愿服务人际沟通、志愿服务心理行为、志愿服务安全保护、志愿服务组织管理等方面入手,植入标准、规范、安全、质量等元素。

2.根据志愿服务社会需求提升技能

按照专业领域来规划专业技能的提升。例如,专业的居家养老健康护理、大病陪护、临终关怀等志愿服务;专业的心理疏导、情感关爱、帮困解难等志愿服务;等等。

3.根据志愿者自身需求提升技能

鼓励和支持开展机械工程、控制科学与工程、车辆工程、交通运输工程、船舶与海洋工程、环境科学与工程、化学工程与技术等专业技能提升,让志愿技能提升成为企业员工的"充电站",让员工志愿者"来了就不想走"。

(七)价值提升

1.建立志愿服务知识库

志愿服务知识库结构包括文件数据(如志愿服务法律法规、政策文件、服务标准、操作手册等)、项目数据、志愿者数据、新闻数据等。通过知识库建立全程可感知的志愿服务图谱。

2.建立美丽北仑·新时代志愿服务白皮书制度

每年以北仑区志愿服务联合会的名义发表美丽北仑·新时代志愿服务白皮书,向社会介绍北仑志愿服务的政策体系、发展现状、特色亮点、取得成绩、未来规划等。

3.开展志愿服务理论研究

依托宁波职业技术学院、社会智库等,探索建立北仑区志愿服务理论研究基地,紧紧围绕新时代志愿服务,以问题为导向,以课题为牵引,不断推出和积累研究成果。

(八)宣传提升

1.集聚媒体资源

充分发挥以报纸、广播、电视为代表的传统媒体志愿宣传主阵地的作用,主动适应互联网等新技术新媒介日新月异的新形势,创新内容和载体,改进方式和方法,加强志愿服务宣传。

2.创新传播形式

善于运用音乐、舞蹈、诗词、视频、动漫、IP、时尚符号、精神代言、广场秀等群众喜闻乐见的形式开展志愿服务宣传活动。要善于根据志愿服务的内容,通过招标、指定代理、指定运营、战略合作等方式,对理论传播产品的生产和加工进行服务外包。

3.建立公民互动

发动群众,激发群众参与志愿宣讲的热情,让群众成为志愿学习者、志愿讲述人、志愿培训师,成为志愿传播的主人公,并在志愿宣讲中增强志愿服务的认同。

(九)保障提升

1.建立志愿服务激励制度

精神层面,每年3月5日"学雷锋纪念日"和12月5日国际志愿者日,对表现突出的志愿服务组织、志愿者以及对志愿服务活动有突出贡献的组织、个人授予荣誉称号和颁发荣誉证书;物质层面,对志愿者参与志愿服务给予一定的津贴,对优秀志愿者给予特别的物质奖励,组织优秀志愿者和骨干志愿者疗休养等;政策层面,将志愿服务与积分落户、子女入学、购房资格、公租房租赁、公务员录用、事业单位招录、创业投资扶持、公共服务、劳模评选等挂钩。

2.建立统一的志愿服务基金

通过建立志愿服务基金,为志愿者购买保险,为志愿服务活动承保,为志愿服务组织健康持续发展提供有力保障。

3.畅通志愿服务政府采购渠道

探索基于区志愿者(义工)服务指导中心建立政府采购项目与志愿服务供需对接平台,加大财政资金对志愿服务运营管理的支持力度,及时发布由政府安排、社会力量承担的服务项目,并优先向志愿服务组织倾斜。

4.建立志愿服务应急物资储备

将志愿服务应急物资纳入储备体系。例如,通用应急包括担架、保温毯、缺氧瓶、保护气垫等,水上救援物资包括救艇船、救生圈、救生衣、救生缆索等,防疫物资包括消毒设备、消毒剂、口罩、手套等,为应急志愿服务提供必要的物资保障。

(作者单位:中共宁波市北仑区委宣传部)

鄞州区全域旅游提升发展研究

屠应超

一、全域旅游的内涵

全域旅游是指将一定区域作为完整旅游目的地,以旅游业为优势产业,统一规划布局、优化公共服务、推进产业融合、加强综合管理、实施系统营销,不断提升旅游业现代化、集约化、质量化、国际化水平,更好地满足旅游消费需求。在全域旅游中,各行业积极融入其中,各部门齐抓共管,全域居民共同参与,充分利用目的地全部的吸引物要素,为前来旅游的游客提供全过程、全时空的体验产品。

(一)基本含义

1.供给侧——旅游供给侧结构性改革理念

全域旅游就是跳出传统旅游谋划现代旅游、跳出小旅游谋划大旅游的旅游供给侧结构性改革,着眼于推动旅游业从门票经济向产业经济转变,从粗放低效方式向精细高效方式转变,从封闭的旅游自循环向开放的"旅游+"转变,从旅游企业单打独斗向社会共建共享转变,从景区内部管理向全面依法治理转变,从部门行为向政府统筹推进转变,从单一景点景区建设向综合目的地服务转变。

2.全领域——全领域整合发展路径

全域旅游是发挥旅游业复合性好、关联性强的优势,以大众休闲旅游为背景,以产业观光旅游为依托,通过对区域内经济社会资源尤其是旅游资源、产业经营、生态环境、公共服务、体制机制、政策法规、文明素质等进行全方位、系统化的优化提升,实现区域资源有机整合、产业融合发展、社会共建共享。

3. 大协调——区域协调发展模式

全域旅游不仅是一种新的旅游发展模式,更是一种新常态下以旅游业带动和促进经济社会协调发展的区域协调发展模式。发展全域旅游就是按照五大发展理念,自觉将旅游融入"五位一体"建设布局,将旅游业与新型城市化、产业提升、乡村振兴、生态文明建设、社会民生有机结合、协调协同,综合立体推进区域发展。

(二)认识误区

1. 全域旅游不是景点和宾馆"遍地开花"

推进全域旅游并不是到处建景点景区、宾馆酒店,相反,全域旅游更加关注景点景区、宾馆酒店等建设的系统性和规划布局的合理性。在全域旅游格局中,到处都是风景而非到处都是景点景区,到处都有接待服务而非到处都是宾馆饭店,绝不能把增加景点景区和宾馆饭店数量、扩大规模等同于发展全域旅游。

2. 全域旅游不是对旅游资源"拔苗助长"

全域旅游是一种积极有效的开发性保护模式,强调旅游发展与资源环境承载能力相适应,通过全面优化旅游资源、基础设施、旅游功能、旅游要素和产业布局,更好地疏解和减轻核心景点景区的承载压力,更好地保护核心资源和生态环境,实现设施、要素、功能在空间上的合理布局和优化配置。

3. 全域旅游不是追求旅游人次"一枝独秀"

正如"美丽中国——2018 全域旅游年"所倡导的"新时代,新旅游,新获得""全域旅游,全新追求",全域旅游不再是单独追求旅游人次的数量增长,而是旅游行业对老百姓追求美好旅游生活和全面美好生活的积极回应,是对当前社会主要矛盾——人民日益增长的美好生活需要和不平衡不充分的发展之间的矛盾的积极破解。

二、提升鄞州区全域旅游的良好基础与困境不足

近年来,全域旅游已经引起各级高度重视,国务院颁布了《关于促进全域旅游发展的指导意见》(国办发〔2018〕15 号),浙江省出台了《浙江省全域旅游示范县(市、区)创建工作实施意见》(浙旅发组办〔2017〕1 号),细化了创建和评分标准。宁波市委市政府也出台了《关于推进全域旅游促进旅游业改革发展的若干意见》(甬党发〔2017〕64 号),2018 年制定了《宁波市全域旅游发展三年行动计

划》和《宁波市旅游国际化三年行动计划》。当前,鄞州区也大力推进全域旅游,《宁波市鄞州区全域旅游发展总体规划》正在编制。对标全域旅游先发地区,鄞州区有自身的发展优势,也存在一些不足。

(一)良好基础

1.鄞州旅游经济保持强劲增长势头

随着旅游景区(点)、星级宾馆饭店、旅游道路等硬件设施的大力度建设,以及"美丽鄞州"欢乐游、鄞州"季"节等节庆活动影响力的持续提升,鄞州区旅游业取得了长足发展。2020年,受新冠肺炎疫情的影响,鄞州区接待国内外游客2355万人次,其中接待入境游客2.8万人次,旅游外汇收入935.9万美元,全年旅游总收入266.84亿元,增长势头依然强劲。

2.全域美丽的生态环境延伸了鄞州旅游的纵深空间

鄞州拥有"居城拥江揽湖滨海"的区位优势、丰富的生态禀赋、多样化的资源形态和良好的硬件设施,是国内少有的兼具"江湖海、山林田、城乡镇"元素的地区之一,持续推进的城市精细化管理、"五水共治"、"三改一拆"、小城镇环境综合整治系列组合拳让美丽的鄞州更富生态魅力。美丽经济交通走廊建设成效显著,鄞州被评为浙江省首批"四好农村路"示范区,"千里云道"将一个个"乐居、乐业、乐游、乐活"的魅力镇村串珠成链,打造成了一条条美丽的生态旅游线。

3.高水平城乡统筹发展丰富了鄞州旅游的多样性

鄞州是国际港口名城宁波的"核中之核",坐拥"三江六岸",集全市行政中心、经贸中心、科教中心于一身,东部新城、南部新城交相辉映,极具现代气息和江南水乡特色,南部新城荣获联合国人居奖(中国)优秀范例奖。特色小城镇、美丽乡村建设全省领先,城乡统筹发展水平领先全省,并被评为中国美丽乡村建设示范县。

4.先进制造业和现代服务业是鄞州旅游的"驱动双轮"

以先进制造业和现代服务业为主导的现代产业体系加快构建,数字经济、平台经济、总部经济、美丽经济、鄞州人经济"五大经济",数字信息、智能制造、金融服务、现代商贸、对外贸易"五大千亿产业",新材料、智能家电、高端汽配、航运物流、旅游休闲"五大百亿优势产业"快速提升。2019年,鄞州被评为知识产权领域最具影响力县域第一位、全国绿色发展百强区第二位、科技创新百强区第三位、投资潜力百强区第八位,连续四年位居全国综合实力百强区第四位。先进制造业、现代服务业已经成为鄞州两张熠熠生辉的"金名片",也为鄞州全域旅游提供了雄厚的经济基础和广阔的发展空间。

5. 优质领先的公共服务是鄞州旅游的重要保障

十大"天天系列"基层公共文化惠民工程普惠城乡,"中国博物馆文化之乡"、"中国书法之乡"、首批全国公共文化服务体系示范区等国字号荣誉,让"文化鄞州"的名片越来越亮,连续十年蝉联浙江省公共文化服务综合评估第一位。以教育、文化、医疗、卫生等为重点,鄞州大力实施民生百亿工程,全面提高公共服务的优质普惠、社会保障的全面覆盖、民生政策的对接融合水平,均衡优质、公平普惠的幸福民生为鄞州全域旅游提供了良好的社会环境。

(二)困境不足

1. 对全域旅游的认识还不够到位

还没有认识到发展全域旅游是优化资源配置、转变发展方式、提高发展质量的重要载体,是打造高质量都市区、推进乡村振兴、提高城乡统筹发展水平的重要抓手,是顺应新常态、再造新动力、再树新优势的有效途径。旅游产业复合性好、关联产业多的优势没有得到应有重视和全面发挥。

2."旅游+"的理念尚未成为共识

还没有完全跳出条线分割的思维定式和工作方式,如打造都市核心区更多关注提升城市品位,而旅游服务功能偏弱;特色镇街和美丽乡村建设更多关注提升居民生活质量,而服务游客的举措不多;交通、文化、卫生等也更多地关注本行业发展,还不能自觉融入旅游要素、迎合游客需求,旅游产业仍然基本处于自我发展、单打独斗的状态。

3. 全域旅游的鄞州定位尚不明确

鄞州旅游资源形态丰富、面广量大,但缺少龙头带动型景点;鄞州"宁波都市核心区"的地位稳固,但辐射周边的旅游服务功能不够突出;鄞州旅游发展势头强劲,但产品结构单一、质量低端、小散乱弱的面貌还没有根本改变,适应新时期多样化、特色化、高端化旅游消费的供给侧结构性改革尚需深入。

三、提升鄞州全域旅游的对策建议

面对城市化进程逐渐走向大城市群和大都市圈时代,长三角一体化上升为国家战略,新时期旅游消费呈现多样化、特色化、高端化趋势等机遇,鄞州作为宁波市唯一集"江湖海、山林田、城镇乡"于一身的区域,要大力整合资源、集聚要素,不断释放后发红利、融合红利、环境红利、设施红利、政策红利,将旅游业培育成现代服务业发展的引擎产业、国民经济的战略性支柱产业和普惠民生的幸福产业，努力推进鄞州全域旅游早日跻身全省第一方阵。

（一）立足高起点谋划，释放后发红利

坚持高起点谋划、高端口切入、高质量建设，实现弯道超越。一是国际化视野。依托庆安会馆、宁波古港等海丝文化遗存，整体塑造"千年鄞县·海丝始港"的海丝活化石国际形象，积极参与"一带一路"境外旅游合作，重点打造海上丝绸之路龙舟赛、海上丝绸之路发展论坛等"海丝文旅"节事。二是品牌化战略。外引一批创新式、体验型、特色化、高科技的"龙头型"旅游项目，内树"美丽鄞州"欢乐游、"鄞州十佳文旅节庆"等一批平台型旅游项目。三是市场化营销。有效依托浙洽会、中东欧博览会、中国（宁波）特色文化产业博览会等平台，全面融入"沪苏浙皖共建高质量著名旅游目的地"合作联盟和浙东南旅游联合体合作机制，建立适应全域旅游的目的地营销推广体系。四是智慧化服务。以打造5G试商用"先行示范"区域为抓手，广泛应用"互联网＋""智能＋""i鄞州"，全面接入"一机游宁波"智慧平台，积极推进旅游与互联网、大数据、人工智能的深度融合。

（二）做好"旅游＋"文章，释放融合红利

创新旅游发展资源观，跨行业"寻找"资源，跨领域"整合"要素。一是"旅游＋质量城区"。按照"城景一体"思路，做靓甬江时尚东外滩滨江休闲走廊等城市旅游地标，做优特色旅游小镇，深化城乡精细化管理，打造宜居宜业宜游鄞州。二是"旅游＋乡村振兴"。着眼全域景区化，深化农旅融合，重点布局一批3A级景区镇村，建成一批体现江南水乡韵味、浙东民俗风情的都市新村、田园靓村、生态美村、文化名村。三是"旅游＋工业强区"。设计一批工业遗存、智能制造等旅游精品线路，大力发展旅游装备制造业，规划建设旅游装备制造专业园区。四是"旅游＋服务业强区"。大力发展商贸旅游，加快建设会奖旅游基地，力争引进国际性高端会议会址永久落户鄞州。五是"旅游＋文化事业"。释放"中国博物馆文化之乡""中国书法之乡"、首批全国公共文化服务体系示范区等"国字号"品牌价值，发展文化旅游，同步推进体育旅游、科普旅游发展。

（三）推进共建共享，释放环境红利

环境是全域旅游的基本内容和重要保障。一是保护区域文化环境。顺应区域文脉发展规律，整理挖掘鄞州海丝文化、义乡文化、红色文化、海洋文化、佛教文化、名人文化、鄞商文化、慈善文化、耕读文化等，保持历史建筑的原有肌理，维护富有鄞州特征、浙东特色的城乡建筑风貌。二是维护旅游生态环境。以"绿色鄞州"带动"绿色旅游"，深化全域环境整治，争创国家生态文明建设示范区、"两富两美"先行区。三是优化旅游安全环境。将旅游安全作为"平安鄞州"建设的

重要内容,整合旅游执法力量,推广全域旅游综合保险服务,建立统一受理旅游投诉举报机制。四是创造良好社会环境。着眼"处处都是旅游环境,人人都是旅游形象",推进全员参与、全面治理,做响"3·15"全域旅游服务日品牌,塑造"文明之城、好客鄞州"的旅游形象。

(四)强化基础保障,释放设施红利

在提升城乡基础设施进程中,全面贯彻旅游理念,注入旅游要素。一是完善旅游交通设施。着眼"路景融合",加快实施"163"工程,优化旅游交通集散体系,完善"千里云道"慢行系统,规划建设房车自驾车营地、邮轮游艇码头、飞行营地等新型旅游设施。二是提升旅游卫生设施。加速推进"厕所革命",强化形象设计和技术改造,探索市场化管理模式。三是建设旅游公共服务中心。在环东钱湖绿色创新圈中,布局建设覆盖全市、辐射周边的旅游集散中心,打造一批高端特色精品驿站,丰富旅游公共服务中心职能。四是整合夜间旅游设施。提升"三江口"灯光秀、广场水秀、公园绿地灯光等夜景、夜市、夜演艺等旅游产品。

(五)强化政府扶持,释放政策红利

围绕"人、财、地"等关键要素,加大政府扶持力度。一是加大财政金融支持力度。坚持扩大区级财政投入、争取旅发专项资金、鼓励社会资本参与并重,组建全域旅游开发集团,探索"公司＋乡村＋村民"的发展模式,创新旅游投融资机制。二是创新旅游用地方式。把握旅游业用地具有较好包容性、高度融合性、更高集约性的特征,积极探索不同供地方式,鼓励利用自有住宅从事民宿等旅游经营。三是实施"人才强旅"战略。将旅游人才队伍建设纳入"泛 3315 计划",加快引进适应全域旅游发展要求的技术技能人才。

参考文献

[1] 宁波市鄞州区统计局、国家统计局鄞州调查队:《2019 年宁波市鄞州区国民经济和社会发展统计公报》,载《鄞州日报》2020 年 10 月 9 日。

[2] 魏成元、马勇:《全域旅游:实践探索与理论创新》,中国旅游出版社 2017 年版。

[3] 邓爱民等:《全域旅游理论·方法·实践》,中国旅游出版社 2016 年版。

[4] 李志飞:《全域旅游时代的变与不变》,载《旅游学刊》2016 年第 9 期。

[5] 李柏文等:《全域旅游的内涵辨析与理论归因分析》,载《华东经济管理》2018 年第 9 期。

[6] 吴志才:《全域旅游创新发展的探索与反思》,载《旅游学刊》2016 年第 2 期。

[作者单位:屠应超,宁波市鄞州区社会科学院(联)]

江北区区域形象塑造与增值路径研究

倪永品

一、江北区区域特色分析

区域特色是区域的生命力和生产力,江北区的区域特色主要表现在以下方面。

(一)秀美的水乡风韵

江北区是典型的江南水乡,江河湖泊,山川田园,纵横交织,构成江北区的自然资源禀赋,是区域的内在基础底色。水是灵气,山是屏风,湖是景眼,这些都是江北区域"美"的源泉。

(二)厚实的历史文化

江北区重要的历史遗存和印记有千年古县城、百年老外滩、保国寺、古渡大运河等。慈城有千年历史,是江南地区唯一保存得较为完整的古县城;老外滩1844年开埠,是"五口通商"中最早的对外开埠区;保国寺以其精湛绝伦的建筑工艺闻名;大运河是世界文化遗产,是与"海丝"文明对接的通道。江北是"慈孝文化"的发源地,并形成了独具特色的慈孝文化形态。此外,江北的儒商文化和商帮文化也是中国民族工商业发展的缩影。

(三)独特的滨江风格

滨江是江北区域风格的主要特征,反映了江北的空间特征,主要体现在建筑风格上。三江口核心的老外滩区块,中西合璧的老建筑,与来福士、绿地中心、上江邑等新兴地标共同构成江北发展的引擎。谢家—天水、湾头、姚江新区沿江铺开,简洁优美、现代大气、生态宜居,展示了北门户区的风貌。

(四)开放的产创高地

江北是产业和创新的高地。前洋经济开发区、江北高新园区双双升格省级平台,电商经济创新园区成功打造金属、生鲜、塑化和棉纺服装四大百亿产业集群。文创港,成为甬江科创大走廊的桥头堡和先行启动区域,是未来城市的会客厅。音乐港,布局音乐产业链,拓宽文化产业格局,加快文化产业聚集,并且惠及全市人民。

二、江北区区域形象塑造

江北区的区域形象塑造,最重要的是建立区域形象概念,包括综合的一级形象概念和细分的二级形象概念。

(一)一级形象概念:灵动江北

江北的区域形象概念可以概括为"灵动江北",用一句话来表达,即"小的是美好的"。把"灵动江北"和"小的是美好的"组合起来,就是一句非常简洁明快的江北区域形象的宣传口号:"灵动江北——小的是美好的"。

"灵动江北"的内涵非常丰富,可以从以下三个层面来阐述。

第一,江北境内有灵山。灵山是宁波城市的屏障,也是历史文化的集聚地,应该成为江北的地标。"灵",不仅清晰地勾勒出江北区的地理特征,而且突出了江北区人杰地灵的文化特征。

第二,江北空间有灵气。江北空间格局呈现小巧玲珑的灵秀之美。南部沿姚江和甬江的城市滨水核心带就是一条五彩水袖,以水为邻、滨江而居、向海发展,挥舞出城市发展变迁的灵动气势,是目前江北区最重要的发展带和增值带;中部河网平原交织构成的城郊田园带是未来城市发展的稀缺资源,是江北未来的有机更新区块,蕴藏着体量和价值巨大的要素储备和发展潜力;北部生态优美、人文荟萃的休闲文旅带是江北区的后花园,是城市亲近自然和呼吸生态的生活释放带。三带组合形成的彩练,透出江北灵气实足的空间格局。

第三,江北发展有动感。"灵"是江北区域形象的"神",灵而动,动而美,这是区域增值的基本规律。江北有悠久的历史跳动和变奏、有丰富的人文脉动和发展、有强劲的科技动感和跃进,非常契合现代化城市发展的节奏和方向。基于未来的理念,突出江北区域发展的动感形象,踏准时代发展的步伐,就能牢牢抓住区域增值的方向盘。

（二）二级形象概念：秀美江北、精致江北、品质江北

"灵动江北"是江北区域总体形象设计和一级形象概念。具体可以分解为三个二级形象概念。

1. 秀美江北：小而美

绿色生态是江北靓丽的金名片。江北是国家级生态区，形成了山水相映、田林相嵌、城缀其间、传统人文底蕴与自然山水景观相融相长的生态格局，是宁波市区的一块"绿肺"。以山为坐标，以水为纽带，绿色的自然因子是江北成为环都市旅游圈和三江风情旅游带核心区、文化旅游休闲功能区、宜居宜业的现代化滨水品质城区的内核，铸就了"小而美"。

2. 精致江北：小而精

精致意味着文明厚积。几千年的历史文化汇聚在江北这方水土上，组合成独特的区域文化结构。精致意味着内涵集约。甬江和姚江沿江片区集聚了大量的创新、创意和活力的要素，构成了江北紧凑、高效和有机更新的产业链。凝练是江北的软实力，体现了高质量发展的"小而精"。

3. 品质江北：小而优

就宁波来说，江北陆域面积绝对值最小，但区域发展的品质高，创造了多个第一。2020年，江北入围全省创造力十强县（市、区），高新技术产业增加值占地区生产总值比重位列全市第一。行政审批服务群众满意度第三方测评连续保持全市第一。江北区还是宁波城乡差距最小的区域。这些成绩充分反映了江北"小而优"的特色。

（三）区块形象与增值策划

在"灵动江北"这一总体形象指引下，找准区块的增值点位，将区域整体形象和增值落地落实。

1. 外滩街道：活力老外滩

以老外滩为核心的外滩街道是江北区最成熟的区块，承载着丰厚的历史记忆和发展痕迹，有完善的基础设施、发达的商业文化、优质的产业集聚，是活力四射的时尚港的主要载体，最能体现"精致江北"的本色，是"灵动江北"的重要窗口。

2. 前江街道：城市北门户

前江街道是江北区最年轻的街道，是城市向北的核心区块，是未来江北的行政中心所在地。作为江北区"十四五"期间重点开发建设的区块，前江有着得天独厚的区位优势和要素禀赋，承担着高质量发展的重任，最能体现"品质江北"的

内涵,是"灵动江北"的新窗口。

3.文教街道:社区治理创新区

文教街道区块最小,老旧小区多,新建小区少,发展空间相对局促,面临着城市社区的有机更新,应该定位为未来社区的创新区,充分展示"精致江北"和"品质江北"的特色和亮点。

4.孔浦街道:文创科创高地

孔浦街道是江北区域面貌更新最彻底的区块,是宁波经济发展的"题眼",通过打造"资本聚集地、智力创新地、精神传承地",实现中心城区滨江区块产业人文回归和高效综合利用,让甬江北岸重现昔日繁华,让宁波百姓乐享亲水生活。与前江呼应,孔浦区块后发优势明显,是实现江北区域增值的又一极,是"品质江北"的崭新形态。

5.甬江街道:产业更新区

甬江街道是江北最早发展工业的区块,整个区块从湾头沿环城北路至北郊,呈"一根扁担挑两端"的哑铃形状。随着城区框架拉大,原先的产业结构出现萎缩,企业流失,工业区亟须转型升级。未来,甬江区块的增值点位在于产业更新,是"精致江北"和"品质江北"的综合体。

6.庄桥街道:增值储备区

庄桥区块从北至南有三大板块:农村、老镇区、建成区。由于庄桥机场的存在,庄桥区块的发展受到限制,同时也为江北未来增值储备了很大的空间。区块留白带来了发展预期和想象空间,是"灵动江北"未来增值的重要点位。

7.洪塘街道:田园风光带

洪塘是宁波八大商业副中心之一,是两江北岸开发的重点区块。2020 年 6 月,行政区域调整后,洪塘辖区面积缩减,但背山临江的基本格局没有改变,仍然体现出"秀美江北"的基本特征。

8.慈城镇:复兴古县城

慈城地处江北区西北部,东与镇海区相连,西与余姚市接壤,北与慈溪市相临,南隔余姚江与鄞州区相望,长期以来是宁波出入西北的门户,是连接上海、融入长三角的重要节点。慈城还是江北文化资本集聚区,集中体现了"秀美江北"和"品质江北",是"灵动江北"的题眼。

三、区域形象增值保障

（一）制定区域形象增值战略，当好"重要窗口"模范生

按照习近平总书记在浙江考察时提出的"努力成为新时代全面展示中国特色社会主义制度优越性的重要窗口"的新目标新定位，在宁波当好浙江建设"重要窗口"模范生中争创实践样板，打造"创智之城、和美江北"。把区域形象增值战略纳入江北"十四五"发展规划，围绕江北的未来发展目标、功能定位和战略重点，顶层设计，制订江北区域形象增值行动计划，明确目标、内容和路径，配置一定资源予以保障。

（二）建立区域形象增值体系，提升江北区域形象显示度

1. 自然生态增值体系

基于生态江北的扎实基础，对接浙江省大花园建设，突出"秀美江北"的主基调，勾勒和描绘绿色生态、绿色产业、绿色生活，充分展示山村田园和水乡风韵，以城郊一体的洪塘和庄桥为重点，建设城郊田园综合体，留住自然肌理和水村山郭，把江北打造成宁波最有乡村风味的小花园，吸引投资、休闲、居住、康养、创意、写作、音乐、绘画等资源，实现自然生态增值变现。

2. 历史遗存增值体系

江北历史悠久，遗存文物古迹丰厚，构成了以古文化遗址和古建筑为主要遗存的文物史迹群体。要进一步擦亮大运河、保国寺、慈城、老外滩等文化遗产，挖掘慈孝文化、儒商文化等优秀传统文化丰富内涵，促进文化与旅游的深度融合。重点是围绕慈城古县城保护开发和新城框架，对接浙江省大湾区建设，突出交通互联、要素互补的特色，把慈城打造成长三角地区最有历史人文味道的卫星小镇，成为宁波重大节事活动的最佳选择地之一。

3. 人文魅力增值体系

要唱响国际化、时尚化的人文魅力江北新品牌，打造辨识度高的文化标识，增强文化地标的高光度，建立"精致江北"的公共文化符号和信息系统。重点围绕滨江一带的人文环境做好增值文章，以三江核心区为原点，东北方向，从文创港、科创大走廊延伸到北高教园区，突出文化和科技的知识经济圈概念，汇聚高端资源，实现区块带状拉开和价值辐射；西北方向，从槐树路沿江区块、湾头到姚江新城，突出稀缺江景的工作生活圈概念，推进城区创新和更新，打造体现"渡

口—江口—海口"发展历程的城市记忆长廊,以及展示江北生态、人文、经济活力与韧性的滨水示范区。

4.区域发展增值体系

围绕现代服务业和先进制造业两大产业集群,找准点位,赋能楼宇经济、数字经济、猎头产业、智库产业等集聚发展,助力前洋经济开发区、光电新材料高新区、空间信息产业园、生命健康产业园提升竞争力,打造数字经济领跑、两业深度融合、创新活力迸发的小而优的"品质江北"。

(三)建立区域形象细分结构,提升区域形象管理有效度

要把江北区域形象细分为宜商、宜居、宜业、宜游、宜学五个维度进行运营和推广。宜商,面向投资者,重点宣传江北一流的营商环境、巨大的经济发展潜力、完善的基础设施、高效的政务服务等,吸引国内外客商投资和商务合作,增强江北发展动力。宜居,面向个人,重点宣传江北生活的便捷性、健康性、安全性、舒适性等,吸引中产群体到江北置业,助推江北开发。宜业,面向就业者和创业者,重点宣传江北就业机会、发展空间、薪酬水平、社区环境,宣传江北丰富的创业要素如政策、金融、科技、研发等的可得性、集聚度和转化率,吸引高素质人才到江北就业创业,厚植江北发展的人才基础。宜游,面向旅游者,重点宣传江北历史文化、自然风光、城市风格、休闲设施、民俗风情、餐饮特色、乡村民宿等,吸引更多的人来江北度假观光,推动江北成为休闲旅游胜地。宜学,面向学生,重点宣传江北区域内的高教资源和科研院所,宣传义务教育优质资源均衡、特色教育资源完备,吸引全国各地学生报考宁波高校,吸引本地优质生源到江北就读。

(四)建立区域形象营销体系,提升区域形象推送精准度

1.要善于讲故事

区域形象就像一本书,这本书能否畅销,关键看内容,因此必须围绕内涵和意蕴做好区域形象内容生产这篇大文章。近年来,一些"网红城市"的脱颖而出,本质是满足了人们对区域特色文化的精神需求,推出了各种互动性较强体验式消费模式。讲好江北故事,既要整体谋划,又要点位突破。整体上宣传江北"小而美""小而精""小而优",打响"灵动江北"区域品牌;点位上发力做精做深"秀美江北""精致江北""品质江北",用心用功绣出细节绣出韵味。

2.要善于用平台

全媒体时代来临,区域形象传播必须突破传统定式,线上线下协同发力。除了用好传统的报纸、电视、电台、门户网站等主阵地外,要特别重视高互动性、强社交属性的平台,通过视频、短视频、微视频等形式,全面覆盖"学习强国"学习平台、爱奇艺、优酷、腾讯视频、抖音、快手、微视等媒体,以及微博、微信等社交平台,通过多层级传播、即时交互和多元主体的传播方式,使区域形象的传播更加丰满和立体,区域印象更加深刻。

3.要善于带流量

当前最有效的传播就是自带流量。要积极运用新媒体讲好江北故事,抓住眼球、吸引流量,带动网友自发传播形成同频共振,实现区域形象的海量传播。要积极鼓励民众参与和自我表达,以新媒体账号、意见领袖和普通民众作为传播主体,通过低语境叙事方式对江北历史风物、民间生活、城市图景进行立体、鲜活、真实的表达,增强区域形象的直观感知和情感认同。

(作者单位:宁波中黄企业管理咨询有限公司)

象山县自然资源要素市场化配置改革研究

杨梓良

一、象山县域自然资源概况

象山县,中国浙江省宁波市下辖县,位于东海之滨,居长三角地区南缘、浙江省东部沿海,位于象山港与三门湾之间,三面环海,两港相拥。辖10镇5乡3街道,现有行政村490个,总人口55万人。县域面积8013平方公里,其中陆域面积1395平方公里,占17.2%;海域面积6618平方公里,占82.8%,包括505个海岛(见表1)。陆域"山水林田湖草"自然资源丰富,自然资源占七成,其中又以山林占比最高,森林覆盖率56.16%,生态环境质量优良。近年来,我县先后荣获首批国家生态文明示范县、全国休闲农业与乡村旅游示范区、省森林城市、省首批美丽乡村示范县、省特色农业综合强县、省首批"无违建县"等荣誉称号。

表1 象山县国土空间资源种类及占比

空间类型	规模/平方公里	自然资源	规模/平方公里	占比/%
陆域	1395	山林	726.8	52.1
		水湖	54	3.87
		田	190	13.6
		草	19	1.36
		其他	405.2	29

续表

空间类型	规模/平方公里	自然资源	规模/平方公里	占比/%
海洋	6618	浅海	430	6.5
		滩涂	160.3	2.4
		海岛	194.78	2.9
		其他	5618.9	88.2

注:数据统计截至2019年底。

二、象山县自然资源要素配置基本情况

(一)自然资源要素市场化配置特色做法

1.以总体规划引领城市发展

从20世纪60年代至今,象山城市空间不断向南、向海延伸。1964年,丹城集中在建设路以北,建成区面积0.7平方公里;1980年,建成区范围仅在城西路两侧及大白象附近有少量扩大,总面积不足1平方公里。到20世纪末,城区范围不断扩大,象山港路以北,乐谷路以西基本成形,建成区面积也扩入到约5平方公里。进入21世纪,根据《象山县域总体规划2006—2020》,实施建设了新丰路、来薰路、巨鹰路、殷夫路、滨海大道等主要道路,基本形成"一主一副四组团"的县域空间格局(中心城区、石浦副中心,四组团分别是西周、贤庠、蟹钳港和环石浦港)。随着大目湾新城的建设,城市框架进一步扩大,建成区面积达到了25平方公里。到2019年,建成区面积达到31.6平方公里,城区人口增加至20.55万人,比1980年增长了4倍。

2.以市场运作共创陆海联动

从2010年起,象山县就已经开始探索海洋资源市场化配置。2011年,获省政府批复列为省海洋综合开发与保护试验区,同年12月,县海洋产权交易中心被国家海洋局列为国家海洋管理创新试点单位,率先在全国探索实施海域使用权抵押贷款、建立海域海岛基准价格体系、公开拍卖无居民海岛使用权等海洋市场化配置化工作。2011年11月,在首届中国海洽会上,将大羊屿无居民海岛使用权进行拍卖,开创全国无居民海岛使用权公开出让的先例。2012年4月,象山县旦门山岛无居民海岛使用权获得上海浦东发展银行宁波西门支行抵押贷款

4950 万元,实现了全国无居民海岛使用权银行抵押贷款"零"的突破。2012 年底,又通过挂牌方式以 2536 万元的价格出让鹤浦镇盘基塘 19.8 公顷海域使用权,在海域使用权市场化配置领域迈出第一步。2020 年,又探索实施浅海滩涂养殖用海域"三权分置",试点乡镇黄避岙乡出让开放式养殖用海 608.3096 公顷,收取海域出让金 1.074 亿元,颁发不动产权证(海域使用权)15 本。

3. 以土地改革撬动乡村振兴

近年来,象山县在土地要素合理配置、优质配置、高效配置等方面进行了积极探索和实践。2017 年,宁波市被列为全国 28 个土地二级市场试点城市之一,象山县以此为契机大力实施二级市场闲置产业用地预告登记,允许未完成开发投资总额 25% 以上或未完成开发建设用地总面积1/3 以上的国有建设用地使用权,依法办理预告登记,现已办理预告登记 14 宗 320 亩。同年,还探索实施村集体经营性用地入市 1.0 版,对"一户多宅"清理、收归村集体的历史建筑等存量建设用地,兴办民宿、农家乐或渔家乐的允许以村集体组织名义登记发证,目前 7个项目完成供地 2.4 万平方米。此外实施工业用地实行弹性年期出让和先租后让,在使用年限上新增 30 年弹性年期,在供应方式上新增"先租后让"弹性方式,目前 3 宗工业用地实施弹性出让。2018 年以来,又大胆探索农村宅基地"三权分置",出台了《关于推动农村宅基地"三权分置"的实施意见》等 1＋x 个配套政策,得到部省级领导的高度肯定,并于 2020 年 10 月成功列入全国改革试点。

(二)自然资源要素市场化配置现状

1. 土地市场化配置情况

20 世纪 80 年代末,城市实行"土地批租",实质是我国城市国有土地所有权和使用权的两权分离。1988 年,《土地管理法》明确规定国家依法实行国有土地有偿使用制度。城市土地批租制让城市的土地财富价值逐步显化,资源变成了资产,更有力地推动城市化快速发展。土地制度相较海洋资源较为成熟,具有健全的交易体系、价格体系、法律体系、收益分配体系、产权体系、中介服务体系等。当前我国土地使用以招拍挂为主导,自 2000 年象山县实施土地招拍挂出让以来,共出让土地 593 宗,面积 27407 亩,成交额 333.63 亿元。

2. 海洋市场化配置情况

2002 年 1 月 1 日,《中华人民共和国海域使用管理法》开始施行,明确海域使用权除通过申请批准方式取得外,也可以通过招标或拍卖方式取得。象山县在海洋市场化配置制度建设方面起步较早,2010 年以来在无居民海岛建设开发、海域建设开发、海域海岛基准价格、海域海岛储备等方面先后建立相关配套制度。2013 年 3 月,浙江省先后出台《浙江省海域使用管理条例》、《浙江省招标拍卖挂牌出让海域使用权管理暂行办法》(浙海渔发〔2013〕6 号)、《浙江省无居民海岛使用权招标拍卖挂牌出让管理暂行办法》(浙海渔发〔2013〕19 号)等。目前海域使用权主要通过出让和申请审批获得,经营性项目采用出让,公益类项目采用申请审批。近年来,象山县申请审批项目每年约 10 个。2002 年以后,象山县现状已确权海域使用项目 292 个,海域确权面积 10443 公顷。2012 年以来,象山县共出让海域使用权挂牌 142 宗,总面积 13583 公顷,收取海域出让金 52亿元。

3.矿产市场化配置情况

1986 年,我国颁布了《矿产资源法》,规定勘查、开采矿产资源必须依法分别申请、经批准取得探矿权、采矿权,并办理登记。1998 年,国务院发布了 3 个配套法规,首次规定探矿权、采矿权可以以招标投标的方式有偿取得。浙江省先后制定出台了《关于进一步规范采矿权协议出让工作的通知》(浙土资发〔2006〕57号)、《浙江省矿业权交易管理暂行办法》(浙土资发〔2011〕18 号)等相关制度。象山县自 2004 年实施矿业权出让以来,合计出让 95 宗,涉及矿产 1.42 亿吨,交易金额 6 亿元。随着"绿水青山就是金山银山"理念的深入,生态保护和绿色矿山已成各方共识,采矿权逐年缩减。截至 2020 年底,象山县共有石料矿采矿权6 宗,其中工程性矿山 5 宗、经营性矿山 1 宗。

(三)自然资源要素市场化配置存在的问题

自然资源机构组建之前,土地、矿产、水、草等自然资源资产的管理分散在原国土、水利、林业和农业等部门,各要素分类标准不一、边界不清,利用方式相对独立,价值实现形式较为单一,主要以出让为主,综合利用效率较低,自然资源价值显化困难,且土地、矿产、海域等要素在各自市场化配置中存在不同的问题。

1.土地资源配置

近年来,象山县用地较为粗放,经济总量明显提升,但亩均效益较低,2019年,单位建设用地 GDP 仅为 23.58 万元/亩。这一方面是因为资源严重短缺,另一方面是政府政策处理未到位、企业资金链断裂、招商协议履约不到位等原因造成大量土地资源闲置。经统计,截至 2021 年,象山县 1999 年以来共有批而未供土地 9262 亩,其中工业用地 3065 亩、公共基础设施用地 2748 亩、住宅用地1985 亩、商业用地 1464 亩;供而未用土地 3909 亩。

2.矿业资源配置

矿业管理服务功能缺失、政策处理困难等问题成为矿业权市场化配置的重要障碍。象山县多地以招商引资名义默认意向人先行参与镇村的政策处理,一旦发生纠纷,相关利害关系人及竞拍单位便会想方设法放大问题,阻挠采矿权设置工作的顺利推进。如鹤浦水湖涂、高塘纱帽绿以及拟出让的贤庠蒲门小海山等。近两年，象山县建筑石料采矿权竞拍出让均价先后为 7.2 元/吨、6.3 元/吨。台州、绍兴、湖州、仙居、临海等地均价基本都在 20 元/吨以上。

3. 海洋资源配置

2010 年，象山县虽在海洋资源市场化配置方面进行了积极探索，但是基层实践中因政策受限，尤其在海岛后续开发方面进展缓慢。无居民海岛审批权限在省政府或国务院，报批资料要求较高，周期较长，一般需要 2～3 年才能完成，并且后续用岛限制多，影响社会资本投资积极性。海域海岛储备是海洋资源市场化配置改革的关键点，未经前期整理的海域海岛，对招商引资吸引力不大，且项目落户后再逐级报批至少需要 1～2 年，影响了涉海项目建设进程，制约了海洋经济发展中的海洋要素保障。

三、象山县自然资源要素市场化配置改革思路

2020 年，党中央、国务院第一次对推进要素市场化配置改革进行总体部署，明确要素市场制度建设的方向和重点改革任务，对推动经济发展实现质量变革、效率变革、动力变革，加快完善社会主义市场经济体制具有重大意义。自然资源要素市场化配置关键是市场在资源配置中起决定性作用。贯彻落实象山县十四届委员会第九次全体会议精神，"十四五"时期统筹推进"五位一体"总体布局，坚持"一中心"（以供给侧结构性改革为中心）、"两统一"（统一行使全民所有自然资源资产所有者职责，统一行使所有国土空间用途管制和生态保护修复职责）、"三位一体"（资源、资产、资本），以切实推进"管资产"向"管资本"转变，实现资源价值最大化，为建设社会主义现代化滨海城市提供坚实的资源保障和优质的生态空间。具体来看，重点围绕以下三方面集中发力。

（一）提升资源储备，打造生态银行

以自然资源资产储备为契机，厘清具备什么条件的自然资源可成为"要素"进入市场交易，并探索自然资源资产收储方法路径，努力提升自然资源保护和合理利用水平。一是规划布局。以新一轮国土空间总体规划编制为契机，结合中长期规划和专项规划，谋划高铁、城际等重大交通设施的空间布局，继续开展线位、站点研究，加强基础设施、功能性项目、产业研究，按照土地、海洋、矿山等资源类型，科学编制自然资源储备五年专项规划与三年滚动计划，提高规划和计划的协同性、融合性。二是净地待商。加强净地出让，在储备地块出让前，确保土

地、海域等资源权属清楚、补偿安置到位。同时进行道路、供水、供电、供气、排水、通信、照明、绿化、土地平整等前期开发,推动基础教育、农贸市场、社区服务等城市功能性项目建设,再根据产业需求,优化供地结构,调节供地时序,切实提升出让资源价值。重点探索海洋资源储备,加强与上级沟通联系,争取扩大海洋资源储备范围,畅通海洋资源开发利用。三是储备经营。结合自然资源生态修复,整合区域自然资源,实施自然资源分类经营,并探索完善"租""费""利""金"等使用金管理,以及产权收益等资产化管理方式,提升自然资源储备价值,进一步体现统一行使全民所有自然资源资产所有者职责以及统一行使所有国土空间用途管制和生态保护修复职责的权益。

(二)理顺产权体系,打通资产通道

自然资源要素市场化配置改革,重点以产权关系与经济属性为管理导向,建立资源、资产、资本"三资一体"统筹管理体系。一是明晰产权主体。开展自然资源权属调查,掌握重要自然资源的数量、质量、分布、权属、保护和开发利用状况,明确自然资源资产产权主体,以解决自然资源资产产权主体不明确、自然资源资产所有者主体不到位、所有者权益不落实、因产权主体不清造成"公地悲剧"等问题。二是加快全域登记。加快自然资源统一确权登记,重点推进国家公园等各类自然保护地、重点国有林区、湿地、大江大河重要生态空间确权登记工作。以无居民海岛的不动产登记规范化国家试点为契机,探索在无居民海岛上对依法建造形成的建筑物或者设施等进行地籍调查的技术方法。三是健全产权体系。在市场交易规则下,研究不同自然资源要素的不同特点进行分类设计,有序推进自然资源市场体系的建立和完善。探索宅基地所有权、资格权、使用权"三权分置"。探索海域使用权立体分层设权,加快完善海域使用权出让、转让、抵押、出租、作价出资(入股)等权能。构建无居民海岛产权体系,积极向省市争取试点,探索无居民海岛使用权转让、出租等权能。完善水域滩涂养殖权利体系,依法明确权能,允许流转和抵押。依法明确采矿权抵押权能,完善探矿权、采矿权与土地使用权、海域使用权衔接机制。加快推进建设用地地上、地表和地下分别设立使用权,促进空间合理开发利用。

(三)完善市场配置,激发产业活力

资源要素市场化配置,离不开完善的自然资源市场体系,要根据自然资源市场自身建立完善的市场体系。一是构建城乡一体配置体系。以统一完善城乡土地统一市场主体的土地权利制度为关键,以提高市场的配置效率和公平性为重点,以完善兼顾国家、集体、个人的土地增值收益分配机制为突破点,按照"保护产权、同权同价、维护契约、平等交易"的原则,构建以健全权利体系、调查评价、

用途管制、市场规则、价格体系、收益分配"六个统一制度"为主线的城乡统一建设用地市场体系。二是整合自然资源交易平台。统筹推进自然资源资产交易平台和服务体系建设,加快启动自然资源交易中心,整合土地使用权、矿山使用权、海域使用权、无居民海岛使用权、林地使用权等资源要素交易功能,统一纳入自然资源交易平台,充分发挥市场配置资源功能,大力挖掘市场配置资源的市场价值,实现资源价值提质增值。三聚焦盘活存量资产资源。城镇新增建设用地逐步减少已成定势,要完善自然资源二级市场建设,完善存量和低效建设用地市场化配置制度,如改变原土地用途进行再开发的,不套用新增建设用地的供地、开发管理方式,在符合新规划前提下,通过评估补交地价,改变用途并按新用途重新计算土地使用年期,提高土地开发的效率。建议参考广东"三旧改造"、深圳城市更新的先进经验。

（作者单位:象山县自然资源和规划局）

奉化区推进乡村产业振兴路径研究

邬志坚

一、奉化区产业发展中的难题破解

(一)"政策支撑+试点革新",着力破解顶层设计难题

一是谋划四年目标,开辟农业振兴之路。奉化区结合农业产业的优势和特色,于 2017 年谋划制订四年发展计划,明确农业更强、农村更美、农民更富的奋斗目标,出台了《奉化区涉农项目资金整合管理办法》《奉化区农业产业发展基金管理办法》《关于深入实施乡村振兴战略加快推进农文旅产业融合发展的若干意见》等政策文件,旨在调动镇(街道)、村、社会资本参与农业休闲旅游等产品开发的积极性,补齐农业产业融合发展短板,拓展农业发展空间,提高涉农资金使用效率,加大涉农产业布局,加快复合型农业经济发展。

二是启动多重试点,引领农业提质增效。奉化区在完善农业政策保险体系中,推出了水蜜桃气象指数保险,有效减少因自然因素造成的损失;在推进绿色农业发展中,报废淘汰变型拖拉机 217 台,推广有机肥 1.9 万吨,建成氮磷生态拦截沟渠 1 条,创建省级水产健康养殖场 3 家、绿色科技示范基地 4 家,秸秆综合利用率和测土配方施肥覆盖率分别达到 96% 和 93%;在启动农业提质增效行动中,按照"一年培育、两年扩面、三年结果"的工作时序,在农业新品种、新技术、新设备、新主体、新渠道等方面努力突破。

(二)"项目引领+龙头培育",着力破解落地见效难题

一是以项目建设优化农业产业布局。奉化深入实施了百村景区建设项目,

近年创建 3A 级以上景区镇 7 个、A 级以上景区村庄 79 个和 3 条农业景观带（弥勒大道、沿海中线、马拉松环线），累计创建景区镇 11 个、景区村 175 个，名列宁波各区县(市)前列；安排物业经济、光伏发电、镇村联建统营、乡村旅游产业发展等村级集体经济发展项目 16 个，惠及 84 个村；成功创建了国家级农村一、二、三产业融合发展试点县，国家级尚田农业产业强镇(草莓和茶叶)，省级萧王庙水蜜桃特色农业强镇。

二是以龙头企业带动农业产业发展。奉化为充分发挥农业龙头企业在农业产业化中的带动作用，扶持海上鲜、品农客等一批新业态新模式的农业龙头企业创新发展。宁波士林工艺品有限公司(竹韵家居)与宜家达成合作，近年实现年销售 2 亿多元，出口 3000 万美元，占宁波竹产品出口额的 70%，有效消化了本地的毛竹资源，提高了竹农收入。目前，奉化产值在 100 万元以上的农业企业有 300 多家，其中国家级农业龙头企业 2 家，省级农业龙头企业 3 家，这些企业在推动当地各村的农业产业发展上发挥了积极作用。

（三）"品牌打造＋美丽建设"，着力破解形象提升难题

一是成功打响一批特色农产品品牌。奉化在全国首创"农产品质量安全合格证"制度。"奉化水蜜桃"获得全国百强农产品区域公用品牌荣誉称号，2020年，借力线上线下销售活动，奉化全区水蜜桃销售总产值达 4.07 亿元，同比增长 4.8%；"奉化曲毫"获得第二届中国国际茶叶博览会金奖，成功申请国家农产品地理标志保护登记，并夺得"中绿杯"特别金奖组第二名。奉化已拥有农产品生态原产地、地理标志等国家级区域保护认证 7 个，"三品一标"认证面积达 23.3 万亩，农产品质量安全检测合格率达到 99.5% 以上。

二是大步推进美丽农业景观化改造。近年，奉化先后建成溪口镇五林村、西坞街道金峨村和甬新村、尚田街道冷西村等 4 个农业公园，建成"桃花盛开""海韵渔歌""四季花香"美丽乡村风景线 3 条，建成休闲漫步道 1000 公里，打造了轻轨线、弥勒大道、马拉松环线等主要沿线美丽农业景观带，启动了 2 家美丽生态牧场建设；已成功创建宁波现代农业庄园 3 家、宁波市美丽田园示范基地 4 个；建成"美丽农业景观带"9 个，种植小麦、油菜、紫云英等 4533 亩，大堰油菜花海、翡翠湾迎宾花海、麦浪农场彩田画、雨易山房紫藤长廊等创意农业景点人气爆棚。

二、目前奉化乡村产业发展中的制约瓶颈

（一）缺乏产业兴旺的人才保障

一是农村的生产能手多以传统产业为主，从事种养生产开发的人才较多，掌握现代农业生物技术、信息技术的人才明显短缺。二是乡村专业技术人员的指导服务多停在表层，且信息更新缓慢，创新创业等方面的主动性和积极性不足；经营能人的经营管理水平还处于初、中级阶段。三是在农村实用人才培养方面，政府及社会培养较多重视数量目标和阶段任务，较少涉及如何科学选拔人才、优化农村实用人才结构等方面。

（二）支撑产业兴旺的资金不足

一是财政支持力度不足。虽然近年来国家逐渐加大支农资金投入，但相对于物价上涨幅度，财政支持力度仍显不足，没有严格落实"多予少取放活"的政策。二是农民自身资金不足。作为农民融资主要渠道的农村信用贷款还存在门槛高、手续烦琐等难题。三是社会资本投入不足。由于农村产业风险大、回收慢，对外部资金的吸引力小，社会资本意愿不足。如企业投资都要考虑效益与回报，帮扶、捐赠、捐建以及其他社会投入资金量有限。

（三）土地资源利用难题多

一是有限的土地指标较多地倾向于地产和工业，对农业用地指标安排较少。二是设施农业用地备案少、政策不明确，较多项目难以通过审批。三是土地承包退出机制不灵活。在农村土地承包经营权退出试点改革中，虽已初步探索出土地承包经营权有偿退出机制，但仍存在法律支撑不足、补偿标准针对性不强、补偿金有限、集体经济组织财力不够、市场化运行缺乏及保障机制不健全等问题。

（四）农村公共服务供给不够充足

在现行公共服务供给体制下，城乡发展不平衡、乡村发展不充分等问题不同程度存在，农村一些地区政府的财政收入不足，公共服务供给呈现短缺状况，教育、医疗、道路、水电等公共基础设施不够完善。根据 2020 年省委巡视组对奉化的巡视反馈意见，奉化农村人居环境改善相对滞后，老旧房子多、旱厕多、低收入农户多等问题还有待改善。

（五）传统农业先发优势逐步减弱

奉化以产稻米为主，传统特产有水蜜桃、芋艿头、羊尾笋、奉蚶等。奉化水蜜

桃被誉为"瑶池珍品",奉化芋艿头被誉为"罗汉圣果"。但近年来,奉化的传统农业先发优势逐步减弱,"新品种、新技术、新装备、新渠道、新主体"的引育效应还未充分发挥,导致农业产业转型升级动能不足,农业产业体系、生产体系、经营体系亟待健全。

三、乡村振兴中奉化实现产业兴旺的路径思考

(一)健全人才培育制度,吸引多方人才服务乡村

一是建立新型职业农民培育制度。建立健全培养培训、认定管理、生产经营、社会保障、退休养老"五位一体"的新型职业农民制度体系,依托高职院校,采取定点定向方式,重点培养跨领域、会经营、懂技术的复合型职业农民,为农村产业发展提供坚实的人才保障。

二是实施多种方式的科技特派员驻村服务制度。可健全"结对子"帮扶机制,引导机关事业单位专业技术人才进入乡村,为乡村提供智力支持;可推行科技人员以专长技术入股的形式,与农村各类经济主体结成利益共同体;同时制定科技人员挂职、兼职和离岗创新创业等便捷管理办法,给予职称评定、职务晋升、工资福利等政策倾斜。

三是构建"城里人"便捷进入乡村的机制。"城里人"便捷进入乡村旅游消费、居住、工作,既使乡村留得了美景,也使乡村留得住人才,让乡村创业创新更为便捷。因此,要创新机制,激励有志到农村发展的人才,特别是动员那些熟悉农村环境、有乡土情结的新乡贤顺利回乡创业,让他们成为产业发展的带头人、牵头人。

(二)畅通资金来源渠道,确保多元涉农资金投入

一是完善农村信用贷款与保险制度。推广"精准帮扶"类小额信用贷款,提高专项支小、支农再贷款额度。对"政银保"型合作农业贷款,即政府、银行、保险公司"捆绑式"、低风险的一种贷款,按一定比例补贴保险费用。农业保险尽可能实现对主要农产品以及涉农生产项目应保尽保,大力实施农业互助保险。

二是推进涉农金融制度创新。推进村镇银行规范化适度扩张,稳步推进并有效监管乡村互联网金融贷款;多渠道筹资设立非营利性的农业产业化投资基金;鼓励农业生产者以承包地、生产设备、农用设施等折合股份入股涉农企业或抵押融资;构建统一高效的整合工作机制,使村镇银行拥有更大的自主权和灵活度。

三是鼓励城市工商资本下乡。以农业供给侧结构性改革政策为导引,通过公共财政、价格杠杆等手段,激励各种社会资本投向乡村产业。同时建立预警机制与防控措施,既提升下乡资本供应者风险防范意识,也防止偏离乡村发展目标的资本下乡"任性发展"以及过度"非粮化"与"非农化"经营等问题的出现。

(三)完善土地管理制度,夯实产业发展根基

一是加大农村产业发展用地供给。对农产品产地初加工、仓储物流、产地批发市场、农产品电商、乡村旅游等农村产业融合发展项目的建设用地给予倾斜。在不改变土地性质的前提下,新型农业经营主体可依法使用农村关停工矿、学校废弃用地、闲置宅基地等农村集体建设用地和四荒地,发展民宿、创客空间、娱乐休闲场所等。

二是研究用好设施农业用地政策。对农村土地流转市场进行指导和监督,提供土地流转信息,指导合同签订,并对社会资本进入土地流转市场进行准入审查,确保设施农业用地的良性发展。在合理控制附属设施和配套设施用地占比和规模的基础上,研究扩大设施农业领域范围,将支持农村产业融合发展的农产品冷链、烘干、初加工、休闲采摘设施等一并纳入,拓展设施农业用地范围。

三是建立土地承包多元化有偿退出机制,保障农民尤其是农合联会员农户的财产权益。为确保退地农户的生存保障,必须科学设置农村土地承包经营权有偿退出的基本条件。同时既允许农村人口的迁出者将承包土地退还村集体,减少"走出去"的后顾之忧;也允许他们不放弃土地承包与宅基地使用权,"留有一条回乡路"。

(四)优化公共服务体系,奠定产业发展基础

一是加强农村基础设施建设。要结合小城市、中心镇中心村建设,深入推进城市交通、电力、信息、环保等基础设施向农村延伸,促进城乡基础设施互联互通。根据休闲农业和乡村旅游发展需要,深入推进农村环境综合整治,建设交通导引牌、乡村停车场,改善农村医疗卫生、文化娱乐设施,配套建设游客服务设施。

二是打造高水平乡村服务体系。建立村内公共服务站,把证照办理、税收缴纳、政策扶助手续申请等纳入服务站,并与政府相关职能部门保持无缝衔接。探索国有企业参与引领下的农业产业规模化路径,推动良种培育、高效生产等技术研发服务,重点打造几个块状农业生产基地,逐步构建优质的产业服务体系。

三是构建农村流通服务体系。通过政府、企业、物流部门以及农户的共同努力,构建"政府引导、企业配合、物流建设、农户学习"的新型农村物流的主体发展思路。要创新农村流通服务监管方式,完善市场秩序,通过规范行业协会业务,加强人员培训、行业标准化和诚信体系建设,构建以村为单位(节点)的物流配送体系。

（五）聚焦高质量发展要求，提升产业竞争优势

一是打好保质保量保供组合拳。如在粮食方面，坚持"藏粮于地，藏粮于技"战略，抓好耕地种粮情况监测，严格保持粮食生产功能区种粮属性，坚决遏制耕地"非农化、非粮化"。又如在生猪方面，应以新希望、网易等企业为龙头，整合零散、不规范的低端养殖场，促进畜牧业规模化、智能化、生态化发展。

二是全面发展数字农业。积极支持和培育壮大农村数字产业化主体，实质性启动数字农业建设工作，将大数据、云计算、区块链、5G 和人工智能等新一代信息技术与种植业、种业、畜牧业、渔业全面深度融合，应用于生产、加工、物流、销售等环节，在打造科技农业、智慧农业、品牌农业中提升农业核心竞争力。

三是不断提升传统农业效益。提升水蜜桃、芋艿头等一批传统特色农产品品牌效益，推动传统农产品与加工流通、农业节庆、体育活动、观光体验的嫁接，提升农业附加值。选择有特色的村庄进行农业产业布局，挖掘水蜜桃、草莓、竹笋、茶叶、林下经济、花卉盆栽、特色小吃、电商物流等乡村产业，形成一村一业的发展新格局。

（作者单位：中共宁波市奉化区委党校）

慈溪市新生代企业家培养与成长路径研究

陈国平

·

一、培养一批优秀的新生代企业家是
地区勇立新发展格局潮头的必然要求

（一）新生代企业家是实现顺利交接的关键点

根据美国布鲁克林家族企业学院的研究,约有 70％的家族企业未能传到下一代,88％的家族企业未能传到第 3 代,只有 3％的家族企业在第 4 代及以后还在经营。顺利交接是民营企业持续经营所面临的重大危机之一,重视新生代企业家的培养和成长,是新时代的一个重要课题。

（二）新生代企业家是社会治理现代化的新力量

据统计,2019 年底,浙江省 60％的税收、70％的 GDP、80％的城镇就业岗位、90％的新增就业岗位在民营企业,在慈溪,民营企业的占比和作用更大。新时代,企业家正发挥着越来越重要的作用。优秀企业家必须对国家、对民族怀有崇高使命感和强烈责任感,把企业发展同国家繁荣、民族兴盛、人民幸福紧密结合在一起,主动为国担当、为国分忧,正所谓"利于国者爱之,害于国者恶之"。

（三）新生代企业家是推动高质量发展的生力军

2018 年 11 月 1 日,习近平在民营企业座谈会上指出:"各级党委和政府要把构建亲清新型政商关系的要求落到实处,支持民营企业发展作为一项重要任务,花更多时间和精力关心民营企业发展、民营企业家成长,不能成为挂在嘴边的口号。"民营经济撑起了中国经济的"半壁江山",新生代企业家的培养与成长不仅是民营企业的"家事""私事",更是关系经济社会高水平发展的"大事""要事"。

二、慈溪打造推动高质量发展生力军的实践与成效

在慈溪新生代企业家掌舵的企业中,超百亿元企业 1 家,上市企业 4 家,新三板 5 家,亿元企业百余家,并涌现了一大批高新技术企业。

(一)培植成长沃土,激发创新活力

把握前湾新区发展机遇,精心设计"创领未来 四名联动"计划。近年来先后走进北京、深圳、上海、杭州等"名城",与清华、复旦、浙大等"名校"合作,邀请周其仁、沈丁立、余秋雨、茅理翔、邵柏庆等"名家"组建创业创新导师团,开展专题讲座和高端论坛,赴华为、科达利、公牛、方太、阿里巴巴等"名企"学习考察,全力培养新生代创业精英。

(二)助力传承对接,增强担当魄力

会同方太公司建立"家业长青"学院。学员以家族企业二代子弟为主,已举办家族企业接班人专修班、家族企业"少帅"研修班、中小企业传承与发展特训班、中国民营企业接班人高级研修班等特色班共 10 期,培训人数超 300 名,增强这些接班人传承家业的使命感和责任感。连续 4 年举办国际家族企业论坛,累计参加人员超过 1200 人。

(三)强化政治引领,彰显红色印迹

率先成立全国首家县级层面新生代企业家联谊会,同步成立党支部。全市52 名领军型新生代企业家当中有 22 名党员,占比超过 40%。逐步形成市、镇、村三级新生代企业家队伍建设网络,推动党建在新生代企业家所在企业中的有效覆盖。

三、影响新时代慈溪新生代企业家培养和成长的因素分析

(一)新生代企业家自身发展特点

1. 学历高、经验少

新生代企业家的学历普遍较高,从小受过正规的良好的文化教育,相当一

部分具有博士和硕士研究生学历,有的还有海外留学的经历,这使得他们普遍具有丰富的知识储备和开阔的国际视野。但一部分新生代企业家缺少历练,认为接班很简单,无论是对企业还是对社会的认识都有所欠缺,知与行尚未有机融合。

2.起点高、压力大

新生代企业家具备一般人所羡慕的"起点优势",赢在了起跑线上。但在社会发展转型的大背景下,竞争激烈的现代社会对他们的能力和素质都提出了更高的要求。在社会舆论、家庭、企业经营管理、社会交往等方面,新生代企业家普遍承受着超过同龄人的巨大压力。

3.志向高、责任淡

新生代企业家有着更高的志向和明确的目标,善于学习、敢于创新,有的已在接班,有的不仅已经接班,还创造了很好的业绩。但新生代企业家普遍缺乏磨炼,在成长过程中与所在地党委、政府和群众缺乏联系沟通的机会,在履行承担社会责任方面与老一辈有较大的差距。

(二)外界制约新生代企业家成长的不利因素

1.社会舆论普遍不看好

社会对他们关注度高,尤其是普遍对"富二代"不看好。一方面,传统文化中有富不过三代的说法;另一方面,极少数的二代,吃喝玩乐、飙车赌博,一夜之间输掉几百万的现象时有发生,严重损坏了二代的名声。

2.国内外形势的严峻挑战

新生代企业家虽受过良好的教育,但他们也面临着与老一辈完全不同的挑战。在逆水行舟、不进则退的市场竞争中,普遍承受着超过同龄人的巨大压力和困难。

3.经营理念的激烈碰撞

由于新生代企业家与老一辈在教育背景、创业环境、个性特点、成长经历等方面存在差异,在日常生活、工作中的分歧也逐渐增多,相互之间在理念上发生着激烈的碰撞。当然如果引导得当,这种代际差异也正是企业的希望所在。

四、建立新生代企业家的培养和成长机制，
培养造就一支具有战略眼光的现代企业家队伍

（一）建立舆论引导机制，优化健康成长环境，拓展发展新空间

1.营造良好社会环境

各级党委政府要从未来 30 年建设社会主义现代化国家的战略高度入手，切实加强新生代企业家队伍建设。要充分发挥新闻舆论在弘扬"创业创新创未来"精神、提高全社会对新生代企业家社会价值的认识方面的重要作用，形成有利于新生代企业家健康成长的社会氛围，拓展新生代企业家发展新空间。

2.树立载体活动品牌

要把有创新、受欢迎、影响大、实效好的一些载体机制和活动固定下来，加强内涵亮点挖掘、经验总结和活动推广，创特色、树品牌，推动新生代企业家培育工程深入实施。如家族企业国际论坛、"家业常青"研究学院、发布"慈商新锐风云榜"开展新生代企业家优秀人物评选等，都可以打造成培育新生代企业家的有效工作抓手。

3.疏导各种工作压力

不仅党委政府要加强活动的组织领导和环境营造，人大、政协、各类社会团体等也要积极发挥协同作用，推动活动的深入开展。通过开展联络联谊、文化沙龙、专题论坛等活动，帮助新生代企业家疏导心理和工作上的压力，引导他们健康成长。

（二）建立分批轮训机制，提高经营管理能力，打造慈溪新品牌

1.明确培训目标

要着眼于提升新生代企业家创业创新能力和群体整体素质，明确培训目标，成立培训工作协调领导小组，将新生代企业家培训计划列入人才培训规划。同时依托党校、行政学院和高等院校等机构开设专门的班次，每年遴选 100 名骨干型新生代企业家进行培育，深入实施走进名城、名企、名校、名家"四名"工程。把新生代企业家打造成为最能代表慈溪人、最能代表慈溪人精神、最能代表慈溪文化、最能代表慈溪商业文明的一个群体，成为展示慈溪形象的新品牌。

2.建立培训机制

要按照"增强素质为目的，以企业需求为方向，以分类施教为方针，以市场运

作为手段"的要求,以"家业常青"学院为基地,继续与清华大学等国内著名高校和机构合作在慈建立新生代企业家培训教育基地,对具有代表性的新生代企业家有计划、有步骤、分期分批地加以系统培训。力争在不远的将来,培养出更多具有现代企业经营管理水平并受人尊敬的新生代企业家。

3.提供培训保障

充分发挥市财政的导向作用,加大对新生代企业家培育工程的资金投入。由市委统战部牵头负责,逐步形成政府引导、企业社会广泛参与的投入机制,切实提供财力资金保障。要针对新生代企业家学历高、思想活、管理知识缺乏等实际,举办"创领未来"精英沙龙,精心挑选50名左右的新生代领军人物,利用慈星产业园、创客码头、上林青创学苑、"家业常青"学院等平台,促进新生代企业家相互学习交流成长。

(三)建立引导激励机制,提升创业创新能力,形成发展新动力

1.建立激励机制

要加强创业创新指导,引导新生代企业家依托区域优势产业布局谋划企业发展,鼓励他们积极投身改造提升传统产业和培育发展新兴产业。要围绕推动经济转型升级,出台一系列政策措施,鼓励新生代企业家发扬青年人富有朝气、富有活力、富有冲劲的优势,投身于企业效益提升工程,增加有效投入、推进技术创新、增强发展后劲,形成助推慈溪发展的新动力。

2.优化服务方式

要着眼于推动新生代企业家加快成长,从结对帮扶、政策支持、政治激励等环节入手,优化整合政府资源和社会资源,建立包括创业服务、融资服务、技术服务三大平台在内的创业体系。建立畅通的信息沟通机制,定期组织开展政企对话、银企对接、科研对接、人才对接等活动,了解新生代企业家的思想动态和企业发展状况,听取意见和建议,帮助他们解决生产经营中的困难和问题。

3.加大扶持力度

加强对新生代企业家创业创新政策扶持力度,设立"创二代"创投基金。由政府部门提供一定的启动资金引导新生代企业家开展创投活动,通过向有成长潜力的创新型、科技型传承企业注入资本,使企业获得必要的资金资源和管理咨询资源,扶持企业迅速成长壮大。鼓励引导新生代企业家在改造提升传统产业和培育发展新兴产业、新型业态中创业发展。

（四）建立政治关心机制，增强团队协作意识，构建转型新平台

1.政治引导机制

要组织新生代企业家深入学习习近平新时代中国特色社会主义思想和习近平总书记关于民营经济发展的重要讲话精神，进一步坚定"四个自信"。开展新生代企业家先进典型的评选活动，通过树标杆、立典型，强化优秀新生代企业家的模范带头作用，使他们干有方向、学有目标，引领更多的新生代企业家掀起创业创新、奉献社会的浪潮。

2.成长关爱机制

不断优化新生代企业家的成长环境，构建良好的社会认同机制。社会环境会影响新生代企业家的素质和成长速度。应当将民营企业的发展纳入国民经济和社会发展规划，切实解决准入门槛的问题。在制定和实施相关政策和奖励制度时对民营企业与国有企业一视同仁。加强对新生代企业家的政治关爱，推动优秀新生代企业家加入中国共产党和各民主党派。

3.加强交流协作

"创二代"联谊组织要依托各级商会，加强与青年企业家协会、女企业家协会、青年联合会、海外留学归国创业发展促进会等的互动交流，通过加强区域内青年企业家之间的联系，帮助新生代企业家学习借鉴外地优秀企业经营管理经验，增进交流、寻求合作、增强实力。要形成政府、企业、科研院校的互信联动机制，企业内部以及企业之间的互信合作机制。建立常态化政企交流沟通机制，通过召开新生代企业家政企恳谈会等方式，为他们健康成长和企业健康发展传授经验、解疑释惑。

（五）建立社会责任机制，培育履行责任观念，体现自身新价值

1.建立社会责任培育机制

民营企业家要珍视自身的社会形象，要以"创二代"联谊组织或海创会为平台，在引导新生代企业家壮大企业发展的同时，进一步增强其社会责任意识，要有"回报社会、服务社会、奉献社会"的胸怀，在推行城乡统筹发展中贡献力量，在推进民生和谐中体现自身的新价值，为企业长远发展营造良好社会环境。

2.建立回报社会机制

只有真诚回报社会、切实履行社会责任的企业家，才能真正得到社会认可，才是符合时代要求的企业家。要通过开展新生代企业家担任"义务村干部"，与到村任职的大学生结对帮扶活动，传授创业经验，提供创业平台，带领致富，回馈社会，助推新农村建设。号召新生代企业家参加捐资助学、敬老济困和新农村建

设等社会公益事业,引导他们进一步关注民生、扶贫济困,切实增强社会责任意识。

3. 构建有效的约束机制

要加强法律法规的约束,按照现代企业制度的要求,建立起完善的股东大会、董事会、监事会构成的相互制衡的权力运行机制,避免独断专行或意气用事等情况。要加强舆论监督,鼓励新闻媒体和社会公众敢于曝光新生代企业家中存在的一些不正之风,积极引导他们讲信用、讲信誉,以社会责任为主要内容加大评价力度。

参考文献

[1] 黄锐:《家族企业代际传承研究综述》,载《山东社会科学》2009 年第 9 期。
[2] 习近平:《在民营企业座谈会上的讲话》,载《人民日报》2018 年 11 月 2 日。

(作者单位:陈国平,宁波大学科学技术学院)

余姚中国裘皮城产业集群转型升级案例研究

杨鹏飞

一、余姚中国裘皮城案例分析

(一)余姚裘皮产业发展与中国裘皮城概况

余姚中国裘皮城位于余姚市北部沿杭州湾的朗霞街道。首期 2005 年筹建、2007 年 10 月开业,二期 2013 年开市,三期 2019 年开市,至 2020 年 12 月,建成一个总建筑面积达 15 万平方米、年销售 70 万件、年销售额 35 亿元的大型市场,成为浙江省和我国最具影响力、生产力和销售规模最大的裘皮集散中心。

第一,在市场规模化上,形成了西干村为中心的杨家村、干家路村、天华村等占地一平方公里市场规模,成为国内外闻名的裘皮制品集散地之一。第二,在市场产业门类化上,主要产品有紫貂皮、水獭皮、银鼠皮、麝鼠皮、海狸皮、水貂皮等裘皮服装,皮张、绒毛、鬃毛、细尾毛、羽毛等裘皮制品,裘皮皮草工艺、裘皮文创产品、裘皮舞台时装,以及裘皮箱包及服务等,其产业门类核心动力集中在皮张采购、设计、销售、品牌服务等环节。第三,在销售网络上,裘皮销售境外市场涉及日本、韩国以及我国台湾和香港地区等。

分析余姚中国裘皮城市场得以兴旺发展的原因,主要有三大优势:一是产业有优势。余姚市是中国裘皮服饰起步最早的地区之一,拥有意达皮毛、乔士皮革、兽王皮草行等名品名牌和龙头企业,为裘皮城转型发展提供了坚实基础。二是营销宣传有优势。中国裘皮城是宁波和余姚两级政府的扶持项目,成为国内裘皮行业价格指数的发布地。自 2007 年举办首届中国裘皮服装节以来,成功举办了 14 届裘皮节庆,同时在国家、省旅游部门的支持下,与国内外 450 家旅游企业签订合同,创建成为国家 4A 级旅游景区。三是优惠招商有措施。按照"精品市场、产业龙头、旅游景点"三位一体发展目标,从 2007 年开市首期市场招商后,实行了一系列的招商优惠政策,如实行降低租金。2013 年第二期市场建成开业时,对裘皮风情街统一免费配套装修,至 2019 年,累计市场广告招商达 1.5 亿元。

(二)中国裘皮城产业集群演化过程

1.初创发展期(20 世纪 80 年代—2006 年)

余姚中国裘皮城溯源发端于 20 世纪 70 年代,香港同胞干如良投资 60 万元在姚北地区朗霞街道,成立余姚第一家裘皮生产村办企业"余姚西干裘皮厂"。进入 20 世纪 80 年代中期,原来在企业工作的一部分员工开始了自己的创业之路,兴建"中国裘皮城",实行抱团聚市、以行兴市,初步形成融生产、加工、销售于一体的余姚裘皮产业,主要销往香港、台湾地区市场。

2.数量扩张期(2007—2013)

市场需要客户,需要机遇,也需要战略。2007 年 10 月,中国裘皮城市场开市。因冬季遭遇几十年一遇的寒流,开市当年裘皮产品需求量上升,90% 以上的裘皮服饰销售一空,成为国内裘皮服装一级生产批发市场,裘皮块状经济实现生产总值 15 亿元,生产、销售企业 800 多家,从业人员近 1.2 万人,年加工水貂皮 400 万张,占全国总量的 1/4 以上。2013 年,投资 3.8 亿元适时推出了二期工程,作为一期的延伸,该工程被命名为"余姚中国裘皮城二期精品区"。2018 年建设第三期工程,为裘皮服装市场的升级做出一个范本,在品牌、品种、规模、环境和管理等方面与一期互为呼应,互为完善与提升。

3.质量与品牌创新期(2014—2019)

一方面,引进设计人才。建立余姚中国裘皮科技研究院,开办裘皮专业技工学校,加强裘皮设计,引进法国、德国等 5 个国家和地区的裘皮设计企业、设计师。另一方面,加强裘皮生产技术研发。从鞣制、硝染、剪裁、缝制等各个生产环节,全面提高裘皮企业的加工水平。同时,围绕"企业规模,品牌战略",将余姚中国裘皮城打造成全国裘皮服装的时尚与品牌之都,出台一系列名牌带动战略的实施意见。

二、余姚中国裘皮城产业集群产业转型面临的问题

（一）裘皮产业成本上升，发展面临较大压力

1.从裘皮供需现状来看

一组数据表明，我国的裘皮生产基地主要在浙江的海宁、余姚，辽宁佟二堡，江苏南京碌口，河北辛集等地，同时全国每年需进口水皮 500 万～700 万张、狐皮 200 万张，由于气候、增殖成本等原因出现了严重的供需不平衡。余姚中国裘皮城 2013 年因国内外供应商裘皮皮张价格上涨，销售收入一度下滑，个别裘皮服饰做工粗糙，裘皮服装出现掉毛、散发异味、质量下降问题，产品库存压力加大。

2.从出口环境看

受市场和资源的双重约束，特别是毛皮行业在能源、劳动力、原辅材料等方面成本持续上涨。同时，由于国外绿色消费意识日益增强，在国际动物保护主义的推动和影响下，有些国家提出了限制性指令。个别企业为追求利润，进口了一些低品质的毛皮及其制品，发生赔偿风险。

3.从裘服毛皮市场行情看

早在 2005 年，国际动物保护主义组织，直接向我国发起了动物福利贸易壁垒。2006 年，国家开始执行禁止生皮加工贸易政策。总体来看，市场行情一直有着波浪式的周期性变化，给余姚中国裘皮城的产业发展带来了很大压力。

（二）行业竞争较为激烈，外部发展环境严峻

1.行业内部之间无序竞争

余姚中国裘皮城产业集群内部协作还不充分，表现在缺乏合作联系、集群内部中小企业间没有积极互动，虽然有兽王等国内名牌在国际上参与竞争，但中小企业多采用 OEM 生产形式，成为制造车间、作坊，难以获得高利润，在竞争中面临巨大挑战，名牌名品附加值与竞争力提升带来困难。

2.行业外部面临压力

数据表明，中国裘皮城产业群中，拥有企业、商业自营出口权的企业仅占 20%，直接参与国际皮毛原料拍卖的企业只占 15%。同时国内同行对手追赶紧迫，比如上虞区在同一条 329 国道线上建立了上虞石狮国际裘皮城，桐乡市崇福皮草瓜分了全省裘皮加工业务的 1/3，河北省肃宁裘皮城，是北方最大的裘皮生

产基地和毛皮交易区,海宁皮革城成为全国裘皮生产加工中心。近年来京津地区的京版裘皮占去了一部分的份额。

3.电商低档价格混战

淘宝、天猫、阿里巴巴等电子商务平台上的网店追求价格竞争,以低档产品,快速销售占据小部分市场。严峻的竞争环境下余姚中国裘皮城强敌环伺,可谓危机重重。

(三)经营户层次还不高,竞争秩序有待规范

1."傍名牌"现象

小型企业、商铺存在着标价与实际卖出价上下浮动太大、品牌参差不齐、真假难分难辨的"傍名牌"行为,相互间竞争主要还是以价格战为主导,从长远发展和全局来看,缺乏理性的行业秩序,对中国裘皮城品牌定位造成严重影响。

2.产业层次还需要加强

生产制造环节成本优势逐渐减弱,2007—2015年是连续稳定的价格高位时期,随着市场形势的变化,优势不再,包括裘皮品加工企业、毛皮制品及原辅料批发零售及商铺,都面临原有的廉价劳动力成本快速上涨的困境。

3.研发设计缺乏自主创新

1/3的裘皮生产企业是由老板或老板娘自己兼任设计人员,大学毕业生实习的多,留下来的人少,40％的企业都在模仿国内外技术或以二次设计为主,只能从事贴牌制造、模仿制造,在价格链上弱化了竞争优势。

三、提升余姚中国裘皮城发展水平的建议措施

(一)进一步提升市场档次

要坚持两路推进。第一路:科研保障。要充分发挥中国裘皮研究院智库优势,在裘皮城二期时期建立的6000平方米的余姚中国裘皮科技研究院的基础上,要进一步加大与世界名校哥本哈根皮草学院的联合互动,在引进哥本哈根皮草学院、清华大学美院裘皮服饰设计中心落户裘皮城的基础上,研发与智库互动,项目与资金保障,为裘皮城真正成为"世界裘服潮流前沿"取得顶尖先进技术提供良好保障。第二路:引商引资。要进一步加强和利用好5000平方米水貂皮为主的裘皮原材料保税仓,联合丹麦哥本哈根、法国巴黎、中国香港等地的皮草公司拍卖行,做好后勤引路、引商、引资,直接来余姚中国裘皮城进行拍卖,使城

内皮草产业户、企业就近在中国裘皮城获得理想的原材料。

（二）积极探索多元化经营

一是引导企业转变商铺经营观念。裘皮是冬天服装,余姚中国裘皮城的销售旺季是每年 9 月、10 月至次年 2 月、3 月,要把裘皮从原来单纯的御寒用品拓展到能够弥补淡季销售不旺的不足,大力推动数字裘皮经济产业,规范管理网销、网络各类多样化裘服产品,培养裘皮网红代言人。二是拉长产业经营模式价值链。要重视集群内部合作经营,实施中小企业、商户分层次合作经营,完善专业经营协会职能,推出国内外裘皮经营服务指南信息平台,当好市场经营专业化、市场化、信息化"红娘"。三是开发连锁商场。截至 2019 年,已在全国各主要城市及地区开发连锁商场 20 个,根据"质量兴市、品牌拓市"战略,发挥"余姚中国裘皮城裘皮产业园区"集聚 50 家加工设备先进、制作水平高优势,加快推动裘皮产业转型升级。

（三）注重产品设计与营销

一是注重设计营销人才。要进一步加强品牌风尚中心设计销售团队力量,发挥 20 世纪 70 年代"余姚榨菜推销团队"攻关苏联、朝鲜、东南亚地区商业经验,努力使营销团队化、专业化、国际化。二是研发创新突破。进一步提升裘皮研发科研设备,加强与国内外裘皮科研机构、业内专家的交流与合作,自主研发与引进技术、引进基础设施相结合,大力开发新产品,构建裘皮产业技术创新平台,不断改进传统工艺,从鞣制、硝染、剪裁、缝制等各个生产环节,增加产品附加值。

（四）积极发挥裘皮商会作用

一是从行业组织看,余姚中国裘皮城商业协会,是联系政府与企业的桥梁,但在信息发布、咨询、调研上存在与中小企业联系互动不多的问题,要在不同经济主体间建立更加紧密的联系。二是从行业服务模式看,裘皮商会在服务中,存在"两头脱节"现象,主要流程是:有资格参加国内外生产拍卖的裘皮商,拍到生皮—运到硝染厂制成熟皮—卖到余姚中国裘皮城进行加工—加工制成品对外销售。从以上流程中看出,裘皮商会不具备拍卖资格,原因是商会的信用度、保证金达不到国际拍卖行的规定,而裘皮商会作为余姚中国裘皮城的行业组织,必须发挥好组织、协调、联系、保障作用,保护商户参与拍卖,减少中间环节与成本支出,需要进一步规范提升商会服务水准。

（五）创新实施品牌战略

一是行业层面,要创新"余姚裘皮"品牌。要不断引市建名牌,每年应该推出或申报评选集聚一批加工设备先进、制作水平高、拥有自主品牌和自主设计能力的裘皮加工企业的新样板。要继续通过每年举办中国裘皮博览会、裘皮风尚展、召开信息发布会,维护裘皮商城的权威性,再续水貂名城传奇。二是企业层面,要提升品牌水准。目前,裘皮城内每年不乏外来引进品牌,缺乏的是当地自主品牌创建,缺乏的是裘皮业知名品牌。要引导裘皮城企业、商户提高创牌意识,树立精品理念,积极培育创立自己的品牌,重点引导好裘皮城创建区域内的品牌模式,继续引进国际国内知名品牌,努力提升裘皮城整体档次水准。

（作者单位：余姚市社科联）

镇海区推进文创产业转型升级对策研究

余利军

一、镇海文创产业发展现状

镇海区坚持文创产业集聚发展理念,建设了汇集科技研发、基金金融、股权投资及"互联网+"等新兴业态的文创产业发展集聚区——宁波市国家大学科技园(宁波慧谷)。园区集聚了启迪控股、太火鸟科技、潘公凯设计工作室、洛可可、木马设计等一批国内知名文化创意企业,注册文化创意企业总数近1000家,各类文化创意从业人员10000余人,在功能集成度、产业集中度、人才集聚度和知名文化企业数上,均走在全市前列。

(一)坚持"平台联片",汇聚创新资源集聚文创地标

1.高标准搭建文创支撑平台

规划建设宁波创意设计中心,通过全面整合宁波市和国内外优秀创意设计资源,搭建行业服务、展示体验、设计培育、要素交易等四大模块,打通创意、设计、产品、交易、消费全产业链,对接设计行业资源,培育本土设计品牌和创意高端人才,打造原创设计品牌,提升宁波文化创意设计力量。

2.高维度深化校地合作平台

加大与宁波大学、宁波工程学院、浙江纺织服装职业技术学院和中科院宁波材料所等高校科研院所合作力度,构建"政—企—产—学—研—金"机制,用好用足"三校一所"人才资源,协同推进"园区—校区—街区"三区融合发展。目前,在宁波大学、宁波工程学院等高校建立了4200平方米创业苗圃,实现园校共建共

享创业导师机制。

3.高质量借力互联创新平台

始终保持与互联网协同创新平台的资源共享、信息互通。借助已落户的启迪控股、太火鸟、洛客众创等互联网文化创新平台,充分发挥各类专业化平台的优势,在合作中共享,在共享中共赢。

4.高起点整合文化科技融合发展平台

近年来,园区相继建成宁波新材料初创产业园、西电宁波产业园、清华校友创业创新基地等六大科技创新平台,着力平台功能提升,发挥平台产业和高层次人才团队优势,为文化创意产业各个领域的中高端人才提供充分的发展空间。

(二)坚持"资源联合",完善全要素集成发展体系

1.实现人才金港"引才多"

2020 年,园区吸引硕士、博士等高层次文化创意人才 400 余人,设立院士工作站 2 个。甬动科技徐晓波等 2 人获得市大学生创业新秀称号,微鹅科技 CEO 余峰、恒隆高科董事长江龙等 4 人获市大学生"创业成长之星"荣誉,晶钻科技、微鹅科技、毕普拉斯等 3 家企业获得"2017 宁波最具投资企业"称号。

2.实现招商攻坚"模式活"

创新"投资＋招商""基金＋招商"等模式,通过平台招商、活动招商、产业链招商、以商引商等创新做法,基本形成以设计服务、信息服务、软件服务、动漫游戏、影视传媒、智能硬件等项目为主导的文化创意产业集聚示范街区。重点引进了洛可可、木马设计、功夫动漫等一批国内知名文化创意公司,大幅提升了大街在国内文创产业领域的知名度。

3.实现产业培育"梯队式"

实施文创企业梯队培育计划,根据企业日常运行、产值规模、人员以及成长性等特点,确立初创型、成长型、示范型、领军型培育企业名单,对纳入梯队培育的文创企业明确培育目标和扶持政策,建立科学运营统计体系。近年来,涌现了浙江首游网络科技有限公司、浙江百搭网络科技有限公司等一大批发展势头强劲的文创企业。

4.实现金融创新"多元化"

创新金融支持文创产业发展方式,多途径解决中小微文创企业的融资难题。开展普惠金融试点,成立总额 5 亿元的慧谷创业贷;积极搭建入驻企业与资本市场的对接桥梁,使 5 家文创企业在"新三板"挂牌,47 家文创企业在宁波股权交易中心完成挂牌。

（三）坚持"品牌联动"，构建充满活力的创业生态

1.打造"创客论创"品牌

构筑"创业苗圃＋孵化器＋加速器＋产业园"的全链条创业生态体系，通过全球创新设计大会、"奇思甬动"中国创客大赛和慧谷思享汇、慧谷创业说等系列慧谷品牌活动，给有想法、愿冒险、有激情的创业者搭建交流分享平台。园区与国内行业领先企业洛可可、太火鸟、天使街、柴火空间联合共建宁波慧谷 Pearl Space 众创空间，实现创新与创业、线上与线下、孵化与投资相结合。

2.打造"文化家园"品牌

践行"园区有温暖、企业有归属"发展理念，不断完善硬件设施配套服务。通过开通中官路道口、设置双创标识、完善公交站牌等举措，不断优化创业创新环境；加大文化品牌建设力度，成立宁波慧谷文化发展有限公司，专门设计"宁波慧谷"Vi 标识系统，完成园区楼宇标识、道旗、电梯宣传画、LOGO 旗等安装布置，以品牌促形象提升。

3.打造"全程服务"品牌

打造全程服务体系，为文创产业项目及人才提供全过程、全方位、一站式无缝对接的"妈妈式服务"。按照"最多跑一次"的要求推进重大文创项目落户，以宁波启迪科技园项目为例，该项目计划总投资 60 亿元，从签约到项目一期土地摘牌仅用了 3 个月的时间，目前宁波启迪科技园一期已开始进行幕墙施工。

二、镇海区文创产业发展面临的问题

（一）从发展基础看，总量规模依然偏小

经过近几年的持续发展，镇海的文化创意产业在规模体量上有了一定的提升，但和先进地区相比差距明显。如上海提出到 2020 年，全市文化创意产业增加值将达到 GDP 的 13％以上；杭州全市文创产业增加值到 2020 年将达到 GDP 的 26％左右。而我区 2018 年市标规模以上文化产业增加值 18.32 亿元，占 GDP 比重仅为 1.85％，占全市规模以上文创产业增加值比重为 3.4％；2019 年我区省标、市标规模以上文化产业增加值占区 GDP 比重分别为 0.80％和 1.98％，远低于全市文化产业增加值占 GDP 比重（省标 2.94％，市标 5.34％）。

（二）从企业质量看，龙头企业依然偏少

截至 2020 年 10 月，全区共有 134 家规模以上文化企业，增加值在 1000 万

元以上企业有 31 家。其中,增加值上亿元的有 3 家,增加值 5000 万～1 亿元的有 2 家,增加值 1000 万～5000 万的有 26 家。134 家规上文化企业中,有 13 家企业增加值为负,未实现盈利,包括 1 家文化制造业企业、12 家文化服务业企业。

(三)从产业布局看,区域规划尚未统筹

目前,中官路创业创新大街区域既是镇海区文化创意产业发展核心区,也是甬江科创大走廊在镇海范围的核心区域。因区域不同和站位问题,市级层面对甬江科创大走廊各相关区域支持力度有偏重,一些低端市场和停车场被设置到中官路创业创新大街范围内,造成区域功能不够协调,功能布局杂乱,影响了文化创意产业的进一步集聚发展。

(四)从行业融合看,文创植入有待加强

截至 2020 年 10 月,我区市标规模以上文化制造业企业 48 家,增加值 7.6 亿元,占全区规模以上文化产业增加值 60.3%;市标规模以上文化服务业企业 86 家,增加值 5 亿元,占全区规模以上文化产业增加值 39.7%,文化服务业规模已超过文化制造业。但镇海区的文具、玩具、体育用品、摄像摄影器材制造等传统文化制造业与工业设计、信息服务、软件设计、动漫影视等新兴文化服务业的对接合作还处在起步阶段。

(五)从人才支撑看,用人困局异常突出

根据文创企业反映情况,企业家们认为阻碍文创产业发展的最大问题是人才引进和留住问题。镇海区存在区位弱势,文创产业集聚的中官路创业创新大街区域公共服务跟不上,配套设施有待完善,房屋租赁价格高、资源少等问题普遍存在。在同等条件下,大部分文创产业人才和团队都优先选择市内其他区域,再加上区内人才引进等配套政策不完善,很难引进文创产业高端人才和核心团队。

三、镇海区文创产业转型提升对策建议

(一)理顺工作体系,增强文化产业工作合力

1. 理顺工作体系

按照"党委宣传部门牵头抓总,招商部门前期招商,各行业主管部门后期管理,统计部门监测数据"这一主线,进一步理顺镇海区文化产业工作体系。建立

重点文创企业区领导联系制度,强化政府对企业一对一服务和日常联络。区招商中心要进一步强化文化产业招商选资;区文旅、经信、商务、科技等各文化产业行业主管部门要强化责任意识,对行业所辖文化企业管理工作进行专门研究,制定专门管理服务工作方案。各镇街道、园区要利用"浙朵云"文化产业大数据平台分行业大类和属地对在库文化企业进行逐一排查筛选,系统性梳理在库文化企业情况,建立重点文化企业定期走访机制,强化政企联络。区统计部门要建立完善文化产业统计工作体系,按季度上报文化产业经济数据,准确反映区文化产业发展情况。

2.强化政策引导

出台文化产业高质量集聚发展实施细则,进一步完善文化产业政策兑现和绩效评价体系,增强政策的针对性和有效性,提高政策资金效率,统筹推进文化产业发展工作。

3.强化考核引领

由区委宣传部制定全区文化产业发展工作考核定量定性指标,压实各镇街道、园区文化产业发展工作责任。

(二)强化产业培育,推动文化服务业提质增效

1.做大园区规模

以文化产业园区建设为核心,强化引导文创企业向各产业园区落户集聚,充分发挥园区尤其是民营园区在招商引资和管理服务上的作用,提升园区的文创产业集聚度和发展能级。加强部门对接,推动西电产业园和清华校友基地加快发展。

2.加大企业培育力度

选择和培养一批成长性好、竞争力强的文化创意企业,建立重点培育企业库,形成一批行业"小巨人",精准扶持重点文化创意企业发展。扶持企业上规上限,对规上企业提供专门的税收和房租政策奖励和扶持。深入推进"普惠金融"试点,满足各类型文化创意企业多层次融资需求,加快推动企业上市。对培育上市的文创企业实行"一企一策"扶持。

3.打造特色产业平台

突出镇海区文化服务业的区域特色,加快教育培训产业和演艺产业集聚。强化镇海文化艺术中心和镇海新闻中心文化产业平台功能,集中引进一批文化艺术类教育培训机构和演艺产业关联企业,加快形成产业链。同时,加快推动我区文化创意和设计服务等新型、高端服务业和我区传统制造业、教育培训业、文

化旅游业等全体系的融合发展,促进文化产业与实体经济深度融合。

(三)扶持公共文化服务企业,提升区域文化消费水平

1.推动文化服务达标配置

通过考核明确任务指标,促使各镇(街道)结合旅游景区、商业综合体、酒店、校园等场所和公共服务空间配套引进书店、影院、健身房、体育活动场馆等公共服务类项目。

2.推动文化消费升级扩容

对新引进的有一定规模的民营图书馆、城市书房、博物馆、健身房、院线影院等公共服务类文创企业,纳入文化消费季合作单位,以政府发放文化消费券形式予以扶持。

3.推动文化创意街区建设

筛选若干文化创意街区(如庄市老街、骆驼老街),突出文化创意元素,系统规划设计,加大资金扶持,努力打造富有区域特色、体现历史底蕴的文化街区。

(四)依托三校一所,化解文创人才支撑困局

1.留住家门口的人才

与宁波大学、中科院宁波材料所、浙江纺织服装职业技术学院、宁波工程学院加强合作,打造"平台共建、人才共引、成果共享"的人才共同体。加强中官路区域大学生创业园建设,与宁波大学合作共建大学生创业园"C区加速器",打造北高教园区大学生创业梦工厂。加强与浙江纺织学院合作,借助该院省师资培训基地优势,畅通文创技能人才培训通道。

2.用好各类创新平台

以甬江实验室建设为核心,推进哈工大宁波职能装备研究院、中石化宁波新材料研究院、省石墨烯制造业创新中心等研发机构的建设,强化高校科研院所科技基础攻关作用,建成科技研发、技术转化以及人才培育额核心功能区块,为文创产业发展培养、积累高端人才。

3.用好各类众创空间

强化各园区众创空间建设,通过任务的调配、资源的优化配置,为众创空间提供服务供给渠道,保证各类初创企业和创新创业者能及时获得综合性普惠服务,以三校一所、镇海科技市场等为链接平台,加快"空间＋平台服务"合作体系的构建,为创新创业人才提供良好的发展环境,最终达到留住人才的目的。

（五）勇于开拓创新，抢抓文创产业发展机遇

1. 加强强化规划统筹

在中官路创业创新大街设立建设管理常设办公机构，增强区级部门工作合力，及时向上级部门了解规划政策，与周边区加强沟通协调，最大限度地向市级部门争取土地指标、税收分成等方面的政策倾斜，高效率解决大街建设的各类问题，集中力量建设大街，形成"一本总规"统领，"一套体系"衔接，"一张总图"管控。

2. 加快整合产业发展土地资源

对有改造升级可能的大街地块，要充分利用地上地下立体空间，增加建筑面积，提高容积率，布置立体式标准工厂。将土地利用率低的企业淘汰出大街区域，将一些不能独立利用的土地整理后统一安排使用，引入符合大街产业导向的产业，提高土地资源配置效率，提升大街范围内工业用地开发准入门槛。

3. 加快出台专项发展政策

出台大街范围落户专项政策，在金融、税收、研发等方面给予重点支持，充分发挥政策导向作用，吸引和培育一批投资额度高、发展潜力大、有 GDP 支撑作用和税源贡献的优质文化企业，抢占未来发展先机。

（作者单位：中共宁波市镇海区委宣传部）

宁波养老领域投融资现状及发展展望

丁　乐

一、宁波养老领域投融资现状

当前,宁波市户籍人口中60周岁以上老人超过1/4,预计5年之后将超过30％,这一数字高于全国平均水平,人口年龄结构有持续高龄化、空巢化的趋势。

为此,市委市政府持续增大养老服务业的财政支持力度,连续两年预算安排养老服务各类补助项目资金超亿元,并于2020年在全省率先实现了居家养老服务中心乡镇、街道"全覆盖",但也面临着养老领域有效投融资不足的制约。

(一)政府不断加大投融资支持力度

1. 推进政策性金融支持

针对养老服务领域融资难、周期长、资金需求大等问题,宁波市与国家开发银行宁波市分行签订了《开发性金融支持宁波市养老服务业发展合作协议》,与中国银行宁波市分行联合发布《中国银行支持宁波市养老服务行业持续发展的专属金融服务方案》,为养老产业提供首期10亿元的专项信贷以破解融资难题。

宁波银保监局也积极鼓励辖内银行保险机构通过房产抵押、土地抵押、存单质押、保证担保等方式加大信贷支持力度,为养老服务业发展提供有效的金融支持。

2. 加大涉老保险创新力度

除加大财政投入外,宁波市通过创新涉老保险的方式提升政府养老资金使用效率,推进"保险＋资金＋服务"模式,以政府补助和个人自费两种方式建立老年人意外伤害风险的社会分担机制,同时创新性地设立了"宁波市老年人意外险资金",支持保险机构用于老年人意外风险的公益事业。

此外,宁波市还与人保公司合作,以财政补贴的方式全面推行养老服务机构责任保险,为有效化解养老服务机构意外责任的风险、保障养老服务机构健康可持续发展提供了坚强支持。

3.鼓励引导社会资本参与

宁波市积极创新体制机制以激发社会活力,在全国率先推出民办营利性养老机构建设补助制度,通过用地用房保障、财政扶持、税费和价格优惠、金融保障等方式,引导社会资本建设民办养老机构和区域性居家养老服务中心(站),有效提升宁波养老床位数与养老惠及面。

宁波还及时建立了政府购买服务、公建民营、民办公助等激励机制,促进以宁波市社会福利中心为代表的一批区县(市)、镇级公办养老机构引入委托运营方式发挥民营活力,鼓励公办居家养老服务中心(站)在不改变服务功能的前提下引入社会资本参与,实现了社会、企业、政府三方共赢。

(二)养老领域投融资方式亟待创新

1.商业化养老项目采用传统融资方式为主

宁波市目前商业化程度较高的养老项目主要包括三种:一是由外资和大中型民企投资的专业养老院,包括凯健宁波夏映苑、慈溪恭和苑等;二是由房地产商兴建的适老型房产,如星健兰庭、钱湖柏庭等;三是由保险公司开发的商业保险型养老社区,如泰康之家等。

这些高端专业养老院和养老地产项目的融资渠道比较传统,主要为银行贷款和自有资金。而保险公司开发的养老社区项目虽说融资渠道相对畅通,但受到保险行业投资非自用性不动产比例和只租不售等条件的限制,融资规模也比较有限。

2.普惠性养老机构难获新型融资方式支持

一是民办非营利养老机构融资难度依旧。在宁波市民政部门登记的 282 家养老机构中,民办非营利机构几乎占了一半(137 家),工商企业属性的只有 11 家,其余为公办和乡镇(街道)敬老院。虽然有各种政策鼓励银行予以融资保障,但民办非营利养老机构不仅受抵押物限制难以获取银行贷款,而且还存在制度性融资障碍,即民办非营利养老机构所得利润按规定不能直接回报投资方,即便是期末清算也无法收回期初投资,且在作为社会资本参与养老 PPP 项目时也存在较多的政策和法律限制。

二是公立养老机构未实施 PPP 项目。国家鼓励以政府和社会资本合作

(PPP)方式实施公立养老机构改革,但宁波尚未实施。一方面是由于社会资本对养老领域 PPP 项目兴趣不大,另一方面则是由于 PPP 项目对政府部门提出了较高的要求,而政府部门原先所熟悉和依赖的地方融资平台在参与 PPP 项目方面受到了较大限制,致使养老 PPP 项目推动困难。

三是未积极获取养老专项债券支持。早在 2015 年,国家发改委就将养老行业纳入四大专项企业债的行列,支持营利性或非营利性养老项目发行养老产业专项债券,使得养老专项企业债在经济性、灵活性等方面具备优势,对于拓宽养老产业企业融资渠道、缓解养老产业项目资金压力等具有重要的示范带动作用。然而宁波市自 2017 年至今总共发行的近 700 亿元专项债中并没有养老项目,未能有效利用国家政策。

3.居家与社区养老服务主体缺乏融资手段

一是产权复杂致养老服务主体融资受限。截至 2020 年底,宁波市已建成以街道、乡镇(中心镇)为单位的区域性居家养老服务中心 171 个,以住宅小区为单位的各类居家养老服务中心(站)3000 多个,其土地、房屋、固定资产等多由各级政府(或村集体)提供和配备,建设和运营也在各级政府的补贴和支持下维持。在这种情况下,居家和社区养老服务主体融资动力和融资渠道都受到较大限制。

二是社会化程度不高致投融资渠道不畅。《宁波市居家养老服务条例》及其实施意见鼓励企业和社会组织参与居家养老服务、依法开设护理站、推动公建居家养老服务设施社会化运营,意在为本土养老企业和社会组织发展壮大提供条件。而当前宁波居家养老服务社会化程度依然较低,没有出现足够多的具有一定规模、有着较好盈利前景和投资吸引力的居家养老服务企业,因此行业整体融资活跃度较低。

三是适合 PPP 模式但政府和投资方需求错配。尽管社区居家养老项目非常适合引入 PPP 模式以最大化发挥政府部门与社会资本各自的优势,然而政府的着眼点在于安全、价低、质优的养老服务,社会资本则追求足够高的经济效益,二者尚未在居家与社区养老服务的合作上找到平衡点。

二、国内养老领域投融资创新先进经验

上海、苏州、深圳等城市在养老领域投融资方面积极开拓创新,其宝贵经验值得学习借鉴。

(一)设立养老服务业发展引导基金

苏州在全国率先出台了《苏州市养老服务业发展引导基金管理办法》,设立

了首期规模为 5000 万元的养老服务业发展引导基金,引导社会力量募资设立规模 2 亿元的养老服务业创业投资基金。

在组织架构上,苏州设立了由发改委、民政局、财政局组成的养老服务业发展引导基金管理委员会,委托专业机构对基金的运作方式、收益分配、清算退出等进行专业化管理。该基金的设立充分发挥了政府财政资金的杠杆效应,吸引优质养老服务业企业、项目聚集苏州,有效引导社会资本向养老服务业领域投资,改变了以往政府对企业单纯采取补贴、奖励、贴息等一次性投入的做法,转为以股权投资的形式对企业进行支持,有力地促进了苏州养老服务业的转型发展。

(二)发挥涉老保险财政放大器作用

苏州市率先在全国创新推出了"三项惠老保险"(即为 65 周岁以上老年人意外险、养老机构综合责任险和居家养老服务组织保险),通过养老机构承担与政府补贴相结合的办法,构建新型养老服务风险分担机制以降低养老机构和为老服务组织的风险,充分发挥了财政资金支持养老服务的"放大器"和"稳定器"作用,极大提升了政府投资养老服务的经济和社会效益。

上海采取了发展创新型个人长期养老保险产品和融资服务,支持商业保险机构参与建设多层次长期护理保险制度,推动老年人住房反向抵押养老保险发展,支持商业保险机构投资养老社区及养老服务机构,促进商业养老保险与上海各金融要素市场协调发展等一系列措施,使保险成为更好地支持上海养老服务业发展的有效工具。

(三)引导房地产企业投资社区养老项目

上海在加大公共财政投入的基础上,通过政策引导、政府补贴、购买服务等方式,广泛调动社会资本参与养老服务,积极引导房地产企业投入基本养老服务,鼓励其参与投资运营保基本养老机构,并纳入全市保基本养老机构运营监管体系。例如,上海万科除了投资开发养老地产外,自 2015 年起就在不同社区开设了数十家"智汇坊"连锁社区嵌入式养老机构,并在这个连锁平台上搭建了日间托付、长期照护、居家护理等标准居家养老服务模块,为更多的社区老人提供万科标准的专业养老服务。同时,万科也与上海各级政府机构合作,将政府闲置物业用于养老并长期经营,取得了良好的社会效益。

(四)推进多种规模的 PPP 养老项目落地

上海一方面推进金山颐和苑民非养老院、闵行区保基本养老机构等大型PPP 项目建设,在解决政府资金问题的同时补上床位总量供给不足和结构失衡的短板;一方面在大量分散于城市各个角落的小微嵌入式养老机构中尝试 PPP模式,推出了万里社区爱照护长者照护之家(仅有 48 张床位,其中 70%属于政府托底的公办养老床位)等小型 PPP 项目,创新了在养老服务社会化方面政府和社会组织的互动模式。

深圳市在稳步推进区级公办普惠性养老机构 PPP 项目的同时,在街道级公办养老院大力推动 PPP 项目。目前,除 5 家区级养老机构的 PPP 项目开业或开工外,还有 3 家街道养老院 PPP 项目正在实施。在这些项目中,政府拿土地、房产入股,社会投资方以资金和管理入股,双方通过资产和股份合作提升了深圳养老服务水平并改善了养老服务供给结构。

三、宁波养老领域投融资创新展望

养老产业项目投资金额大、回报周期长、公益性强的特点决定了政策性资金与多种投融资渠道结合应该成为宁波养老领域投融资的主要模式。

(一)加大财政支持引导力度

一是用好各级财政资金和政策。积极争取各路国家财政资金支持,发挥其对宁波养老领域投融资的引导支持作用。加大涉老保险创新力度,发挥保险"财政放大器"的作用,提升政府财政资金的使用效率。

二是争取各类银行信贷支持。充分利用国开行对养老领域的政策性支持,推动民政部推荐认可的社区居家养老服务项目在宁波落地。争取更多商业银行重点支持优质养老产业项目的信贷融资、养老服务设施及服务体系建设。在深入研究规则并借鉴兄弟省市经验的基础上,积极申请世界银行和亚洲开发银行为宁波养老服务体系建设或社会化养老综合服务示范项目提供金融支持。

三是设立养老产业引导基金。利用养老产业引导基金撬动更多社会资本,综合提高公共资金在养老产业的运用效率,发挥对养老产业关键领域和重大项目的投资带动作用,助力养老产业做强、做大。同时创新"产业生态圈+产业基金"发展模式,形成政府引领、产业主导、社会资本和实体经济企业参与的养老产业新格局。

(二)创新养老领域融资机制

一是推动养老机构 PPP 项目。完善养老服务投资政策和法规体系,明确政府和社会资本在养老 PPP 项目中的定位并建立规范化运行机制。深化政府部门和社会资本在养老服务领域的合作并建立互信关系,结合老年服务业适合长期持有、回报稳定的特点鼓励引导社会资本投资养老 PPP 项目。制订普惠性养老服务机构 PPP 项目实施计划,共同筹划示范性项目并积极争取列入国家 PPP

项目库及 PPP 专项基金的支持范围。

二是推动养老专项债券发行。充分利用国家为大力鼓励发行养老专项债而推出的优惠政策,如发行养老产业专项债券的城投类企业不受发债指标限制,债券募集资金可用于房地产开发项目中配套建设的养老服务设施项目,募集资金占养老产业项目总投资比例由不超过 60% 放宽至不超过 70% 等,结合宁波发展康养产业的计划积极筹划试点项目,以发行养老专项债的方式为养老产业提供更多的融资支持。

三是推进开展多元化投融资。抢抓金融资本布局养老产业的发展新机遇,打包宁波各地优质养老产业资源并创新优惠政策、加大招商引资力度,吸引投资、并购和重组的资金投入,开展多元化的产业投资。推进宁波食品、医药、高端装备类上市公司布局涉老康养食品、中药保健品、智能穿戴设备等相关产业,并以之为标的开展各类股权融资。

(三)改善养老服务投资环境

一是营造良好的养老政策环境。积极落实国家及省市各级关于鼓励社会资本投资养老服务业的政策,健全民办养老机构和社区居家养老服务补助、补贴、保障等制度,确保现有投资者的合法权益。完善养老产业扶持配套政策,降低开办成本,提升养老服务社会化程度。

二是营造良好的养老市场环境。完善养老服务市场化服务体系,健全养老服务机构监管与绩效评估、激励与退出机制,促进养老产业市场良性竞争和健康发展。

三是创造养老服务投资机会。培植宁波养老服务业中的品牌企业,扶持龙头企业走上产业化、集约化发展轨道,形成规模经济和品牌效应,增强整体融资能力以吸引更多社会资本进入。同时,鼓励引导中小养老企业和机构走联盟化、平台化之路,借鉴"虚拟养老院"模式运用现代信息技术构建大型养老服务平台,在提升服务质量和市场竞争力的同时对外提供有吸引力的融资项目。

(作者单位:宁波市社会科学院)

宁波"城市大脑"建设策略研究

方　磊

一、宁波"城市大脑"建设的背景和意义

让城市更聪明一点、更智慧一点，是推动城市治理体系和治理能力现代化的必由之路。"城市大脑"自 2016 年 10 月城市大脑计划于云栖大会提出以来，已成为中国科技领域的新热点。全国已经有 500 多个城市启动了城市大脑计划。宁波"城市大脑"CityGo 建设应用于 2020 年 8 月正式启动，其建设意义重大。

（一）宁波"城市大脑"建设满足了"整体""智治"的政治要求

宁波"城市大脑"的建设，是在深入贯彻习近平总书记在浙江考察时的重要讲话精神，当好"重要窗口"模范生的背景下，全面落实"整体""智治"的政府理念，推进政府数字化转型的政治要求。

（二）宁波"城市大脑"建设满足了"最多跑一次"的规划需求

宁波"城市大脑"的建设，是为了满足通过创新社会治理模式，进一步优化社会资源配置，增加社会治理应用服务供给，提高社会治理应用服务质量与水平，深化"最多跑一次"改革，以促进宁波高质量发展的水平进一步提升的规划需求。

（三）宁波"城市大脑"建设满足了"大数据赋能"的发展选择

宁波"城市大脑"的建设，是为了满足实现省市"一朵云"互联互通，开展政务服务、执法监管、社会治理、民生服务等领域的数字化应用，确保网络、系统、专有云和数据安全，发挥大数据赋能作用，壮大数字经济的发展选择。

（四）宁波"城市大脑"建设满足了"数字化方案"的解决需要

宁波"城市大脑"是支撑经济、社会、政府数字化转型的核心基础设施，是大数据分析、辅助决策、资源自动配置、安全预警监测、综合运行管理、应急调度指挥的综合应用工具，是智慧城市治理实时化、可视化、现代化的数字系统解决方案，能不断提升城市大脑赋能市域治理现代化能力。

二、宁波"城市大脑"建设的做法、成效以及存在的问题和面临的挑战

（一）宁波"城市大脑"建设的做法成效

1. 宁波"城市大脑"建设的初衷

2016 年，潘云鹤院士、吴志强院士建议宁波启动"城市大脑"CityGo 项目，推进建设覆盖城市规划、设计、建设、运维全生命周期的城市枢纽系统，优化城市资源要素配置。2020 年，宁波市结合智慧城市建设的实际需求，在学习借鉴国内外先进经验的基础上，启动了 CityGo"城市大脑"研究和系统原型研发，重点关注城市智能运营和行业智能运营，数据服务重点转向跨领域、更大范围的数据汇聚、信息融合和综合性应用创新。

2. 宁波"城市大脑"建设的做法

一是构建"851"结构——"一网、一云、一库、一中台，一图、一脑、一屏、一码"八大数字应用支撑体系，"城市公共数据中心、城市数字智慧治理指挥中心、城市数据共享开放与交易服务中心、城市数据安全监测防护中心、大数据新经济赋能中心"五大功能中心，一体化建设城市大脑和大数据中心，以及形成"一核"服务于"三端"——政府端、产业端、服务端，在经济调节、市场监管、公共服务、社会管理、环境保护、政务运行等社会治理应用服务领域实现"一网通办""一脑通治""一屏通览""一码通服"。

二是突出集成共享，将政务云纳入"城市大脑"统一建设管理，实现省市"一朵云"互联互通。

三是注重跨部门协同，重点开展政务服务、执法监管、社会治理、民生服务等领域的数字化应用。

四是按照国家网络安全等级保护 2.0 落实安全保障，并加固第三方安全防护体系，确保网络、系统、专有云和数据安全。

五是发挥大数据赋能作用，发展壮大数字经济。目前，"城市大脑"已在市政

务云部署,开展城市级系统测试验证工作。通过接入服务器、Oracle、MySQL、MQ 等上亿条数据,验证了海量多源数据采集、目录自动生成、交互式数据订阅、任务监测、系统安全等功能。在区级层面,海曙区与阿里巴巴(宁波)有限公司合作,构建"城市大脑"平台,提升城市治理和惠民服务智慧化程度。

3. 宁波"城市大脑"建设的成效

目前,宁波实现新一代信息技术在基层社会治理、生态环境、经济运行、市场监管、安全防控等领域的深度融合应用,大幅提升了城市治理各领域业务的智能化、协同化水平,探索形成城市智慧治理新模式,推动市域治理能力现代化。

一是加快推进了政务服务"零次跑",政务服务办件网上受理率超过 80%,政务"网上办、掌上办"服务质量大幅提升,由"可办"转为"好办、易办"。

二是初步建成城市大数据中心,政务云计算支撑能力进一步提高,公共数据目录项达 2 万项,"证照分离"改革、政务办事、城市公共服务等数据有效归集共享。

三是在具体应用层面,建立"甬易办"平台,一端面向企业,另一端对接政府服务部门,实现全市惠企惠民政策一键直达。截至 2021 年 1 月底,"甬易办"平台共发布政策 559 个,惠及 49.6 万家企业(个人),涉及资金 86.7 亿元,受到了国务院办公厅电子政务办点名表扬。并于 2020 年 12 月中旬,向涉及 3308 万元未兑付补贴资金的 2636 家企业(个人)发出了领取补贴的提醒。

此外,宁波"城市大脑"项目荣获 2020 全国政府信息化卓越成就奖,并入选《2020 政府信息化创新成果与优秀案例选编》,可见宁波"城市大脑"的建设已得到国家层面的肯定。

(二)宁波"城市大脑"建设存在的问题

经过多年的业务建设,各市政府机构已积累了一批兼具示范性、适用性、实用性的业务应用及相关配套数字资源,需与"城市大脑"积极联动融合,共同孵化具有创新意义的示范应用。其中存在以下几个问题。

一是系统分散,阻碍了数据充分共享。客观上,各市政府机构执行各自职能,业务相对独立,业务系统孤立分散、不相通。

二是业务顾虑,阻碍了数据充分共享。主观上,各市政府机构对数据共享普遍存在顾虑,对数据是否共享、如何共享、共享到什么程度、是否会产生负面影响等问题都持保留态度,谨慎执行。

(三)宁波"城市大脑"建设面临的挑战

宁波"城市大脑"建设至今,在重视程度、工作机制、工作进度方面面临着不少挑战。

一是就重视程度而言,各市政府机构对"城市大脑"建设工作的重视程度各异,参与配合工作的积极性、有效程度各异。

二是就工作机制而言,各市政府机构之间针对"城市大脑"建设建立常态化沟通交流的机制不完善。

三是就工作进度而言,各市政府机构任务接入的进度有待提升,建设内容有待进一步优化。

三、宁波"城市大脑"建设策略的对策建议

"城市大脑"不是孤立的技术创新活动,它是一整套体系设计的考量,更是社会治理模式的创新,围绕技术进行配套机制的创新,从根本上改变治理方式,其背后是推动整个政府体系运作的流程再造,以谋求达到"人机结合、人机融合"的效果,这是"城市大脑"建设的应有之义。因此,宁波"城市大脑"建设要把握现实基础和未来趋势,符合宁波城市功能定位,满足群众生产生活需要,解决落地性问题,实现共治共建共享。

(一)建立以项目为单元的工作机制,探索工作专班模式,实现数据赋智

以项目为单元,由分管市领导牵头主抓,协同各市级部门、区县(市)/乡镇街道,以及提供公共服务的企业统一进驻宁波软件产业园区集中办公,考虑建立涵盖多个业务部门、多领域专家的横向项目组织,建立工作专班,并在办公场地、后勤服务、设备设施及云资源等方面,给予专班统一保障,推动部门联动。由市大数据局统筹协调总体规划、需求梳理、中枢运维、数据协同、规则沉淀等各项工作。由横向项目组织承担立项决策工作,激发各主体的积极性,保障决策的综合性。加快政府数据在安全可控的基础上有序开放共享,实现各级各部门、各领域、各行业之间互联互通,形成政府主导、企业协同、全社会应用的工作机制和运行模式。可考虑建立以下两种专班形式。

一是"一窗受理专班",推进事项联动。通过进一步细化办事情景,明确办事材料,达到"最小颗粒化",推进政务办事"标准化""智能化""傻瓜化",为综合受理窗口人员无差别受理提供基础支撑,也为"网上办、掌上办、就近办"打下基础。

二是"数据归集共享专班",推进业务联动。构建数据资产管理体系,完成可信电子证照基础库、办事材料共享库、人口基础库、法人基础库、征信库、基层治理综合信息库、空间地理信息共享库等大数据基础库建设。建设完善跨部门、跨层级数据归集共享的数据共享治理及服务体系,把"最多跑一次"改革作为数据应用的重要领域、最大场景,以需求为导向推动数据归集共享、推进数据创新应

用,实现数据从采集环节到数据资产化的全链路一站式服务。健全数据资源标准规范,通过现场需求对接会的方式,让需求提出部门和数据提供部门面对面沟通,确认需求数据的具体内容和要求,形成数据共享的"宁波经验"。

(二)推动政企合资共建的合作模式,创新投资运营模式,实现模式赋智

一是完善建设运营支撑体系,吸引多元主体参与。建立政府指导、国资主导、领军企业生态圈建设、市场化运作的"城市大脑"建设运营主体,建设以政务数据和社会数据为核心资产、创新应用为驱动力的安全可控的运营支撑体系与运营服务平台。

二是创新投融资模式,充分发挥资本市场作用。逐步建立以政府投入为导向、企业投入为主体、社会投入为重要渠道的多元化投融资体系。在交通、医疗等居民获得感强、数据量大的应用领域探索商业价值实现点,充分发挥市场作用,形成"城市大脑"创新和建设生态。

三是创新运营模式,推动可持续发展。重视运营环节,推动以建设方为主导的 PPP 模式向以运营方为主导转变。创新"城市大脑"商业运营模式,借助宁波诺丁汉大学区块链实验室、浙大宁波理工学院信创联合实验室、亮鲸网络联合实验室等平台的技术优势,有条件开放城市非涉密数据,鼓励企业深入挖掘开放数据。建立数据服务、智能平台开放使用的定价机制和交易规则,实现数据资源、智能平台的资产化、价值化。

(三)建设涵盖多个系统的应用场景,扩展"城市大脑"应用模式,实现业务赋智

完善以"城市大脑+业务小脑"为中枢的统筹协调联动机制。深化"城市大脑"与交通、经济、安全、生态、城管等重点领域"业务小脑"在数据、业务、系统等方面的融合交互力度,加强分级协调联动,形成有序的"城市大脑"管理逻辑。强化"城市大脑"作为系统、平台、数据和业务交互融合的"总枢纽""总集成""总调度"作用,以跨领域协同应用场景为切入点,打造丰富的智慧应用场景,推动智慧应用加速从单维突进向综合智能演进。

一是建设"城市大脑"交通系统,展示宁波智慧交通的成果和数据,加强交通系统与外部互联网数据的对接和数据共享,同时加强城市大脑对智慧交通的支撑力度,实现数据驱动交通管理模式和服务模式的改变。

二是结合"雪亮工程"建设,汇聚公安、消防等多部门数据,实现公共安全大数据的采集、共享、服务和访问。

三是构建立体化的城市数据大脑城管系统,整合环保卫生等城市管理资源。

四是整合与旅游相关的食、住、行、游、购、娱等要素,结合人流、车流、消费等多方面的数据,动态掌握全域旅游的即时状态,并提供预测预警。

五是建设集成、开放、共享的健康平台,实现医保、医药等数据的融合,推进公共卫生、计划生育、医疗服务、医疗保障、应急救治、药品管理、综合管理等业务的智能化建设。

六是通过环境系统平台实现全景式生态环境形势研判,实现生态环境质量、污染物排放、温室气体排放、环境承载力等数据的关联分析和综合研判。

七是开展城市数据大脑区县中枢建设,区县中枢根据城市数据大脑的统一要求,向大脑传送相关数据,实现宁波全域一个"大脑"指挥下的分工协作、联动发展模式。

八是通过大数据开发和应用的商业模式创新,吸引各类主体共享共用大数据资源。

（作者单位：浙江药科职业学校）

新冠肺炎疫情下宁波"减税降费"政策实施研究

余　威

一、新冠肺炎疫情下宁波经济面临的挑战

2020年,突如其来的新冠肺炎疫情扰乱了宁波经济的有序发展,进出口贸易额骤降、企业复工复产受阻及全市消费持续低迷。一是进出口贸易额骤降。据不完全统计,2020年第一季度,宁波市进出口总额同比下降19.3%,外贸企业基本处于停业状态,而外贸相关制造类企业亦处于停工状态。二是企业复工复产受阻。新冠肺炎疫情前期,国内企业响应政府的疫情防控要求主动停止生产活动;新冠肺炎疫情后期,由于口罩、消毒水等防疫物资短缺,外地员工返甬存在障碍,以及原材料供应匮乏,复工复产面临巨大压力。三是全市消费持续低迷。疫情期间,宁波全市有近七成的居民减少消费,使得疫情对旅游、娱乐、餐饮、线下零售业等行业形成重大冲击。百货商场大量歇业,机场、车站等公共场所人流量明显减少,餐饮酒店等场所亦鲜有人出现。

二、新冠肺炎疫情下宁波"减税降费"政策实施现状

为应对疫情对经济的负面影响,宁波市在认真贯彻落实党中央、国务院和浙江省委省政府的决策部署后,在坚持防控优先原则前提下,按照"两手都要硬、两战都要赢"的要求,贯彻落实财政部等部委出台的《财政部税务总局关于坚决落实减税降费政策帮扶企业渡过难关的通知》(财税〔2020〕27号)。宁波市针对疫

情对经济的冲击采取的应对措施大致有如下几个特征。

(一)政策扶持力度大

宁波市相关部门利用开展实地调研、召开座谈会、开展问卷调查和第三方机构评估等方式具体分析减税降费政策落地过程中的卡点、堵点和企业发展中的痛点,并在听取各方反馈后,客观研判减税降费政策对缓解企业困难、促进企业复工复产等方面带来的积极作用。据统计,2020年,宁波市全年累计减税降费额达677亿元,其中税收减免459亿元,社保费用减免202亿元,其他各项费用减免16亿元。① 总体而言,相比2003年针对非典疫情的措施,宁波市应对新冠肺炎疫情的税费减免力度明显更大。

(二)补助对象覆盖面广

2020年2月4日,宁波市出台了《关于打赢疫情防控阻击战帮扶中小企业共渡难关的十八条意见》,此后又相继出台复工复产20条、支持外贸企业12条、服务业健康平稳发展21条、保障"三农"发展等一系列帮扶政策。表1报告了2020年上半年宁波实施的与"减税"政策相关的部分明细。在增值税科目减免中,仅涉及"公共交通运输服务、生活服务及居民必需生活物资服务"一项的免征增值税税额即达1亿多元,享受该政策的户数超过10000户。针对小规模纳税人增值税减免高达1亿多元,惠及33281户,增值税优惠平均每户近3000元。在所得税科目减免中,有36家企业享受"疫情防控重点保障物资生产企业扩大产能购置设备允许企业所得税税前一次性扣除"减免,优惠金额接近1亿元。而"通过公益性社会组织或者县级以上人民政府及其部门等国家机关捐赠应对疫情的现金和物品允许企业所得税税前全额扣除"的优惠覆盖658家单位,优惠金额共计7200万余元。表2为与"降费"政策相关的部分明细。其中,第1至第4条与社会保险费相关,第5至第8条涉及交通运输、港口建设等其他费用。宁波共减免或缓交企业社会保险额达百亿元,减免政策惠及辖区内各类型企业。"企业养老、失业、工伤保险单位缴费部分"减免近62亿元,惠及240177家企业;减免"基本医疗保险"16亿元,惠及251852家企业;"失业保险稳岗返还"减免近13亿元;缓缴"社会保险费"6亿元。在其他费用减免方面,宁波的降费优惠内容涉及"中小微型企业的国有资产类经营用房租金""高速公路通车费""进出口货物港口建设费""污水处理费"等,降费额度达数亿元。

---

① 笔者根据宁波市财政局原始数据整理所得。

表 1　2020 年上半年税收减免情况统计

序号	税费优惠政策内容	享受户数 /户数	免征税额 /万元
1	对提供公共交通运输服务、生活服务及居民必需生活物资服务收入免征增值税	12619	10505.47
2	对疫情防控重点保障物资企业全额退还增值税增量留抵税额	51	7166.11
3	对纳税人提供疫情防控重点保障物资运输收入免征增值税	12	2.79
4	对定额超过起征点的定期定额纳税人,确因疫情影响实际营业额的,可依法调整定额	551	6.29
5	对因疫情防控停业的个体工商户免缴停业当月定额税额	60	4.33
6	阶段性减免增值税小规模纳税人增值税(小规模纳税人增值税征收率由 3%降至 1%)	33281	10460.24
7	对无偿捐赠疫情货物免征增值税、消费税、城市维护建设税、教育费附加、地方教育附加	111	77.57
8	通过公益性社会组织或者县级以上人民政府及其部门等国家机关捐赠应对疫情的现金和物品允许企业所得税税前全额扣除	658	7223.67
9	疫情防控重点保障物资生产企业扩大产能购置设备允许企业所得税税前一次性扣除	36	9942.61

表 2　2020 年上半年费用下调情况统计

序号	费用优惠政策内容	享受户数 /户数	减免金额 /万元
1	减免企业养老、失业、工伤保险单位缴费部分	240177	615600
2	减免基本医疗保险	251852	162053
3	缓缴社会保险费	—	62369
4	失业保险稳岗返还	—	129300
5	减免中小微型企业的国有资产类经营用房租金(2 个月)	288	821.73
6	减免高速公路通车费	—	19000
7	免征进出口货物港口建设费	—	8000
8	减征污水处理费	—	972

（三）实施效果明显

"减税降费"政策给疫情下的宁波经济复苏注入一剂强心针。总的来说,具体体现在以下三个方面。一是 2020 年以来,全市共办理出口退（免）税高达 285.3 亿元,切实盘活了外贸企业的资金流。据宁波海关统计数据,2020 年 9 月,宁波市进出口总额达到 946.6 亿元,同比增幅高达 19%,"减税降费"促进外贸企业稳步增长。二是宁波市印发的《关于促进企业复工复产的若干意见》文件,通过支持员工返岗、降低企业成本、拨发招工补助等政策帮助企业复工复产。截至 2020 年 2 月底,宁波规上工业企业累计复工 5756 家,复工率达到 76%。三是宁波出台了多项消费促进政策。截至 2020 年底,宁波市居民人均生活消费支出达到 34455 元,同比增长 1.5%,相比疫情期间的负增长,宁波市的消费得到进一步复苏。

三、新冠肺炎疫情下宁波"减税降费"政策实施存在的问题

宁波"减税降费"政策在实施过程中取得了较大成就,但也存在以下问题。

（一）政府财政收支不平衡

为落实疫情防控各项经费补助政策,宁波市各级财政累计支出疫情防控资金 14.8 亿元,在实施"减税降费"政策阶段中,2020 年全年累计减税降费 677 亿元。根据宁波市财政局数据,疫情以来,宁波市 2 月税收收入 88.8 亿元,实现负增长 2.9%;3 月税收收入 110.4 亿元,实现负增长 21.8%;4 月税收收入 124.7 亿元,实现负增长 3.4%;5 月税收收入 93.7 亿元,实现负增长 4.2%,直到 6 月税收收入才恢复正增长。减税降费政策给宁波财政收支平衡带来压力,因此如何有效应对因减税降费导致的财政收入减少问题,促进当地经济平稳增长,是宁波接下来部署的重点。

（二）与地方经济特色契合度不高

相比国内其他城市的企业,宁波企业有三个明显的特征:一是民营企业数量众多,且规模较小;二是制造业企业比重较高;三是宁波拥有深水良港,外贸企业数量多。从目前减税降费的政策来看,宁波市出台的政策并没有有效结合当地经济发展的实际情况,"减税降费"政策缺乏地方特色。因此,宁波市如何有效结合当地经济发展的实际情况,对症下药,最大限度地发挥"减税降费"政策促进经济发展的作用,产生叠加效应,是宁波需要重点考虑的。

（三）税收治理结构不完善

从现有宁波市税收治理结构来看，还存在不完善现象。一是"减税降费"政策惠及行业主要集中在交通运输、餐饮、住宿以及旅游等行业，在整体税负降低的背景下，行业之间仍存在不平衡现象。二是宁波市减税降费的重点税种是增值税和企业所得税，这两种税种的效果也最为明显，而其他税种的减免效果相对较弱。三是减免税办理效率有待提高，尤其是疫情期间提倡"非接触式"办税方式，因此政府要进一步辅导纳税人学会办税方法，提高办事效率，促使纳税人及时享受到税收优惠。

四、优化宁波"减税降费"政策实施建议

为优化"减税降费"政策的实施效果，课题组提出如下三条建议。

（一）科学缜密优化税费减免政策

税费减免能够在一定程度上缓解新冠肺炎疫情对宁波经济造成的不利影响，但也会激化政府的财政收支矛盾，这就要求宁波政府应当从总体上缜密设计税费减免政策，注意政策的系统性、全面性、衔接性和有效性。制定政策时，既要考虑政策能够增强企业抗疫能力的现状，又要关注政策减少政府收入的事实。对此，一要优化税费结构。既要尽可能地平衡减税和降费，又要逐步缩小收费的范围，最终以税代费。同时，借着税费减免契机推进税制改革，扭转流转税占主导的不合理局面，通过大幅降低增值税、消费税等税种的课税比重，适当增加所得税等财产税在税收总额中的占比，从而刺激消费，实现经济稳增长、稳预期的目标。二要优化税收征管模式。税收征管时，宁波政府可以灵活运用先交后返、缓交、减免等多种形式，针对企业所有制、行业和规模等差异，分别采用不同的征管模式，运用好征管方式。三要优化税负结构。政府要把降税率与压税基有机地结合起来，进而实现减征税额的目标。此外，还要体现减税降费的公平性，确保所有行业均享受到税费减免的红利。总之，宁波政府出台税费减免相关政策时，要尽力避免"大水漫灌"式的全面出击，控制政策的"挤出"效应，最大限度地发挥"减税降费"政策增强企业抗疫能力的积极作用。

（二）靶向实施"减税降费"政策，推进企业转型升级

税费减免要有机结合制造业向智能制造转型升级、小微型企业与外贸服务企业内涵改造等目标，既要解决企业眼前的生存问题，又要立足宁波经济的长远发展。减税降费的根本目标，在于有重点地支持一批新型智能制造企业的发展，

提升制造业的科技含量和品牌附加值,由此实现宁波经济的转型与升级。此外,要重点关注"减税降费"政策对制造企业和外贸服务企业的影响,确保政策契合宁波特殊的产业结构,并以此最大限度地发挥政策促进经济发展的作用。要保障普惠性税收减免政策的落实,在增值税、所得税等基础上,进一步考虑减少房产税、土地使用税、资源税、城市维护建设税、教育费附加、地方教育附加等税种所能发挥的经济作用,放宽制造企业和外贸服务企业进行所得税额减计使用标准,确保政策红利覆盖更多的制造企业和外贸服务企业。具体实施"减税降费"政策时,宁波要围绕宁波舟山港港口产业布局,发挥港口经济的辐射效应,引导制造业、外贸服务业以及金融业等各个产业与港口经济良性互动发展,产生"减税降费"政策的叠加效应。

(三)完善政府税收治理应对疫情冲击协同效应

宁波出台的税费减免政策既要遵循中央、浙江省相关文件精神,又要充分结合宁波具体情况,考虑行业类型、经营方式以及业务特点,避免一刀切与照抄照搬上级政策。宁波的"减税降费"政策要以法律形式予以确定,并在此基础上不断优化税制结构,完善税收调控功能,推进依法治税,最终实现以现代税收制度促进经济高质量发展。在疫情常态化期间,宁波要深入落实落细税费减免有关政策,持续优化税收营商环境,使其在财政收入筹集、分配调节、结构优化等方面发挥更大作用。要完善政府机构和管理体系,通过政府职能改革,整合优化资源和信息,实现税收治理职能完善和优化,提高税收决策效率和效果。要科学评价政府政绩,政策考核目标要充分调动有关部门的积极性,激励不同政府职能部门协调协作、协同发力。在应对税收风险时,要以问题为导向,统筹全局,深入调研,科学谋划,有的放矢。

（作者单位:宁波大学）

后疫情时期推进宁波市政府
数字化转型的对策建议

尹天鹤

一、宁波市政府数字化转型助力防疫工作取得的阶段性成绩

(一)"精密智控"构筑防疫安全网

疫情期间,宁波市借助基层社会治理系统,全力实施数字赋能,有效开展"线上＋线下""大数据＋网格化"防控,深化人口数据清洗对比,及时掌握重点人员信息,为全市快速筛查、精准定位发现防控重点目标提供数据支持和平台支撑,有效提升群防群控的能力和水平。研制并推行"宁波全域一码通"——"甬行码",在全国率先开启社区信息化防疫,并在此基础上扩展出行、就医等多场景应用,推进精密防疫。建立疫情数据共享机制,积极协调省级数据资源,同步共享疫情管控数据,为疫情防控研判、分析、决策提供数据支撑,其中公安、教育等部门对"甬行码"的健康信息接口的调用达 37.7 亿次。

(二)"互联网＋政务服务"实现全天不打烊

迭代升级"互联网＋政务服务",坚持"让数据多跑路、群众少跑腿"理念,实现"一窗服务、一城通办、一体审批、一网流转",浙江政务服务网宁波平台已覆盖全大市所有办事服务部门,实现 2700 个事项市域通办,572 个事项省域通办,434 个事项跨省通办,全年政务服务总收件量达 3104 万件、网办率 83.18％,市本级承诺时限压缩比 97.62％,跑零次率 99.43％。推进掌上办事,全面应用"浙里办"App,整合公安、社保、健康医疗、公积金、缴费支付等专题服务,助力疫情期间全市政务服务 24 小时"不打烊"。截至 2021 年 1 月,宁波站点上线 31800

个"掌上办"事项,提供351个高频应用,注册总数超638.8万,日活跃用户17.4万。

(三)"精准施策"助力企业复工复产

深入贯彻落实党中央国务院关于有序做好企业复工复产工作的决策部署,充分运用"省疫情防控系统""入境来浙人员预申报系统""疫情防控联合工作钉钉群"等技术手段,强化重点地区来甬人员管控,为复工复产打下坚实基础。以大数据、人工智能、云计算等数字技术为支撑,从金融扶持、财税减负、市场监管全面发力,精准施策服务复工复产。汇集各部门兑付数据,打通市县两级支付渠道,创新打造"甬易办"一键兑付平台,实现精准兑付、主动兑付,政府补贴直接惠企利民。平台自2020年6月上线以来,总访问量达1088万人次,上线政策565项,惠及49.5万家企业(个人),兑现涉及金额86.1亿元。

二、后疫情时期政府数字化转型新形势新趋势和新特征

(一)疫情推动"政府数字化转型"进入加速期

从全国范围来看,数字化技术已成为抗疫"利器",也将为疫情防控常态化助力。一是政府数字化转型有助于提升基层疫情防控效能。借助基层社会治理平台,实施联防联控、群防群治,有效降低基层防疫人员的工作压力,为快速筛查和精准定位发现防控重点目标提供技术支持。二是政府数字化转型有助于提供非接触式政务服务。依托在线政务服务平台,倡导"网上办事""掌上办公",推进"非接触式"政务服务,使群众足不出户,高效解决生活、生产之需。三是政府数字化转型有助于决策施政的科学化和精准化。打通应急管理、医疗救助、通信运营商的系统壁垒,构建全方位、多层次、多元主体参与的信息汇聚与实时共享体系,快速准确掌握实时疫情数据,为研判疫情发展态势、精准制定防疫措施提供重要保障。

(二)应急管理将成为数字政府赋能重要领域

从各地疫情防控经验看,我国应急管理体系急需政府数字化转型赋能。一是应急治理急需多主体参与。政府数字化转型有助于顺畅政府、企业、基层组织等各方沟通衔接渠道,形成多主体参与格局。二是数字化平台助力资源共享与整合。政府掌握了大量政务数据和社会数据,依托数字化平台能够促进资源高效共享与整合,提高应急管理效能。三是政府数字化转型有助于理顺应急管理机制。解决各地应急管理部门体制机制不顺、边界划分不清、指挥体系不畅等问

题,使应急管理部门在疫情防控的真枪实战中积累经验,理顺体制机制,强化数字化技术与应急管理工作融合。

(三)大数据技术成为支撑城市精细化治理的关键要素

"健康码"、流动人员疫情大数据管理平台等大数据技术为抗疫持续赋能,也长远地影响着城市治理。一是大数据为精细化管理提供支撑。运用大数据将诸如市场监管、交通等数据进行汇聚与关联分析,从而提高政府监管和服务的针对性。二是大数据为政府科学化决策提供帮助。利用信息整合功能,为城市治理问题识别、目标确定、政策制定等提供系统、全面、科学的决策信息,并在数据挖掘、模拟仿真、人工智能的支持下,精准把握问题实质,推动科学决策、精准施策模式转型。三是大数据有助于改进城市治理的绩效评估。运用大数据技术汇集社会主体、治理对象等数据,通过分析情感、内容、舆情等手段汇总民众对城市治理的绩效评价,促进城市治理绩效评估科学化和民主化。

(四)政府的服务模式从职能驱动向需求驱动演进

传统的政务服务模式按职能驱动组织,虽然有专业化管理优势,但横向沟通和协调困难,尤其难以迅速应变,适应性不强。比如在此次疫情防控中,部分地区政府部门仍采用传统职能型服务模式,导致防疫物资调配不力、复工复产推进缓慢。面对当今世界"百年未有之大变局",政府服务模式亟待向需求驱动转变,能够根据外部变化调整业务流程中的关键环节,配置相应资源,通过加强信息流和业务流在水平和垂直方向上顺畅流动,促进部门之间的相互协作,迅速满足群众和企业的需求。这在本质上是与政府数字化转型的目的相通的,二者能够相互渗透、相互促进。

三、宁波市政府数字化转型面临的问题和挑战

(一)存在的问题

1.政府数字化转型理论研究相对薄弱

得益于多年的智慧城市建设,宁波在基础数据整合、城市数字化治理、政务协同等方面有着良好的实践基础。但与上海、杭州等城市相比,宁波在政府数字化转型领域的理论研究相对薄弱。一是基础理论研究不够深入。宁波已有政府数字化转型的研究多集中在精神宣贯、政策制定和项目实施等方面,在符合城市特质的组织推进、创新举措、经验凝练等方面还存在不足。二是管理制度有待健全。宁波政府数字化转型目前正处于快速发展期,现有制度体系尚不能完全保

障其一体化流畅运行,存在统筹推进力度不够、绩效评价机制缺失、体系化建设成效不够等问题。三是政府数字化转型标准体系建设亟待开展。当前宁波对政府数字化转型实施的相关细节尚未形成统一的标准规范,尤其是关键领域的立法工作相对滞后,在复杂的社会结构、不同部门利益诉求冲突时,无法提供权威指导依据。

2. 数字化应急管理体系亟待完善

新冠肺炎疫情的应对过程暴露了我国应急管理领域的短板,也使得推进应急管理体系和能力现代化的紧迫性极大提高。信息化、数字化作为推进应急管理现代化的重要抓手,将成为下一阶段我国应急管理工作的重点。从宁波防疫的实际状况来看,全市应急管理体系在应对疫情突发事件的处置能力有限,数字化水平有待加强。一方面,现有市级应急管理的信息化建设无法支撑疫情防控指挥调度的需求,主要表现在线上线下联动指挥的调度功能薄弱,对突发事件分级响应不够及时;另一方面,现有政府数字化转型、智慧城市建设成果与应急管理体系尚不能有效衔接,智慧交通、智慧医疗、基层社区治理等领域的数字化应用多局限于行业以内,跨行业综合应用存在机制障碍,难以形成相互协调、高效互联的有机整体。

(二)面临的挑战

1. 跨域融合的数据应用需求爆发

深度应用大数据潜在的价值已成为推进国家治理体系和治理能力现代化重要环节。但由于各部门、领域长期以来信息化业务分散建设,数据都有一定片面性和局限性,无法反映事物全貌。数据的跨域融合是指以决策智能为目标,将来自多个数据源的相关数据,进行提取、聚合、梳理,形成数据合力,从而为决策或判断提供支持。近年来,数据跨域融合获社会各界的广泛认同,涌现众多创新应用场景。如手机信令数据与"健康码"相遇,能实现患病人员的行程追踪;将公安户籍数据、社区人员健康申报数据、人员出行数据进行关联,能够快速精准地判断区域疫情风险等级,实现对人员的分级管理。在后疫情时期,随着数字政府、智慧社会建设的加速推进,跨域融合的数据应用需求将呈现井喷式爆发,成为推动各行业数字化转型的重要力量。

2. 数字化转型驱动管理思维变革

数字化转型是一种认知革命,它需要政府在组织结构、业务流程、管理模式等诸多方面重新审视自身,驱动管理思维的变革。一是数字化转型驱动组织架构向扁平化、网络化演进,能减少科层制组织结构沟通协调成本大的问题,提升组织运行效率,打破科层制组织机构的边界。二是业务流程再造驱动管理思维创新,其实质就是对当前业务流程的基本问题进行反思,并重新改造,从而获得绩效目标的显著提升,是一种管理变革的创新思维。三是数字化转型将加速管理决策向数字化驱动转变。数据成为核心生产要素,能为决策者带来更为深刻、全面的洞察能力,极大提升管理决策水平,因此政府的管理模式将由传统的上级指令式驱动向数字化驱动转变。

四、对策与建议

(一)优化"互联网+政务服务"平台

一是深入推进多业务协同。聚焦公共服务、社会管理、环境保护等痛点问题,扩展市域治理场景化多业务协同应用,提升城市治理体系和治理能力现代化。二是加强政府数字化转型理论研究。从数据体系构建、流程再造、组织进化、标准规范、推进举措等方面,组织开展重大课题研究,形成符合宁波城市特质的系统性研究成果,夯实政府数字化转型的理论基础。三是完善"互联网+政务服务"的绩效评价机制。科学合理制定评价指标体系,引入第三方机构评估建设绩效,同时发挥社会监督和舆论监督作用,以惠民效果和群众评价检验考核政府数字化转型成效。

(二)推进城市大数据的融合与挖掘应用

一是深化政务数据的汇聚共享。以"全统一、全打通、全归集、全共享、全对接、全覆盖、全在线"为导向,加快构建跨部门、跨地域、跨系统的宁波大数据中心平台,强化对政务数据汇聚共享的支撑作用。二是加速城市大数据的融合治理。运用整体化思维整合城市数据的管理制度、方法和技术,从经济调节、社会管理等领域实际需求出发,加快城市大数据的治理与融合,形成高质量的城市融合数据库。三是深化宁波"城市大脑"的建设和应用。围绕城市运行体征监控、公共资源配置、宏观决策指挥、事件预测预警和"城市病"治理,开发"城市大脑"特色应用,切实提升城市治理体系和治理能力现代化水平。

(三)加快推进数字化应急管理体系建设

一是构建应急通信网络体系。面向应急指挥应用场景需求,加快布设卫星通信网、无线通信网、城市感知网等基础网络设施,形成基于多通信平台融合的空天地海一体化应急通信网络体系。二是完善应急管理综合应用平台。在整合卫健、交通、市场监管、海关、住建、水利、气象等部门数据的基础上,加快推进市—区县(市)两级互联互通的公共安全应急响应和指挥决策平台。三是构建现代化应急治理体系。灵活运用数字技术构建业务协同模型,深化公共卫生、防灾减灾和安全生产等领域的数字化应用,提高监测预警、辅助决策、救援实践、物资保障和社会动员等能力,形成应急处置闭环,提升风险防范和化解水平。

(四)构建城乡基层治理与市域社会治理融合联动格局

一是加强城乡社区服务和管理能力建设。依托基层治理"四平台",建设"基层治理小脑",推动政务服务、社会管理等深度融合,加强基层跨部门协同指挥、调度和部署演练,提高市县镇村四级迅速联动应急反应能力。二是构建乡村数字治理体系。推进村级事务网上运行,将"互联网+社区"模式向农村延伸,逐步实现政务服务、民情收集、议事协商、公共服务等村级事务网上运行。三是推进公检法协同。全面汇聚社情、警情、案情等数据,研发智能决策评估模型,构建执法司法服务高效联动协同平台,综合分析、研判刑事犯罪现状和趋势,推动公检法机关衔接更顺畅、监督更规范、工作更高效。

参考文献

[1] 孙海荣:《重大疫情事件中政府危机管理能力研究:以 SARS 肺炎疫情和新冠(COVID-19)肺炎疫情对比分析》,载《辽宁大学学报》(哲学社会科学版)2020 年第 4 期。

[2] 杨述明:《数字政府治理:智能社会背景下政府再造的必然选择》,载《社会科学动态》2020 年第 11 期。

[3] 王伟玲:《加快实施数字政府战略:现实困境与破解路径》,载《电子政务》2019 年第 12 期。

[4] 孙弼朝:《论突发公共卫生事件中的数字政府治理》,载《新闻传播》2020 年第 20 期。

[5] 周亮、崔雪峰、王庆蒙:《数字政府助力打赢疫情防控阻击战》,载《网络安全和信息化》2020 年第 3 期。

[6] 郑从卓、胡佳艳、高则海:《发挥智慧城市先行优势 强化疫情防控科技赋能》,载《宁波通讯》2020 年第 5 期。

(作者单位:宁波工程学院)

宁波汽车零部件产业集群创新发展路径研究

杜运潮

2020年,受新冠肺炎疫情影响,宁波市制造业都出现了低谷,经过几个月的调整,部分产业逐步得到复苏。自下半年开始,宁波大部分汽车零部件企业订单爆满,产品供不应求,受行业整体向上形势的带动,一片繁忙景象,这股涨势预期会延续至2021年底。

一、宁波汽车零部件产业集群创新发展的现状分析

(一)总体状况良好

汽车零部件产业集群是国家先进制造业集群培育项目,随着汽车行业的快速发展,围绕整车企业的汽车零部件产业集群也得以快速发展。宁波汽车零部件企业主要面向全球,主要的客户为奔驰、宝马、奥迪、丰田、大众、吉利等。目前,宁波地区共有5000多家零部件企业,规模以上企业989家,37家上市公司,其中A股34家,H股3家,总市值超过3800亿元,包括爱柯迪、柯力传感、海天精工、旭升股份、杉杉股份、宁波韵升、均胜电子、华众车载等。

一大批宁波汽车零部件企业成长起来,成为各自领域里的领军企业、单项冠军、小巨人和国家级示范企业,产品填补国内空白,筑成宁波汽车零部件产业集群的坚实基础。宁波市55家国家级专精特新小巨人企业中,汽车零部件行业17家,占比48.6%,如雪龙集团、华缘新材料、宁波恒富等;宁波市39家(个)国家级制造业单项冠军企业(产品)中,来自汽车零部件行业的就有14家(个),占比35.9%,如海天塑机的塑料注射成型机、柯力传感的应变式传感器、旭升汽车的新能源汽车铝合金减速器箱体。2020年7月,汽车零部件企业"双百强"发

榜,浙江 17 家企业上榜,宁波占 6 席。均胜电子、继峰股份、宁波华翔、拓普集团、双林股份和埃柯迪等均登上 2020 中国汽车零部件企业百强榜。同时,均胜电子也进入全球百强榜,位居第 35。

(二)产业结构完善

目前,宁波汽车零部件产业结构完善,具有汽车四大系统零部件的制造能力,得到国内外主机厂的认可,在国内属于一流的产业基地,在全球汽车产业链中占有重要地位。宁波汽车零部件产业集群协助雪龙、长华等六家企业成功上市,引导国电投等高新企业在宁波投资建厂,扩大集群对外合作,成立北美 NAAP 汽车零部件采购服务中心,吉利实现在海外的一系列并购,开展"一带一路"活动,吉利汽车与 SMART 合资的新能源项目及总部落户前湾新区,均胜、继峰等一批企业收购和兼并了日本高田、德国格拉默等诸多全球汽车零部件头部企业等,在不同程度上增强了集群的创新优势。

(三)区域分布合理

北仑区拥有传统整车、新能源汽车制造及零部件配套的全产业链,涌现了吉利汽车、拓普、继峰、雪龙等整车和零部件龙头企业,规模以上企业共有 88 家。国内首个全 5G 智慧工厂——国内知名汽车零部件生产企业宁波爱柯迪 6 号工厂,在爱柯迪私有云后端,一个后台人工智能大脑可直接跟近 6000 个前端点同时进行交互和控制,通过 5G 信号把数据全部上云,然后在云端进行总控。宁波集聚了 16 家省级企业研究院,拥有 9 家国家级企业技术中心,占全市国家级企业技术中心的 37.5%;32 家省级以上技术中心,占全市省级企业技术中心的 24.3%。目前,作为国内整车生产自动化水平较高的汽车生产基地之一,汽车产业——宁波杭州湾新区是国家新型工业化产业示范基地,已集聚上海大众、吉利两大整车制造企业以及德国博世等世界级汽车零部件企业,拥有吉利—沃尔沃中国设计及试验中心、西安交大快速制造中心、复旦大学宁波研究院以及宁波工程学院杭州湾汽车学院等平台。

(四)集聚度较高

宁波汽车零部件产业集群化发展趋势明显,块状经济的产业布局特色鲜明,形成了具有基础优势的汽车内外饰件、汽车橡胶件、汽车通用金属件、汽车电器元件和汽车基础金属件等汽车零部件产品基地,其中以北仑区乘用车及配套发动机、变速器生产基地,象山县的汽车内外饰件生产基地,宁海县的汽车橡胶件生产基地,江北区的汽车基础金属件生产基地,以及鄞州区的先进汽车零部件生产基地的特色更为鲜明,慈溪、余姚的汽车电器元件以及奉化的空压机生产企业也具备较强的发展潜力。汽车产业集群力争到 2025 年实现产值 1 万亿元,集聚

3个全球汽车整车品牌、20个世界百强汽车零部件品牌企业及汽车动力、底盘、车身、电气电控等4个零部件集群,形成整车制造规模化、汽车零部件高端化、汽车后市场专业化的发展格局。

二、宁波汽车零部件产业集群创新发展的问题及原因分析

(一)宁波汽车零部件产业集群创新发展存在的问题

1.价值链地位不高

大部分汽车零部件企业规模小,中低技术含量产品多,产品同质现象严重,众多企业基本上位于从属节点,并未居于核心节点位置,竞争力不强,处于产业链的低端环节。宁波整车企业与本地零部件企业、零部件系统集成商与零部件供应商尚未形成稳定、持续的供应关系,自主品牌对本地汽车零部件企业的带动作用不够强。一方面,长期面向国际市场的零部件企业更倾向于服务高端车型和产品,主攻国内市场的一些零部件企业又难以满足自主品牌“高质量、低成本”的配套条件;另一方面,众多中小零部件企业面临着资金短缺问题,龙头企业基于优势地位的强势,导致零部件企业应收账款回款期较长,增加了企业的运作成本。

2.产业协同度低

先进设计、高端制造技术等仍依赖合资合作等方面获取,技术创新以跟随和模仿创新为主,缺乏自主创新。由于众多中小零部件企业规模小、管理水平不高,企业之间的协作创新极大减弱,且缺少融入大企业发展的综合能力。纵使存在众车联、汽车零部件协会等中介组织,仍难以引导诸多企业进行联合开发,协同效应较低,整零合作不到位,核心技术共同研发不足,导致汽车零部件产业集群创新能力不足。

3.政策支持力度不足

宁波市现行对汽车产业发展的支持政策多是部门性、功能性政策,存在一定的“政策孤岛”现象,少面向产业供应链集群发展的针对性、专业性政策,如基于全产业链的服务平台、供应链金融、全产业链物流等支持政策。各园区、开发区之间缺少协同、信息互通、资源共用,一定程度上限制了产业集群进一步发展的空间。

（二）宁波汽车零部件产业集群创新发展所存问题的原因剖析

1.科技投入方面

习近平在河南考察时指出："一个地方、一个企业,要突破发展瓶颈、解决深层次矛盾和问题,根本出路在于创新,关键要靠科技力量。"宁波采取了一些政策和行动,科技奖项收获颇丰,科技持续提升。然而,相比深圳、上海、杭州、南京等城市,宁波 R&D 经费支出占 GDP 比重仍偏低,即科技投入处于较低的水平,是导致宁波整体创新实力不足、创新水平不高的根本原因。

2.创新人才方面

尽管近些年宁波市制定出台了较多集聚创新人才、提高人才吸引力等方面的政策,但相比其他城市如杭州、西安、深圳等,效果不明显,人才流动较大。与此同时,需要加大宁波当地高校的培养力度,相比杭州、武汉、南京、上海等城市,宁波市高校整体数量和质量均显不足,因而需要提升整体教学质量和人才培养力度。

3.协同创新平台方面

建设"246"万千亿级产业集群,离不开一批高能级创新平台的支撑。从汽车零部件产业集群现状和问题来看,缺少协同创新平台,创新知识在企业之间传递和溢出也缺乏有效的桥梁和机制;部分平台难以实现资源共享,影响整体效应和集聚效应发挥,导致行业创新能力不足。

三、宁波汽车零部件产业集群创新发展的路径设计

（一）政府层面

1.优化宏观政策制定

产业发展不能仅仅依靠市场调节,还需要相关政府职能部门的引导和把控。在汽车零部件产业的发展中,地方政府应具有大局观,以长远的眼光规划发展道路,营造健康、活力、公平的环境。同时,还需要政府提供一定的优惠政策来吸引外资,特别是注重吸引外资企业在本土设立研发机构,汲取国外先进的制造技术,避免沦为外资企业的廉价劳动力。近年来,在政府的鼓励下,宁波地区的汽车零部件企业开始更多地重视技术研发,着力建立制造技术研发中心,引入了许多高端技术设备。这样的转变,为宁波地区的汽车零部件企业提升自身的企业活力和竞争力提供了一定的机遇和保障。

2. 深化政产学研合作

随着各行各业研究的不断深入，不同领域之间的学术交融已成为常态，单一产业的技术创新不可避免地涉及其他领域。在复杂多变的市场竞争下，对于中小企业来说，无论出自时间成本还是出于资金成本的角度，独立承担技术开发的风险都十分巨大，不利于企业进行技术升级。因此，企业与企业、科研机构、高校以及与政府之间的合作就显得尤为重要。合作可以帮助企业分摊创新风险，帮助高校、科研机构将理论与实际结合，技术创新成果带来的产业升级可以使政府更好地完成发展规划，最终形成互利共赢的良性循环，为产业发展提供源源不断的动力。通过建立汽车零部件产业战略联盟，有助于实现政产学研之间的长期合作，会对该产业的发展带来实质性的正面影响。

3. 引导集群完善机制

对于汽车零部件产业集群，虽然现在集群中的企业数量已经具有一定规模，但企业对于知识和技术的创新升级仍缺乏足够的动力，且尚未形成一个稳定有效的集群机制。集群内部的知识中心（科研机构、高校）与技术中心（企业的研发部及企业与大学合作建立的实验室、研究所等）之间的信息共享与合作十分重要，既可以提高科技人员的研发能力，又有利于各组织的发展，从而加快集群创新的脚步。对于汽车产业集群而言，整车企业对于零部件企业同样具有带动作用，整车企业可以倒逼零部件企业创新技术，提高产品质量，甚至可以将其下属的零部件制造机构提升为独立法人实体，使其独立供应高质量的汽车零部件。不断引导集群完善机制，可以合理配置有限的资源，实现技术的联合攻关，促进整个汽车零部件产业的发展。

（二）集群层面

1. 强化集群环境建设

汽车零部件产业园区的建设对于汽车产业发展意义重大，依托产业集群化的优势，搭建各组织间的合作网络，重点攻关车身、底盘、发动机等汽车关键核心零部件的制造技术，重点培养龙头企业，利用龙头企业的品牌效应打响园区的名声，并带动园区内其他小企业的发展。现有的产业园区应充分发挥联盟优势，集中攻关技术瓶颈，相关地方政府也应针对产学研联盟的运作机制制定合理的措施，保障联盟关系的稳固。

2. 推动产业转型升级

宁波汽车零部件产业整体集聚规模较小，应通过资产和资源向优势企业的集中，提高产业集中度，通过做大做强单个企业，提高产业整体的竞争力，并以市场为导向,以系统产品为龙头,按系统、按专业分工,以不同的组织形式,分层次发展汽车零部件集团或专业化生产企业。提高生产企业的生产能力和产品科技水平,大力支持企业开发变速箱系统、发动机系统、底盘系统等重点产品的系统模块,支持企业开发产品利润空间较大的汽车电子类产品和具有广阔发展前景的新能源车辆配套零部件产品,把现有的优势产品做强做大。在国内汽车零部件生产中没有优势的企业,可以先进入修理用零部件市场,通过模仿不断积累技术,实现工艺和产品升级,最终实现产业升级。

3.强化整零协同创新

加快整车企业和零部件企业的整合步伐,实现二者之间的强强联合。即将具有较强竞争实力的整车企业联合起来,将具有较强研发能力的零部件企业联合起来,不断增强汽车整车企业和零部件企业的合作意识,不断增强二者的整合步伐,最终实现整车企业和零部件企业的强强联合。

(三)企业层面

1.发挥龙头企业作用

汽车行业中,一家整车企业再强,若其供应链上游没有良好的零部件生产体系做保障,就不能形成完整的汽车产业,而一个完整的汽车产业,若没有龙头企业作为引领,也很难获得理想的成果。对此,应重点培育龙头企业,通过不断整合资源,吸收中小企业扩大规模,以实现集团化管理,并发挥龙头企业的品牌效应和引领作用,以龙头企业为特色打响地区的知名度,从而带动整个地区的声望,促进产业集群建设。

2.加大企业创新投入

创新投入能力、产出能力和基础支撑能力尤为重要,若只注重其中某几项,整个技术创新的过程会变得更加曲折,因此,汽车零部件产业的创新投入巨大。在产业发展的过程中,要注重提高创新投入的效率,企业应将投入过程透明化,并以市场为导向,加强技术部门与生产、营销等部门的信息交流,拓宽产品的销售渠道,使新产品更好、更快地适应市场。

3.大力引进创新人才

人才始终是创新的宝贵资源,一支经验丰富、高素质的技术团队是汽车零部件企业创新成功的基石。对于企业而言,提供优厚的待遇,打造具有吸引力的企业文化,绘制有潜力的发展蓝图,建立公平合理的用人机制,是吸引人才的有效途径。

（作者单位:宁波工程学院）

"书香宁波"视阈下实体书店的创新发展研究

徐雪松

一、宁波实体书店的发展概况

实体书店作为城市的文化地标,承载着提升城市文化品质、满足市民阅读需求的双重功能。在宁波积极推进全民阅读、构建书香社会的背景下,2020年,宁波市实体书店行业发展呈现出以下特点。

(一)全民阅读设施网络不断完善

2020年,以宁波新华书店集团书香文化园区为样板,鼓励各区县(市)加快建设书城,打造"一区县(市)一书城"的格局。新华书店集团全面布局大型书城文化消费综合体,镇海区最大的综合性实体书店镇海书城、奉化新华书店等"高颜值"书城相继落成,余姚书城等区县(市)书城经过升级改造面貌焕然一新,为读者提供了舒适优雅的阅读环境和更高的阅读活动品质,成为各区县(市)文化消费新地标,助力打造"书香宁波"新格局。

(二)社会力量积极参与实体书店建设

宁波市鼓励各类社会力量参与实体书店发展,积极引进知名特色民营书店,提升"书香宁波"社会影响力。自《宁波市全民阅读促进条例》发布以来,2020年7月5日,位于东部新城的首个职工阅读空间宁波职工悦·读馆正式向宁波市民开放。该书店由宁波市工人文化宫、宁波新华书店集团、宁波图书馆、宁波出版社四家单位合作运营,成为全省首个以推动企业职工素质团队建设发展为目标的文化阅读场所。

（三）实体书店的经营范围不断扩大

实体书店积极探索以图书交易为核心，通过经营文化及文创产品促进业务增长的发展模式。"天一书房"成为宁波首家、也是全国营业面积最大的 24 小时书店；鄞州书城为区文联第 14 个艺术区——"鄞山桥社"开辟了专门的文创产品展示区，持之以恒地打造有影响力的公共文化服务传播交流平台。三味书店等民营书店也从主营图书到兼营教辅，再到文具、文创多元化发展，经营 8 万多种文化产品，近 3 年年营业额均保持 50% 以上的增长。

（四）实体书店的线上业务加快推进

面对 2020 年初以来的疫情挑战，实体书店积极推进线上业务。依托新华书店网上书城购物平台，宁波书城、天一书房、开明书院等均推出线上购书服务，发动员工通过朋友圈、微店、抖音开展线上营销，保证教辅材料、文具等的及时供应；三味书店积极开展线上配送业务，将 1000 多种教辅材料、文具、书输入微店销售页面，并发动员工充当快递员；鄞州书城开展了数十场居家文艺旅行、网上荐书、读书交流活动，引导读者在家读书；枫林晚书店与发行集团合作建设线上书城，丰富了线上图书品种，并举办音乐分享、图书推荐等直播活动，促进书店运营服务全面升级。

（五）对实体书店的政策扶持力度加大

宁波市委市政府高度重视实体书店在书香社会建设中的基础性作用，为应对疫情冲击，通过拨付文化产业发展专项资金、加大信贷和消费支持力度、出台房租减免政策、促进文旅消费、争取省级项目补助等多项切实可行的政策措施，及时帮助广大实体书店，尤其是一些民营实体书店纾困解难。

二、宁波实体书店发展面临的问题和困境

受网络书店发展、电子阅读流行以及疫情防控等多重因素的冲击和影响，实体书店的生存空间被大大挤压，使当前宁波实体书店的发展面临较大的问题和压力。

（一）仍以传统书业和小规模经营为主，缺乏地标性品牌书店

宁波市目前拥有实体书店 800 余家，经营主体主要分为三类：一是国有新华书店下设的各大门店，如宁波书城、悦读时光、天一书房等；二是民营本土品牌"小而美"的书店，如枫林晚、三味书店等；三是近年来进驻的全国品牌连锁书店，如西西弗、上海三联"筑蹊生活"等。总体来看，宁波民营实体书店呈现"小而美"

"小而精"的发展趋势,但影响力大、布点多、能够代表城市整体精神文化风貌的地标性品牌书店尚未形成。

(二)盲目模仿品牌书店的多业态模式,许多小型书店定位不清

迫于网络书店等的压力,许多小型实体书店盲目模仿品牌书店进行多元复合业态的探索,将图书作为打造多元平台的逻辑起点,但未能基于自身实际打造个性化、差异化的品牌特色。实体书店一般采取"图书销售＋文创商品＋咖啡饮料售卖＋文化沙龙"的模式,经营定位趋于雷同,很难使民众对其产生深刻印象,甚至有些实体书店主副业本末倒置,书店的文化服务功能被极大地弱化,"小而特"的实体书店很少。

(三)实体书店建设体系还不够完善,书店布局需进一步优化

从产业规模和布局来看,宁波实体书店在全国的实体书店发展中处于中等偏下水平,这与宁波副省级城市的经济发展水平不相匹配。一些区县(市)、乡镇(街道)等的实体书店数量和结构还不尽完善,进驻高校的校园书店、与文旅产业发展相配套的景区书店、民宿书店等的建设步伐需要加快,与市民步行生活圈配套的书店结构和布局还有待优化。

(四)经营成本上升,民营实体书店发展面临更大的困境

2000 年以来,随着房地产价格的不断上涨,宁波民营实体书店也面临着房租上涨,人员工资、物业费和水电费等经营成本上升的严峻挑战。相比之下,国营实体书店的资金相对充裕,店铺位置优越,具有稳定的销售渠道,更有能力拓展多元化经营,对民营实体书店形成了更大的竞争压力。疫情影响下,实体书店的图书销售额大幅下降,使言几又等一些民营书店陷入了被迫搬迁或关店的境地。

三、促进宁波实体书店创新发展的对策建议

实体书店是广大市民的心灵栖息之所,也是衡量一座城市的文明标尺。作为传统的低利润文化服务行业,宁波实体书店业的发展不仅需要社会各界帮扶纾困,更需要从加强规划引导、完善体系建设、推动书店经营和品牌创新等方面,全方位打造宁波实体书店的竞争力。

(一)加强政府规划引导,完善实体书店体系建设

根据《"书香宁波 2020"建设计划》和《宁波市全民阅读促进条例》有关精神,政府要把实体书店建设作为城市文化基础设施规划的一项重要内容,深入制定

实体书店发展专项规划,各区县(市)在制定城乡发展规划时,也要通盘考虑实体书店的布点,以便形成合理的空间布局。既要在人流密集、写字楼集中的商业中心区设置更多方便市民小憩、读书的小型书店,也要关注村镇、社区、学校周边的书店配备,加快打造"一区县(市)一书城"格局和"一镇乡(街道)一书店"的体系架构,推动宁波城乡读书服务设施均衡发展。

(二)扶持民营书店发展,打造多元化发展格局

书店是城市文化发展的缩影,在推动书香社会建设中发挥着重要作用。文化强市的打造不仅需要宁波书城这类"航母级"的读书场所,还需要许许多多像甬上枫林晚、三味书店、梨枣书店等"小而精""小而美""小而特"的特色民营书店相互协同,形成多元化发展格局,共同打造"书藏古今""书香宁波"的文化氛围。政府应采取一些切实可行的措施,大力扶持民营实体书店发展,如在城市商业中心及公共服务场所等为民营书店开辟廉价出租区域、引导实体书店参与中心城区的城市书房建设等,使民营书店与邻近的图书馆等文化功能设施协作共赢。要加快实体书店的品牌创新和改造升级,打造"一店一景、一店一品、一店一韵"的文化新地标,培育形成如成都"方所"、南京"先锋"等代表城市整体精神文化风貌的品牌书店,共同参与"书香宁波"建设。

(三)探索"书店+"模式,促进实体书店转型发展

互联网时代,文化消费的快速介入深刻改变着实体书店的经营内容,"书店+"模式已成为国内外实体书店的主要转型方向。实体书店可以通过"缩图书经营面积,不缩有效品种;缩图书库存总量,不缩图书销售"的调整策略,突出图书品种的新鲜、专业、品质。在此基础上,根据书店自身实力和品牌定位,积极探索"书店+"模式,打破单一依靠售书的收入结构。一是"书店+文创"。实体书店在坚守主流价值传播的同时,通过文创产品的营销扩展其服务边界,打造体验场景,不仅丰富了书店的艺术氛围,也拉近了书店与顾客之间的距离,对经营起到有益的补充。二是"书店+文化空间"。在书店内开辟文化空间,开展美术展览、艺术分享、教育培训等活动,在拓展文化活动的过程中,促使书店逐渐从单一的商品售卖平台向具有自身特色的文化交流场所转变,从而开拓文化资本、拓展知识服务、立体化品牌形象、增强粉丝黏度。三是"书店+公益"。鼓励实体书店与社区联合,通过在书店内开设居民阅览室、举办文化沙龙等活动,活跃阅读文化氛围,弥补公共阅读服务空间不足的矛盾;政府可以参照民间博物馆的管理办法,通过考核给予书店一定的经费补助,充分发挥广大民营实体书店的社会文化服务功能,推动实体书店的多业态融合发展。

(四)强化服务营销,提升实体书店的品牌影响力

实体书店不仅要靠经营者"传承人文、抚慰心灵"的情怀立足,更需要依靠提升服务营销水平获得竞争优势。与实物产品的经营不同,实体书店的品牌发展不仅要考虑产品、价格等因素,更需要关注服务质量与服务创新。实体书店要重点关注三个方面的质量:一是商品质量,包括商品丰富程度、货架更新速度、商品本身品相、快递发送包装等,重点是要选好图书,组建专业采购团队,形成一套行之有效的选书机制,把"好书"变成十几个维度的标签,让每本书实现最大化的销售价值。二是服务质量,包括消费者来电咨询或在线咨询时的服务态度,调换或退货的渠道,消费者意见反馈机制等。三是物流质量,包括送货上门的速度与服务,委托第三方快递托运的质量保证与成本控制等,通过打造同城文化配送体系,为实体书店的线上业务形成有力支撑。实体书店也要密切关注顾客反馈和需求变化,了解顾客的知识背景、阅读需求、选书习惯等,并从图书选择、店面布置、附加服务等方面不断创新,从而更好地满足和引导网络顾客及周边顾客的阅读需求,打造经营特色和品牌优势。

(五)加强空间营造和科技手段应用,提高顾客的消费体验

体验是书店品牌形象塑造的核心,实体书店要通过独具风格的符号系统设计和多场景的阅读空间打造,以及书店的环境、方便的设施和有效的引导,使商品与服务本身的展示更贴近顾客,让顾客从中得到可触及的线索,从而更好地体验书店的服务质量和品牌特色。面对数字技术、网络技术、移动技术、智能技术不断革新的浪潮,实体书店也要主动拥抱高科技,打破传统模式,开展网上销售和推出个性化服务。不仅可以通过直播带货、试水"外卖"来增加图书销量,也可以利用人脸识别、5G网络、物联网识别、扫码支付等新技术,为读者带来全新的购书体验;书店还可以通过大数据分析了解会员读者阅读偏好,开展精准营销,向读者推荐符合其阅读口味的好书。通过搭建和完善线上平台,开展线上、线下融合的新零售模式,实现门店与电商平台的全渠道打通,打造有交互、有温度、有连接的内容生态,全方位提高顾客的文化消费体验。

(作者单位:宁波财经学院)

后疫情时代宁波制造企业
员工身心健康情况调查及提升策略

一、后疫情时代宁波制造企业员工身心健康现状

2020 年 6—7 月,课题组面向宁波制造企业,累计向 1500 名企业员工发放了"后疫情时期员工身心健康自我管理现状调查问卷"。截至 2020 年 7 月 22 日,回收有效问卷 1356 份,问卷的有效回收率为 90.4%。此外,课题组还对 21 名企业员工进行了个案访谈。调查结果显示,607 名受访员工有焦虑紧张情绪;31.05% 的受访员工对自己的身心健康现状不满意;50.31% 的受访员工认为当前心态需要调整。

本次调查对象呈现以下特征:①男性要多于女性。男性比例为 91.67%,女性比例为 8.33%。制造企业的行业特殊性决定了男性要多于女性。②90 后已经成为新一代产业工人的主体力量。受访员工中 60 后占 0.15%,70 后占 0.15%,80 后占 7.96%,90 后占 85.91%,00 后占 5.83%。③新时代产业工人受教育水平普遍较高。受访员工中,研究生学历的占 8.19%;大学毕业的占 66.3%;高职/高中毕业的占 25.22%;初中及以下的占 0.29%。得益于我国经济社会的发展,以及高等教育普及化,尤其是 90 后逐渐成为产业工人的主体,新时代产业工人的受教育水平普遍较高。④工龄分布整体呈中间大、两头小的"橄榄球"特征。在现单位工龄不到 1 年的员工占 3.39%;工龄为 1~3 年的员工占 33.04%;工龄为 3~5 年的员工占 20.43%;工龄为 5~10 年的员工占 42.18%;工龄为 10~20 年的员工占 0.66%;工龄在 20 年以上的员工占 0.29%。⑤受

访员工岗位结构分布呈典型的金字塔结构。职位是高管的员工占 0.59%;职位是中层的员工占 3.24%;职位是班组长的员工占 16.74%;一线员工占 79.42%。

1. 疫情以来企业员工身心健康状况

大疫当前,百业艰难,也给企业员工身心健康带来了一定影响。疫情以来,企业员工的主流情绪是平静(占 49.19%)、乐观(占 47.05%)、责任(占 33.78%)、信心(占 32.01%)等积极情绪。企业员工对身心健康现状满意度较高,68.95%的受访员工对自己身心健康现状"非常满意"或"满意"。但员工的身心健康管理状况还有很大提升空间,63.57%的受访员工明确表示需要调整作息习惯,46.69%的受访员工认为当前心态需要调整,焦虑(占 28.1%)、担心(占 22.86%)、敏感(占 19.47%)、紧张(占 16.67%)等消极情绪还占据相对大的比例。由此可见,在企业内部开展各种心理疏导活动,提高员工身心健康状况,是非常有必要的。

2. 疫情对企业员工身心状态的影响

疫情之后,企业员工对生命、对亲情友情、对家庭更为看重,89.08%的受访员工明确表示开始从生命的角度领悟到疫情带来的正面意义,并且开始了对生命本质的思考(占 31.93%)和具备珍惜现有的"惜福"心态(占 30.01%)。同时 75.08%的受访员工明确表示经过此次疫情,自己和家人的关系"更加亲近融洽了"或"有些亲近融洽了"。但是疫情以来企业员工压力普遍过大,"完全没压力"者仅占 2.21%。压力主要来源于:经济收入(占 86.14%)、工作任务(占 41.89%)、自身健康状态(占 41.81%)。需要科学理性引导员工提升格局、视野和胸怀,并辅以科学、有效的减压、抗压方法,帮助员工乐观积极地应对困境,化压力为动力,以良好身心状态与企业、国家一起顺利渡过难关。

3. 企业员工身心健康自我管理意识

疫情以来,企业员工身心健康自我管理意识明显提升,78.32%的受访员工明确表示身心健康自我管理意识"有非常大的提升"或"有较大的提升"。面对突如其来的新冠肺炎疫情,75.22%的受访员工有意识地开始实施提升自身身心健康水平的运动,锻炼自我、积极抗疫成为主流。面对疫情以来边工作、边防疫所带来的压力,88.35%的受访员工会有意识主动安排时间给自己放松减压,80.6%的受访员工在身心状态不好时有自我排解的方法,这其中 67.04%的员工认为最有效的减压方式是和家人一起度假。此外,和朋友一起聊天(占 60.99%)、睡觉(占 47.35%)、运动(占 31.93%)也是高频选项。此外,17.85%的受访员工表示"说不清"或者"较难"找到释压方法。近 2%的受访员工"无计可施,常常会陷入焦虑"。

4. 企业员工身心健康关爱需求

①企业员工对企业提供精神福利有较高期待。57.37％的受访员工表示,最喜欢的"精神福利"活动是心理电影观赏。比较有"温度"的心理关爱主题活动(占39.6％)和推介通俗有趣的心理学书(占32.3％)也占据较大比例。心理咨询服务(占27.36％)和大型心理讲座(占27.36％)选择相对较少。一般的EAP援助也不能满足广大企业员工的心理精神需求。②企业员工对专业的解压咨询和心理课程有迫切需求。一些企业员工在遇到问题时,会选择专业心理咨询服务,在心理咨询室与管理者或专业心理咨询人员以拉家常的形式谈心,化解心理矛盾。但从问卷结果来看,受众面较小。对企业设立心理咨询室、心理氧吧等有较高需求。对情绪管理(占60.32％)、实用心理学(占51.25％)、静心(占49.12％)等心理课程有迫切要求。

5. 员工对企业的归属感和认同感

①员工对企业的归属感增强。经过疫情的"洗礼",63.42％的受访员工对企业的归属感"非常强"或"强"。49.49％的受访员工认为企业向员工传递的"安全感居多";62.02％的受访员工认为自己对企业"非常重要"或"有些重要";60.47％的受访员工认为和企业的关系"更加紧密了"或"有些紧密了"。②员工对企业认同感增强。77.58％的受访员工"非常愿意"或"很愿意"振奋精神和企业共度时艰;72.57％的受访员工表示,对企业发展"非常有信心"或"有信心"。

二、后疫情时代企业员工身心健康自我管理提升策略

危机即生机,后疫情时代,员工有需求,企业有动力,政府有呼应,应政企合力提高企业员工身心健康。

(一)关爱系统"架"起来——政企合力共关爱

目前,宁波市工会系统基本形成了市、区县(市)、镇乡(街道)、社区(企业)村四级心理关爱促进组织网络大体系。构建企业内部员工身心关爱小系统是实现员工身心健康关爱"最后一公里"落实的关键。政企合力架构"一级企业工会、二级部门分工会、三级健康关爱员"的身心健康关爱组织体系。一级企业工会主要进行规划、管理、领导、制定标准/方案/策略、组织培训等管理策划性工作,对接政府工作,同时也可为员工提供具体的身心健康关爱服务;二级部门分工会,具体组织、执行总工会制定的政策和任务,为员工提供具体的身心健康关爱服务;

三级健康关爱员,直接为员工提供身心健康关爱服务,重点做好员工身心健康预防、发现工作。市工会系统四级关爱大网络构成"项链"的主线,企业关爱小系统则是"项链"上的一颗颗钻石,政企合力共同关爱员工身心健康。

(二)关爱理念"立"起来——我的健康我做主

习近平在全国卫生与健康大会上强调:"要倡导健康文明的生活方式,树立大卫生、大健康的观念,把以治病为中心转变为以人民健康为中心。"世界卫生组织强调:"自己的健康自己负责。"因此,企业身心健康立体化生态关爱系统的核心理念就是"我的健康我做主"。强调发挥企业员工主观能动性,影响自我、他人、团队、环境等。78.32%的受访员工具备身心健康自我管理的主动意识;80.31%的受访员工具备自我管理能力。因此,树立"我的健康我做主"关爱理念,具备强有力的现实需求、人本基础和可实施性。

(三)关爱平台"搭"起来——关爱资源共分享

政企合作搭建三大平台:①企业内部关爱平台,建立企业工会身心健康辅导中心,开通身心健康辅导预约服务热线,为员工提供心理健康辅导服务;分工会开辟员工谈心室、交流室、疏导室、心理氧吧、发泄室等,通过企业心理健康关爱员,随时随地与员工进行情绪疏导和思想交流。②社会合作平台。企业、政府、高校、医院、社会组织、咨询公司等单位机构联合建立员工身心健康关爱合作机制,拓展主阵地。③网络平台。借助新媒体搭建员工身心健康关爱新阵地,如网络互动平台,微信、钉钉、Skype、闪布、E-Leanin、蓝墨云、智慧树、超星学习通等网络平台整合线上线下关爱资源,提升关爱效果。

(四)关爱底子"硬"起来——关爱团队建起来

政企合力狠抓企业员工身心健康关爱队伍建设,建好两支团队:"专业化、专家化、专门化"的企业员工身心健康关爱导师团队和"本领高、作风硬、能力强"的身心健康关爱员队伍。为此可以:①与政府资源形成合力。一方面是政府政策,尤其是专业技能培训政策,重点培养"两师一员",即健康管理师、心理咨询师、社群健康助理员的职业资格证书培训、认证及再教育、再提升。另一方面是优质师资团队,为企业培养身心健康管理人员赋能。②向第三方咨询公司借力。既可以利用咨询公司服务企业员工身心健康,又可以利用咨询公司专业能力为企业培养一支朋辈辅导员队伍。③协同社会机构。利用就近原则,拓展资源,与周边高校、医院、社会组织等长期合作,协力培养关爱队伍。

(五)关爱形式"活"起来——三位一体全时空

政企合力,以开放式的、有机组合的、喜闻乐见的、参与体验的活动方式,形成身心健康宣讲、员工关爱活动、移动网络活动"三位一体"的企业员工关爱形式,为企业员工关爱注入温度。同时致力于实现三种活动形式的全时空交融。①理论活动注重知识内化于心,实现教育教学全过程融入。②实践活动注重知识外化于行,通过心理电影观赏、专题讲座、心理坊、团队辅导、面对面访谈、"健康之星评选""温暖团建""关爱月"等,实现关爱活动全方位融入。③移动活动注重知识理论和实践结合,打造一批优秀网络活动,搭建网站、论坛、微博、微信、手机 App、QQ、钉钉等"七位一体"新媒体矩阵,实现虚拟空间全天候融入。

(六)关爱活动"亮"起来——文化熏陶暖人心

后疫情时代,企业员工身心健康关爱从面向"小众"问题人群,转变为面向"大众"全体员工。政企合力针对员工的现实需求,开展员工关爱活动。①试行员工"心理体检",以招标方式,向有资质的专业心理服务机构购买体检服务,旨在及时发现问题、正视问题、解决问题。②打造爱心城市,政府牵头,企业组织,员工参与,开展"健康之星""爱心大使""安康杯"竞赛等评选活动。③将心理健康教育融入员工思想政治工作与企业安全生产工作,制订并完善员工精神福利计划,为企业员工提供健康宣传、心理评估、教育培训、咨询辅导等服务,传授情绪管理、压力管理等自我心理调适方法和抑郁、焦虑等常见心理行为问题的识别方法等,为企业员工主动寻求心理健康服务创造条件。④通过优秀传统文化、城市文化、企业文化熏陶,引导企业员工修炼自我,成长自我,成就自我。

(七)关爱宣传"动"起来——广做宣传提影响

"酒香也怕巷子深",政企合力做好企业员工关爱活动,营造全社会关爱氛围。①"有政策,大力宣传",市相关部门经常通过政府购买方式,输送心理培训、心理关爱服务到企业,但仍有部分企业员工完全不知晓相关政策。应加大政策宣传广度、力度,提高企业员工知晓率。②"有活动,才有活力",大力开展企业员工关爱活动,激发企业员工活力,增强企业凝聚力。③"有榜样,才有力量",通过树立关爱典型、关爱楷模,并对企业员工进行教育引导,以员工影响员工,让生命感染生命。④"有新闻,才有关注度",树立新闻宣传意识,通过官方、非官方渠道,进行企业员工关爱宣传,广泛吸睛,提高关注度。

(作者单位:宁波财经学院)

宁波老外滩公共音乐空间建设研究

张志远

一、宁波老外滩公共空间的现实特征

（一）建筑空间多样

作为近代中国口岸城市开埠区形成的特有历史地段，宁波老外滩历史悠久，它比上海外滩还要早20年，是目前国内仅存的几个具有百年历史的外滩之一。历史带来的沉淀与厚重，是老外滩独具一格的内在核心，而历史的痕迹也蕴含于老外滩的百年建筑之中。宁波老外滩作为"五口通商"最早对外开埠的区域，至今仍保留了大量极具欧陆风格的建筑，如银行、码头、外国领事馆、天主教堂、石库建筑群等，同时又新建了宁波美术馆、沿江观光平台、月亮湾公园、新江桥人口广场、天主教堂喷水平台等现代化公共空间。

（二）音乐形态丰富

位于宁波老外滩消费主体的音乐酒吧街区域，吸纳了众多曲风与演唱风格的独唱歌手和乐队，演出的音乐风格多样，囊括了如摇滚、蓝调、布鲁斯、轻音乐等音乐风格。在如印度西餐吧、爱尔兰西餐吧、意大利西餐吧等国外风格的消费业态中，也融入了美国乡村、轻爵士，英国民谣，印度拉格等异域风情的音乐风格形态。在沿江平台不定期举办本土音乐人的小型演唱会、街头歌手弹唱、器乐合奏与快闪、街舞与汉服音乐秀场等不同形式的演出。

（三）群体受众广泛

宁波老外滩位于宁波市中心地段，泛外滩区域可覆盖宁波中心城区CBD范围。整体区域空间内拥有酒吧街、甬江观景道、天主教堂、下沉式公园购物商铺、沿江慢步道等形式多样的公共建筑景观。丰富的消费业态、悠久的历史沉淀,宁波老外滩已经成为本土市民宴请商谈、闲暇散步以及外来观光客了解宁波风土人情与人文历史的重要城市景点与场所。室外丰富的演出活动,吸引了不同年龄、不同职业的市民共同参与。

二、宁波老外滩公共音乐空间建设存在的不足

(一)空间布局不够合理,店铺业态错综杂乱

在作为主要消费区域的中马路酒吧街中,掺杂了如古玩、文身、纯餐饮等与音乐酒吧街区的公共艺术氛围不协调的商业业态,使得音乐酒吧街整体艺术空间难以整合完备。作为经常提供室外演出场所的新江桥连接老外滩景区的入口及星巴克东面的沿江观光带,存在布局不够合理之处。其中新江桥连接老外滩景区的南入口高度低矮,宽度狭窄,并且临近天主教堂的停车场,使得通过其他交通工具前来的市民难以准确找到演出位置。而沿江观光带则因为毗邻外马路旁的酒吧业态,当演出音乐嘈杂时容易影响酒吧的正常运营,并混淆酒吧内与酒吧外的音响听觉感受。

(二)基础设施不够完善,可供音乐演出与烘托艺术氛围的基础设施不足

浓郁的音乐艺术氛围需要公共基础设施的保障,在宁波老外滩公共区域中,一方面,缺少音乐演出空间,如戏台、固定搭建的舞台、可供乐器摆放的展台等,只有星巴克对面的沿江平台以及老外滩景区入口的前广场可供演出使用,并且空间狭小,很难供大型音乐演出团队以及大量市民观看与参与。另一方面,老外滩区域内也缺少代表音乐文化的实物展示与体验,如公共钢琴、公共乐器、钢琴台阶、音乐喷泉等音乐公共设施,让前来观看的市民很难快速融入城市公共音乐空间。

(三)艺术形态相对单一,缺乏多样化及民族化音乐形态

在酒吧街出现的音乐背景多为歌唱的表演形式,并且歌曲多为流行音乐元素,缺乏多样性,重歌唱而轻器乐演奏是酒吧音乐另一单一化特点。同时,由于招揽生意的现实需求,音响分贝以及音响模式也相对趋同。而在室外沿江平台与前广场举办的音乐活动中,则缺乏代表本民族和本土化的音乐体裁与风格,如代表中华戏曲的京剧,代表民族乐器的二胡、古筝,以及代表本土音乐体裁的甬

剧、越剧等,难以凸显宁波地方主题特点,使得公共空间音乐氛围中的民族元素相对缺乏。

(四)市民参与度不足,缺乏广泛参与的艺术氛围

作为宁波老外滩主体的酒吧街,其演出人员多为具有一定音乐水准的音乐工作者,而普通市民想要观赏或参与需要进入酒吧店铺内进行消费,无形中削弱了市民的参与度。同时,由于酒吧街区业态同质化严重,无法让过往市民产生差异化的消费体验。而在室外公共空间中,由于缺少可供游客玩耍体验的公共乐器以及缺少可容纳大量市民的演出空间,不少驻足观看沿江平台演出的市民由于缺少舒适的观赏空间与设施而选择离开或只做短暂逗留。

三、构建宁波老外滩多元化公共音乐空间的对策建议

2020年7月,商务部明确了宁波老外滩为国家步行街改造升级试点单位,逐步形成中高端餐饮、酒吧休闲、文化艺术、潮流时尚、品质生活、宁波主题六大类型业态。因此,构建宁波老外滩公共音乐空间的核心应当凸显国际性与宁波地方性特征,以此发扬宁波作为"东方大港"的文化软实力,同时更好地体现宁波努力打造"重要窗口"的示范带动作用。

(一)规划合理多样的空间布局

1. 规划合理的空间布局

对比国内其他城市中同类型街区的设计规划,构建合理多样的城市特色区域空间。参照上海新天地酒吧区的设计规划,在保持石库门旧建筑群的基础上,修建带有东方都市气息的现代化建筑群,分成南北两个相通的城市空间,新旧对话,交相辉映。也可参照北京什刹海空间布局,分成前海与后海两个不同消费与文化特色的公共区域,前海商业气息浓郁,酒吧规模大;而后海则商业味淡,着重打造优雅安逸的文化气息与精心雕琢的酒吧内部空间。

2. 开辟多样化的演出空间

不同的音乐类型、不同的演出人员需要不同的音乐演出空间,因此,构建多样化的演出空间将吸引多元化的音乐样态进驻。充分利用老外滩石库风格古建筑群,营造带有民国风格的适合小型乐队与轻爵士的室内演出场所。在沿江观光带、月亮湾公园、宁波美术馆西侧、新江桥入口开辟不同规格、不同灯光音控、舞台布景的平台,以满足不同国家、不同艺术表演形态的舞台场地要求,树立引导牌以及智能游览系统,最终形成多样化演出空间的立体联动与融合。

3. 完善与整合消费业态

每个商业店铺的商品特色、背景音乐风格、店铺装饰特色都会给来往游客带来不同的心理感受,而合理的业态布局将在立体的空间中增强和统一市民的心理预期。根据音乐风格、演出队伍、顾客特征,整合各个商业业态,将不同音乐风格、演出队伍、消费群体的店铺规整在一起,如中东欧音乐酒吧街、海丝音乐文化区等,一方面,拉近了游客之间的心理距离,方便在不同的公共空间增强商务会谈、社交会友的场景氛围;另一方面,也有利于根据区域特色以及游客审美偏好策划不同的音乐演出活动。

(二)创造浓郁民族风味的音乐环境

1. 搭建古戏台

古戏台是中国古建筑的重要类型之一。可在宁波老外滩人流最集中区域和旅客必经之地,如连接地铁口与景区的入口处、经过规划的民族风味酒馆区搭建二层高度的古戏台,依托宁波甬剧研究中心、宁波演绎集团与宁波市文化馆共同规划,邀请宁波本土以及国内著名戏曲非遗演出团队前来演出,可作为定期上演中国民族戏曲和宁波本土甬剧的固定场所,并在建筑风格上与老外滩整体建筑群相得益彰。

2. 修建民族器乐长廊

在公共空间内固定摆放中国传统乐器无疑会增添传统文化氛围与民族元素。依托宁波市文化馆与宁波市博物馆共同策划,将宁波老外滩的乐器长廊与宁波市文化馆和宁波市博物馆的乐器展览室形成联动机制,实现资源共享。这也是参照其他城市的成功经验,如在上海地铁换乘站亮相的民族乐器实物展,设立电子屏循环播放民族乐器制造技艺专题片和民族音乐演奏等作品。同时修建代表本民族的乐器体验区,让广大市民朋友和游客在观览的同时亲身体验民族乐器的独特魅力。

(三)营造多元主题酒吧文化

1. 利用空间结构营造主题酒吧氛围

营造特定的文化观念和生活方式,打造引人入胜的空间环境形象。酒吧空间作为一种特定的环境空间,除了满足人们的纯功能需求外,更需要表达某种主题信息来满足人们的精神文化需求。设计合理的酒吧空间结构形态,与主题创意相融合,增强过往游客的视觉冲击力与吸引力。利用带有特定主题设计思想的室内空间布局,突出酒吧主题业态的文化特征,与空间结构统一融合,增强视觉效果与审美心理。

2.营造多样化主题酒吧

不同酒吧的消费氛围体现了文化主题,是彰显差异化的形象特征,从氛围营造、空间设计到细节点缀都要与之相统一。参照丽江酒吧街区特征,构建多样化主题酒吧,如利用酒吧内多媒体设备进行即时交友和信息交流的交友主题酒吧;提供专业电影器材和舒适座椅的电影主题酒吧;方便游客及发烧友张贴照片、分享趣闻的旅游主题酒吧、方便球迷看球狂欢的带有转播与直播功能的足球主题酒吧、篮球主题酒吧等。

3.培育民族化主题酒馆

规划一批具有中国民族音乐风格的主题酒馆,与西方音乐风格的音乐酒吧形成多元共融的公共音乐空间。构建立足本国与本土历史,凸显本民族民风民俗的特色主题酒馆,如带有京剧服饰、脸谱、音乐风味的京剧主题酒馆;陈列民国时期戏曲名角、戏服、道具、影像的越剧主题酒馆、甬剧主题酒馆等,形成民族化区块音乐酒馆街,邀请众多热爱民族戏曲的市民与学生,组建日常演出团队,在锻炼专业技能的同时又可深切体会本民族戏曲文化的博大精深,同时在公共空间实现与西方音乐酒吧的多元融合,丰富公共音乐空间的精神内涵。

(四)丰富演出群体

1.引入本土专业音乐演出团队

一个城市的音乐氛围很大程度上需要本土音乐人及音乐团队来建设,宁波在这方面成绩斐然。例如,随着市民精神文化需求的提升,宁波市交响乐团、宁波市合唱团、宁波甬剧团等通过各种形式的活动和宣传,在短时间内享有了较高的知名度以及众多的粉丝支持。因此,依托各级各类演出团队以及宁波本土音乐创作人,策划"宁波老外滩音乐周",以集中展示和定期展示的方式,打造宁波老外滩的音乐品牌,在激增本土音乐人的创作演出活力的同时,也向广大市民和游客展示宁波的艺术文化软实力。

2.与学校音乐教育良性互动

孩子是未来的希望,民族音乐文化同样需要他们的传承与发扬。依托现有的江北中心小学甬剧传承中心、宁波爱菊艺校琵琶传承中心、宁波东南小学少儿曲艺传承基地、外事学校甬剧越剧班、宁波市青少年交响乐团等多元化少儿演出团体,同时邀请宁波市教育局进行统筹规划,作为校外艺术实践基地,有机融入宁波老外滩音乐品牌建设,使这些传承民族艺术的少年在提升专业技能的同时,潜移默化地增强文化自信。

3.挖掘更多传统艺术家

要想把宁波老外滩打造成输出音乐文化的窗口,挖掘民间艺人的工作必不可少,因为民族音乐来自民间。邀请甬剧传承人王锦文,走书传承人朱玉兰等作为艺术顾问,同时挖掘民间隐藏的传统艺术家,在宁波老外滩开设非遗传承实践基地与工作室,进行民族艺术文化传播。同时邀请国内非遗传承人共同策划"宁波越剧周""宁波戏曲周""宁波老外滩戏曲节"等公益类演出和比赛活动,向世界展示中国文化,发挥宁波打造"重要窗口"的模范力量。

(作者单位:宁波城市职业技术学院)

新时代共建共治共享下
社会组织参与宁波城市社区治理研究

崔丹丹

中共十九届四中全会和全国"十四五"规划明确提出,要充分发挥社会组织的作用,加强城市社区治理体系建设,坚持和完善共建共治共享的社会治理制度。在浙江省"十四五"开局、现代化新征程开启之际,宁波市坚决贯彻习近平总书记重要指示精神和党中央决策部署,忠实践行"八八战略",奋力打造"重要窗口",精准谋划、注重创新,以构建科学规范的共建体系、创新社会矛盾有效缓解的共治机制、建立改善民生为重点的共享制度为目标,走出了一条具有宁波地域特色的社会组织参与城市社区治理的发展之路。

一、社会组织参与宁波城市社区治理的成效

根据宁波市社会组织管理局数据,截至 2021 年 2 月,宁波全市依法登记的社会组织共 9902 家,其中社会团体 2584 家,民办非企业单位 7265 家,基金会 53 家。市本级社会组织有 1022 家,其中社会团体 588 家,民办非企业单位 405 家,基金会 29 家。宁波部分区县(市)社会组织类型数量分布情况如表 1 所示。宁波市备案的城市社区社会组织有 2 万多家,平均每万个户籍人口拥有的法人社会组织数量接近 15 个,普遍高于全省及全国平均水平。

表 1　宁波部分区县(市)社会组织类型数量分布情况　　　　(单位:个)

区县(市)	社会团体	民办非企业单位	基金会
海曙区	155	722	1
鄞州区	226	794	2
江北区	98	450	1
镇海区	133	282	2
北仑区	136	490	1
余姚市	260	880	8
慈溪市	306	1108	5
象山县	199	682	2
宁海县	211	794	0
奉化区	211	573	2

近年来,宁波逐步建立了与经济社会发展相适应,门类齐全、功能完善、竞争有序、诚信自律、充满活力的社会组织发展体系,充分发挥了社会组织在城市社区治理中困难救助、居民融入、人文关怀、关系调适、矫治帮教等方面的作用,有力地促进了宁波共建共治共享社会治理格局的实现。

(一)注重党建引领,夯实社区治理思想基础

宁波市各级社会组织党委紧紧围绕党的政治建设核心,用习近平新时代中国特色社会主义思想武装从业人员头脑,推动社会组织参与城市社区治理各项工作突破创新。宁波市、县两级社会组织综合党委、社会组织社区党群服务中心的"亮显工程"建设、社会组织党建示范基地创建等,使宁波社会组织参与城市社区治理工作走在全省前列。宁波公益街社会组织党群服务中心、象山县社会组织党群服务中心、江北区白沙街道社会组织党群服务中心、北仑区小港街道红联社区社会组织党群服务中心 4 家单位,被评为全省首批"社会组织党群服务中心示范点"。各区县(市)中,海曙区选派行业专家担任社会组织党建指导员,编制推广社会组织党建服务标准化试点手册。象山县启动"红社领航·象益山海"党建引领社会组织参与社区治理行动,支持组织下沉社区提供服务。

(二)加强政府支持,拓展社区治理综合资源

一是提供智力支持。宁波着力打造社会组织五大功能服务平台,即社会组织数据集成管理平台、信息公示发布平台、数据共享交互平台、便捷办事服务平台、数据智慧分析平台;积极打造"一库一网一号"社会组织信息化网络格局,即社会组织法人库系统、宁波社会组织网、"宁波社会组织"微信公众号。各区县(市)中,北仑区民政部门为鼓励社会组织人员参加社工考试,出资为考试人员购买学习账号。二是提供资金支持。海曙区政府每年安排800万元用于向社会组织购买服务,安排200万元设立公益创投基金。该区的"北斗心灵关怀服务社"连续6年开展社区临终关怀项目,曾被《人民日报》头版点赞。北仑区近一年共有103个社会组织服务社区项目获得公益金支持,10个社会组织获得政府重点扶持。

(三)聚力专业优势,提供社区治理多样服务

一是助力疫情防控。各区县(市)中,江北区实施双"线"疏通,区社会组织服务中心建立"北鸣社社一心战疫群"微信群,为居民提供疫情信息和心理服务。北仑区"红领之家"建立四大社区防疫项目:小区"红黑榜""红领跑腿""红领播报""矫正人员"。二是助力特殊群体关怀。海曙区"及时雨"就医陪护队,为70周岁以上空巢老人和残疾人提供就医陪护服务,被评为宁波市十大慈善义工组织。北仑区洛可社会工作服务中心在社区开展"含羞草"儿童性健康教育项目,率先在全市探索儿童性教育新模式。三是助力社区矫正和维稳。北仑区出台全国首个社会组织参与城市社区矫正服务标准。象山县衣重生公益中心面向30个社区开展"旭日东升·美好未来"项目,引导矫正人员从事志愿服务。海曙区社会矛盾调处中心设立"社会组织接待专窗",由社会组织直接参与社区矛盾调解,率先探索矛盾和解"最多跑一地"模式。

(四)搭建项目平台,建构多元主体治理空间

宁波市积极开展社区治理项目对接活动,为社会组织参与社区治理提供支持。如海曙区成立"开放空间",汇聚社会组织、居民等多方主体参与社区事务,提高社区民主议事率。该区平均每年有200多个社会组织参与"开放空间",反映居民意见5100余条,解决社区难题近8000余个。"开放空间"入围首届中国城市治理创新奖、被评为第四届浙江公共管理创新案例优秀奖。慈溪市开展"微项目·微自治"试点,共筛选推出76个社区服务项目。象山县举办社会组织参与社区治理项目对接会,由社区提出需求清单,社会组织提供服务清单,按照"双向选择、友好协商"原则进行精准对接。北仑区民政部门坚持打造"微民生·益起来""志同心·益同行""小治理·大格局""专领域·新发展"为主题的社会组织参与社区治理品牌。

二、社会组织参与宁波城市社区治理存在的主要问题

(一)社会组织规模及类型发展不均衡

一是组织整体规模较小。目前,宁波市备案的社区社会组织有 2 万多家,多为基层草根组织,规模普遍弱小,参与社区治理作用有限。二是组织类型分布不均。宁波市各类社会组织中,教育培训类民办非企业单位占比将近七成,其他类型相对偏少。尤其是全市法人登记的志愿服务组织、慈善组织、社会工作服务机构,基本维持在 100 个左右,数量与质量均未能满足社区需要。

(二)资源服务平台支撑实力不足

一是平台专业人才缺乏。区县(市)级社会组织服务平台工作人员维持在两至三人,镇乡(街道)级平台仅有一至两人,且专业素质不能适应服务需求。二是平台建设不均衡。除象山、镇海、海曙、慈溪、鄞州外,其他地区镇乡(街道)社会组织服务平台建成率不高。三是平台运作有效度不高。各级服务平台在组织孵化、项目督导托管、资源整合支撑方面作用有限。

(三)社会组织内外部治理机制不健全

一是内部治理不完善。宁波市多数社会组织成员存在"老化"现象,社区精英、职业群体参与较少;社会组织运行机制不健全,财务制度不规范,专业人才不充实。二是缺乏独立性。社会组织与政府的关系还未完全理顺,政府、社区党组织、社区居委会对社会组织干预过多,导致其依附性强、参与度低。

(四)党建引领作用发挥不到位

一是社会组织党建基础有待提升。全市已建立党组织的近 600 家法人社会组织中,部分党组织对党员的发展、教育不规范,民主评议、"三会一课"等党建制度落实不到位。二是党组织决策执行地位不突出。党组织负责人进入社会组织领导班子的比例未达到 10%,党组织在社区治理重大决策中话语权不够。

三、推动共建共治共享下社会组织
参与宁波城市社区治理发展的建议

（一）注重顶层设计，构建协商共治新格局

1.理顺"政社"关系

一是理顺监管关系。"直接登记制度"不应局限于行业协会商会类、科技类、公益慈善类、城乡城市社区服务类社会组织，还应拓展至更多类型；对于涉及社会组织成立、参与居民公共利益决策、参与社区政治事务的活动，应采取柔性监管手段；对于社会组织内部活动、业务活动，政府部门应给予其自主制定规则、自我监管的空间。二是理顺"吸纳"关系。宁波相关职能部门既要对社会组织提供资金与技术支持，又要在一定情形下承担"兜底"责任。如关乎社区拆迁拆违、流动人口管理、消防、公共信息采集等事务，各职能部门虽享有排他性治理权，但也要将社会组织的利益诉求吸纳进决策体系之中，推动合作共治。

2.健全法规机制

一是深化社区管理制度改革。宁波相关职能部门应积极为社区赋权增能，释放更多社区共治空间，建立或完善社区治理权责清单制度，明确社区治理中政府、社区居委会、社会组织的各方定位、承接治理任务的类别，并在治理失效后对责任主体展开有效问责。二是完善法律法规制度。政府部门加紧制定符合当前社会组织发展实际的社会组织管理办法，助推社会组织参与城市社区治理。

3.加强政策支撑

一是出台有关基金会发展的政策。社会组织获取发展资源不仅要依靠政府的转移支付，还须依靠稳定的社会力量——基金会。目前，宁波全市依法登记的基金会仅有53家，远落后于其他类型的社会组织。职能部门应放宽基金会成立标准，鼓励社区中有实力的个人、组织发起成立基金会。二是继续完善政府购买服务政策。相关职能部门要继续将购买服务费用纳入财政预算，确保政策的连续性和资金的稳定性；对购买服务项目的评估应坚持公正原则，保证社会组织机会均等地参与购买服务项目的竞标；明确社会组织类型和服务种类，在许可范围内尽量扩大组织获得服务项目的范围。

（二）强化组织建设，提升社区服务质量

1. 夯实功能定位，践行公益价值导向

社会组织应坚持公益性、服务性目标，在宁波社区治理中发挥自身独特的优势，实现良性、持续、健康发展。一是为政府决策提供依据。宁波各级社会组织应转变观念，明确责任，成为地方政府与社区居民间的沟通桥梁，将居民诉求和意愿以规范化的方式传达给政府相关职能部门，为其制定公共政策和民主决策提供依据。二是促进政策落实。社会组织将政策措施以更加贴合大众生活、易于理解的方式解释给广大社区居民，促进政策落地。

2. 规范管理机制，增强组织专业能力

一是提升社会组织内部管理水平和运作效率。宁波各级社会组织要依据现行法律法规，建立配套完备的工作规范体系和规章制度，使组织活动有法可依、有章可循，在组织内部形成职责清晰、分工明确、责任共担的良好氛围。二是完善人才培养机制。社会组织必须完善社工人才的培训机制，以形式多样的教育培训活动为载体，制定完善的人才激励措施，提升工作人员专业技能，多措并举提升社会组织的专业化程度。

3. 确保服务效果，提升社区治理质量

一是拓展社区服务项目载体。宁波各级社会组织应定期开展"入户问需"活动，拓宽社区服务领域，推进服务内容精细化。通过活动的参与，提高居民主人翁意识，凝聚社区公共精神，增加社区社会资本存量。二是构建服务的评估体系。宁波职能部门应重视对社会组织服务的评估与反馈工作，建立一套专业化、科学化的评估指标体系，定期查漏补缺，及时了解社会组织服务的效果，通过以评促改、以评促建，推动社会组织参与社区治理质量的提升。

（三）创新运行机制，提升社区治理效能

1. 借力枢纽型社会组织提升管理效果

宁波市相关职能部门应继续鼓励区县（市）、社区设置社会组织联合会、服务中心、发展促进会等枢纽型社会组织，发挥其政治引领功能。各级枢纽型社会组织应实时反馈社会组织发展动态，防止社区非法组织的出现；应聚合政府信息，及时将有关方针政策传达给社会组织；应深入调研社会组织发展中遇到的困难，为相关政策的出台提供决策咨询。

2. 依托公益创投培育社会组织

宁波应积极投身公益创投实践中，继续大力支持建立各级社会组织孵化基地、服务平台，并依托服务平台实施一批优质项目。相关职能部门应大力发挥孵

化基地、服务平台的作用,积极为新生社会组织提供场所、资金、人力支持;为社会组织运营提供行政、人事、财务培训,帮助其建立规范的组织程序;为社会组织参与社区治理项目,提供策划、实施的信息咨询和服务。

(四)深耕互联渠道,推进参与机制建设

1.围绕党建核心,搭建多元共治平台

一是发挥社区党组织功能。宁波各地应充分发挥社区党建联席会议等党建载体的桥梁作用,吸纳社会组织、物业等多方治理主体,搭建社会组织融入社区、深耕社区的支持保障。二是加强各级社会组织综合党委建设。应深入落实和健全宁波市社会组织的综合党委工作机制,在实现县区级社会组织综合党委全覆盖的基础上,切实加强"党建兜底管理"职能的履行。三是推动社会组织党建品牌创建。继续按照标准化社会组织党群服务中心(党建孵化园)建设的要求,开展省级示范性社会组织党建服务中心建设、市级社会组织党建工作示范基地创建等行动,打造若干个省市级社会组织党建品牌示范点,全面提升社会组织党建水平,提升其参与城市社区治理的能力。

2.依托项目制运作,建立微型参与通道

宁波相关职能部门应继续支持草根型社会组织通过定向、委托、协商等非竞争性方式参与政府购买服务项目,从而建立起社会组织参与社区治理的微型参与通道。政府应将项目制真正落实到社区治理中:积极实施政策宣讲,使社会组织充分了解项目申请事项、项目实施注意事项、结项要求等;具体项目实施过程中,可由政府相关部门作为主办方,社会组织作为承办方,居委会作为协调方,共同完成项目活动任务。

3.精准运用大数据,深度互联治理主体

一是高度重视智慧社区治理建设。宁波市相关职能部门应严格按照党的十九届四中全会提出的"完善科技支撑的社会治理体系"要求,大力打造"互联网＋社区治理"的共治模式,以信息化和智能化提升社会组织参与社区治理的精细化和创新性。二是发挥大数据媒体平台作用。宁波各级社会组织要充分利用微博、微信公众号等新兴媒体平台,让居民了解组织信息,收集居民意见,畅通参与社区治理的通道。三是利用大数据媒介吸引中青年群体参与社会组织公益项目。宁波多数社会组织工作人员以老年群体为主,社会组织可利用大数据媒介将网上公益引入社区治理中,利用青年群体的喜好偏向,实现其在社区治理中角色的凸显。

(作者单位:宁波职业技术学院)

突发公共事件背景下宁波基层治理体系研究

孙肖波

基层治理是否有效,事关国家治理成效,事关人民切身利益,事关党的执政基础。党的十九届五中全会通过的《中共中央关于制定国民经济和社会发展第十四个五年规划和二〇三五年远景目标的建议》,明确了"十四五"期间要努力实现"社会治理特别是基层治理水平明显提高","加强和创新社会治理"的任务绝大多数也与基层治理有关,这是新时代党和国家更重视基层治理的表征和科学指引。

新冠肺炎疫情是新中国成立以来传播速度最快、感染范围最广、防控难度最大的一次重大突发公共卫生事件,考验了每个城市的应急能力,更检验了地方基层治理的整体水平。研究此背景下的宁波基层治理体系具有重大意义。

第一,这是风险社会对城市基层治理体系的现实要求。随着社会的加速发展,风险尤其是突发公共事件应对处置成为现代社会治理中不可回避的重大挑战。宁波作为华东沿海城市、对外港口、重要工商业城市和化工基地,在自然灾害、危化安全等领域都存在一定的风险隐患,基层治理体系能否应对好突发公共事件,是绕不开的重要议题。

第二,这是宁波当好"重要窗口"模范生的必然要求。市委十三届八次全会提出,当好"重要窗口"模范生的内涵之一是"努力当好推进社会治理现代化、促进平安和谐的模范生"。疫情以来的经验说明,传统基层治理经验与模式已难以满足一系列紧迫要求,也无法适应常态化防疫和经济社会平稳发展的需要,必须加快研究和落实相关改革。

第三,这是检验和反思地方基层治理体系的宝贵机会。疫情这一非常状态严格检验了各地基层治理体系,也暴露了一些常态时较难发现的薄弱点。习近平在浙江考察期间充分肯定了"两战"成果,并指出这样的重大突发事件不会是最后一次，做出了"危中寻机""往远处谋"的指示。可见，"两战"中体现出的优势和短板具有特殊而宝贵的研究价值。

一、宁波基层治理体系建设概况

多年来，宁波始终坚持"核心是人、重心在城乡社区、关键是体制创新"的基层治理理念，强化系统设计，理顺条块关系，发展"强基、治源、聚力、惠民"为特色的基层社会治理新路子。

（一）基层协商民主持续深化

出台了《关于加强社区协商的实施意见》，在每个区县（市）设社区协商观察示范点，以点带面，逐步推进多元主体参与、多种形式的社区协商。形成了海曙区"开放空间"、镇海区"居民小区自治互助站"、慈溪市"微项目·微自治"等具有创新理念的工作模式，推动社区工作从"为民做主"到"让民做主"，由"社区管治"向"社区共治"的转变。在农村全面推广"村民说事"制度，组织发动全体村民制度化参与村级各项事务"说事、议事、办事、评事"全流程。推动各村普遍建立民主恳谈会、民主议事会、民主听证会等，健全民主协商平台，丰富民主协商形式，规范民主决策程序。

（二）基层网格管理逐步升级

以指挥体系为枢纽、信息系统为主脉、全科网格为底座，打造上下联动、全面发力的"基层治理四平台"治理架构，镇乡（街道）基层治理四平台、村（社区）全科网格建设均走在全省前列。实现市域全统筹，形成市级抓统筹、县级抓支撑、镇级强实战、村级强融合的体系，健全市、区县（市）、镇乡（街道）、村（社区）、网格五级全覆盖的分流处置机制，作为浙江省基层治理样板在全国复制推广。积极推动全市警网一体化融合，打通派出所工作 2.0 平台与综治网格平台"e 宁波"的系统对接，打造"网格＋警务"的全新工作模式。

（三）社会化参与平台不断优化

以"全面覆盖、功能互补、上下联动"为目标，持续推动市、区县（市）、镇乡（街道）三级社会组织服务中心平台建设，发挥场地、人才、项目、技能、资金等支持性作用，引领社会组织培育孵化、能力提升、资源整合，为社会组织参与城乡基层治理创造条件。全省规模最大的市级社会组织创业创新综合体——宁波（鄞州）社会组织创新园、市县两级社会组织服务中心全面建成并实体化运作，街道级平台基本实现"全覆盖"，为助力社会组织有效参与基层治理奠定了坚实的基础。

（四）基层队伍服务能力稳步提升

推动区县（市）全面建立"345 社区服务群众制度"，充分发挥专职社区工作者直接联系服务群众的作用，全面深化包片联户制度，"主动问需、主动服务"。在全国率先建立群众评议社区、社区评议部门的"双评议"制度。在全省率先出台《关于加强专职社区工作者队伍建设的实施意见》，建立了一套由职业准入、教育培训、使用管理、保障激励等构成的专职社工管理服务制度体系，将专职社工纳入社会工作者职业范畴和人才培养规划，健全市、区县（市）、镇乡（街道）三级培训体系。加快推进"最多跑一次"改革和"无差别全科受理"向乡村延伸落地，实现 90% 以上问题在村、镇两级解决。

二、宁波基层治理体系在"两战"中的优势与短板

（一）主要优势

1. 党建引领基层队伍合力强

疫情中，基层党组织及负责人充分体现了战斗堡垒作用和"领头雁"作用，始终靠前指挥、坚守阵地。基层广大社区、村干部坚守岗位，各司其职，落实防控、联系群众、服务解难。机关干部、物业、民警、网格员、志愿者等组建联防队，全方位查访排摸、宣传服务，帮助群众解决日常生活、复工复产等实际困难，联防联控成效突出。

2. 城乡网格化建设优势彰显

依托基层治理"一中心四平台一网格"体系，强化综合指挥中心高效运行，确保网格作用发挥到位，发挥信息收集、形势研判、政策宣传、管控协助、诉求解决、风险化解等功能，疏通基层治理"末梢"。截至 2020 年 3 月 1 日，全市 4 万余名网格员累计走访排查居民 1051 万余户（次），居家观察对象 37 万余户（次），收集突出诉求 45.8 万余个。网格上报数占发现问题总数的 2/3，网格化建设作用凸显。

3. 智慧化手段助力作用凸显

开发"甬行码"作为宁波全域覆盖的管控技术方案在全市推行，为基层防疫与治理提供了及时有效的技术支撑。以浙江省首创推出的防疫复工"一图一码一指数"为核心，宁波积极落实分类管控、精准施策，一套精密型智慧管控体系在全市各地迅速建立，"五色图"分区分级精密智控，差异化管理，分区域、分时段、

分行业推进复工复产,为全市安全有序复工复产构筑坚实基础。宁波市公安局市域治理智控中心汇集公安部门在疫情防控实践中积累的数据、系统、机制,实现了海陆空口岸通道"大门"受控全覆盖,重点解决"三类小门"智能管控,减少疫情给群众生活带来的不利影响。

(二)存在的短板

1.基层突发应对体系不完善

面对重大疫情,宁波基层治理体系暴露出应急预案过于宏观、细节规范不明、操作性不强且演练不够等问题。防控初期,基层一线反应滞后、漏洞较多,并造成上级文件和要求不断下达和修订而基层社工无所适从、居民群众难以适应的现象。同时,对当前交通网络辐射广、人群流动性大、社会力量分散等因素把握不足,导致整个基层应对较为被动。例如,对外出经商、外来务工等流动群体多以电话短信方式通知,导致前期防控不够严密。此外,在这一突发事件应对中,还暴露出应急物资储备缺乏、村(社区)避灾安置场所规范化不足(达标率仅为28%)等问题。

2.基层职能权责不甚匹配

在疫情防控中,基层村社普遍面临人手不足、激励缺乏、信息沟通不畅、防控手段单一、志愿者动员困难等问题。特别是在部分无物业管理的老旧小区,更显人手局促。以镇海某社区为例,常住人口7100余人,居委干部11名(含社区书记),每名社工平均对应管理服务710人,社区排查、居家观察、点位防控、代买代购等工作都落到社区,工作量超出承担能力范围。这正反映了基层村(社区)长期存在人财物不足、工作负担重、责能不相符的"小马拉大车"问题。

3.治理专业化水平有待提高

基层社工队伍专业性不强,缺乏高素质专业人才。如因乡镇卫生院或街道社区卫生服务中心医卫人员紧缺,疫情期间,村(社区)通过社工或公共卫生联络员开展工作,但又受限于专业性不强,导致效果不佳。同时,村(社区)应急管理队伍的文化素质、管理水平、工作能力与新形势新要求仍有不小差距,安全生产、防减救灾等应急管理专业水平不够强。此外,信息动态采集监测、大数据排查、智能体温检测等新技术手段运用不够,对社会治理大数据的挖掘分析能力也有很大提升空间。

4.多元主体协同统筹不充分

新冠肺炎疫情发生后,部分社区依靠社区工作者"单打独斗",业委会工作缺位、物业管理服务覆盖不到位的问题凸显,反映出一直以来居委、业委、物业"三驾马车"协调不畅。同时,专业社会组织功能发挥不强,个别基层干部、能人等未带好头,部分居民存在拒不配合等情况都反映出多主体的协同联动有待增强。此外,本应担当"智慧中枢"的区县(市)级社会治理综合服务中心和乡镇(街道)级综合指挥室力量和权限都落实不够到位,各治理平台、专业部门、业务条线之间任务不够明确、统筹不够充分,联合研判和信息共享机制有待完善。

三、全面优化宁波基层治理体系的建议

在总结经验、反思短板的基础上,宁波市要以党的十九届五中全会精神为指引,进一步纵深推进改革,全面优化宁波基层治理体系。

(一)抓党建引领,进一步构建一核多元、共建共治的基层治理共同体

一是全面深化党对基层治理的领导,充分发挥总揽全局、协调各方的核心作用。完善党建统领的基层治理领导体制,落实区县(市)党委在基层治理中的第一责任,健全镇乡(街道)党(工)委对基层治理重大事项的决策和落实机制,强化统筹指挥和组织协调能力。二是大力创新社会力量发动和组织方式,激发自治活力,努力形成基层治理的协同生态。创新激励、考核和监管机制,切实发挥基层群团、社会组织、企业等的协同作用。依托各级社会组织服务中心,强化社会组织"质的培育",重点发展专业性社会组织,提供多元化个性化服务,与政府公共服务形成差异化发展格局。挖掘大量城乡社区社会组织潜能,拓展基层群众参与治理渠道,规范协商议事等群众自治机制,打造共建共治、充满活力的基层治理共同体。

(二)抓制度健全,进一步完善依法治理、权责相适的基层治理运行体系

一是切实推进基层赋权减负改革,努力变"上面千根线、下面一根针"为"上面千根线、下面一张网"。结合镇乡(街道)机构改革,进一步明晰"条"与"块"的治理职责边界。推广象山县"大徐经验",通过扩权赋能明责,进一步做强镇乡(街道)这一中坚层级。进一步完善社区准入和清单制度,抓实减创建、减牌子、减活动,落实"权随责走,费随事转"及政府购买制度,实现基层尤其是社区减负、增效共同推进。二是瞄准薄弱环节和突出问题,完善基层治理法规体系。针对疫情中凸显的基层执法边界、尺度问题,找准根源,用足用好地方立法权,推动法规制度科学完备、流程标准健全细化。在村(社区)培养一批"法治带头人""法律明白人",引导群众依法表达诉求、解决纠纷。因地制宜加强村规民约、居民公约监督奖惩机制,构建可信可控的道德规范和社会信用体系。

（三）抓多网融合，进一步升级一网统管、高效响应的基层治理智慧模式

一是抓好"一中心四平台"提升工程，融入全市智慧治理框架，实现多网合一、全域覆盖、业务协同。全面开展网格化服务管理标准化建设，严格网格事项准入制度。推广"镇街吹哨、部门报到"机制，围绕"全息感知"要求，提升基层网格主动发现问题、分级处置和应急管理能力。探索基层治理平台接入多元服务，大胆纳入市场企业、社会组织等主体提供的各类社会服务，构建市域"万物互联、信息融通"智能化、精细化服务网。二是完善基层治理数据分析研判，提升一网数据应用能力。结合智慧城市建设，推动"一中心四平台"与"12345"、区县（市）长热线、81890等平台数据共享，用好大数据、区块链等探索社会风险排查管控模型。完善宁波社会治理工作中心运行机制，吸纳相关部门、智库共同参与数据挖掘分析、优化信息研判。

（四）抓队伍优化，进一步筑牢力量充实、应急有效的基层治理保障基础

一是完善队伍建设管理，强化一线社工队伍。以疫情治理为鉴，利用好改革导向，加强编制统筹和财政倾斜，破解社区干部成长"天花板"问题，保障基层社工有上升通道、发展空间和待遇保障。创新社工人才引进和专业干部培养机制，探索基层医务社工队伍建设，提高专业水平和实战能力。通过政府购买服务等，综合发挥社会工作服务机构、志愿服务组织等的协作补充作用，缓解基层治理人力局限。二是优化网格力量配置，夯实基层应急管理基础。加强专职网格员队伍专项经费保障和长效激励制度。在乡镇（街道）层级设立社会工作站，落实县、乡两级审批服务、执法力量"双下沉"。配强乡镇（街道）综合指挥室指挥人员，配齐应急管理编制。加强乡镇（街道）、村（社区）应急物资储备和应急设施改造，建立应急资源共享、调用补偿和动态管理机制。

（作者单位：宁波市社会科学院）

生态文明视角下争当高质量发展"模范生"的鄞州案例研究

刘 智

一、主要做法

（一）坚守生态、增长两条底线，铺就高质量发展底色

1.坚持生态优先，建设美丽家园

2020 年，鄞州开展"五水共治""三改一拆""小城镇环境综合整治"，推进"亩产论英雄"、产业园区"腾笼换鸟"、创建省级生态文明先行示范区……生态建设的"组合拳"打出了城乡环境的新面貌、产业提升的新空间、经济发展的新蓝图，荣获省级生态区、省级森林城市，捧得省"五水共治"大禹鼎。

2.推进高质量发展，打造"两高四好"示范区

从 2004 年实施以优化经济结构和经济发展方式为主的"双优战略"到 2007 年实施以提高产业竞争力为核心的"竞争力提升"行动，从 2014 年提出"打造质量新鄞州，建设国内一流强区"到 2017 年"建设都市核心区，打造品质新鄞州"，从 2018 年推进高质量发展、建设高品质强区，打造政治生态好、经济生态好、社会生态好、自然生态好的"两高四好示范区"到 2020 年实施"项目大攻坚、产业大提升、动能大转换、改革大突破、空间大拓展、品质大提档、作风大提振"等"七大行动"，鄞州坚持走高质量发展之路，综合实力连续 5 年跻身全国百强区第 4 位。

（二）转型升级成效显著，产业赋能春意盎然

1.淘汰落后倒逼转型升级

2013 年起，鄞州投入近 16 亿元整治彼时省内最大的电镀城，在产值及税收

维持不降的前提下,园区占地从原来的 523 亩缩减到 97 亩,企业由 51 家精减为
17 家,电镀生产线由 900 余条整合为 145 条,实现了经济效益和社会效益的双
赢。近 4 年来,鄞州在环境整治、治水拆违、散乱污治理、垃圾分类等方面累计投
入的生态建设资金为 300 亿元。

2.集聚集约助推效益提升

一是开展低效企业提升达标专项行动。通过工业棚改、连片改造、二级市场
交易等模式,统筹未来产业社区、工业集聚区、小微园区建设。二是以亩均评选
提升亩均效率。依托"产业基地""中心"和"园区"等产业平台助推产业集聚。三
是以数字经济引领产业提升。深入推进信息化与工业化的有机融合。

3.动能转化优化产业体系

出台《推动经济高质量发展的若干政策意见》,重点布局以软件与新兴服务、
高端装备、新材料等十大产业为核心的"154"千百亿级产业集群,形成现代商贸、
总部经济、文化创意、金融投资等领域的明显优势。目前,已拥有国家科技型中
小企业 523 家,市级科技型中小企业 2685 家,数量居宁波市第一。

(三)打赢治污防治攻坚战,构建美丽鄞州新花园

出台《坚决打赢污染防治攻坚战全面推进生态文明示范创建三年行动计
划》,统筹推进山、水、林、田、湖、草的系统治理。

1.五水共治让母亲河"清澈明亮"

实施"治污攻坚""治水强基""供水优化""全民节水"行动,成效明显。一是
"五水共治"进展迅速。2020 年,全域完成市级"污水零直排区"创建,14 个镇乡
(街道)通过省级验收。二是"清三河"成效明显。2020 年全区疏浚河道 70 公
里,区控以上断面水质功能全部达标。三是推进截污纳管、雨污分流、管网建设,
清淤雨污水管网 849 公里,累计清理海岸线 3000 多米。

2.铁腕治气守护鄞州"蔚蓝天空"

一是开展工业废气整治,重点行业 VOCs 治理减排。二是加大对机动车尾
气排放监督执法,推进黑烟抓拍系统建设。三是强化道路扬尘、施工粉尘防治。
2020 年,鄞州区空气质量优良率为 89.9%,PM2.5 平均浓度下降 16.7%。

3.治土清废保障市民舌尖安全

一是建立统一的固(危)废收集转运系统,对工业固体废物、生活垃圾、电子
废弃物等多源固体废物进行规范化、专业化、无害化处理,推进"无废城市"建设。
二是减少农药无序使用,生态化改造治理畜禽养殖场,减少农业面源污染,加强
防治。三是鼓励植树绿化,提高林木覆盖率和生态效益,加强对各类土地系统的

生态治理和生态修复。

（四）百里诗画享田园，美丽乡村谱新歌

实施城乡联建、产业提档、环境提质、基层治理、富民强村五大工程，开发生态制度、生态空间、生态经济、生态环境、生态人居和生态文化等"六大新空间"。

1.置于全域都市谋划，提升乡村振兴层级

制定《新时代美丽乡村建设规划（2019－2022年）》和《乡村整治提升与产业发展三年规划（2019—2021）》，实施"十百千万工程"（十条风景线、百个重点村、千里游步道、万亩特色产业园），构建村在线上、园在线边、产村结合、农旅文体融合发展的美丽乡村新格局。

2.提升城镇节点功能，推进业态融合发展

一是推进姜山田园卫星城和中心镇、小城镇建设，加大城镇产业导入培育，发挥城镇"连城带村"作用。二是深化美丽宜居镇村和镇村景区化创建，推出一批省级工业旅游示范基地。2020年，鄞州获得浙江省新时代美丽乡村示范县等荣誉。

3.构建"一村一品一特"，突出村庄特色亮点

采取整理改造与联户自建为主的建设模式，走一条集约利用土地开展村庄建设、有效改善村民居住条件和村庄形态的新路子。全区1/3的村已创建为省级以上各类示范村。

二、发展绩效

（一）绿色发展成绩斐然

1.成功创建省级生态文明示范区

鄞州联动推进环境保护、治水拆违、绿色发展、节能减排、污染整治等全领域生态建设，主要污染物排放总量持续下降，产业结构持续优化，环境质量稳中趋好，环境污染和生态破坏的趋势得到有效控制。

2.获得众多"国字号"荣誉

被评为全国首批乡村治理体系建设试点示范区、中国农村全面小康建设示范区、全国乡村振兴示范区，位列全国科技创新百强区第一、绿色发展百强区第三、投资潜力百强区第四、新型城镇化质量百强区第五。

（二）生态理念内化于心

1. 绿色生活方式蔚然成风

"绿色生态"宣讲了绿色生态理念和干事新风，播撒了生态文明的种子，人们尊重自然、热爱自然、善待自然的氛围日益浓厚，植绿、护绿、爱绿蔚然成风。

2. 保护生态环境外化于行

在鄞州"美丽中国·我是行动者"宣传活动中，市民积极参与。鄞响客户端、"鄞州生态环境"微信公众号同步推出有奖知识问答，公众互动活跃。

（三）民生福祉持续改善

1. 居民收入持续增长

拓展生态与产业的转化通道，展现"生态增收之富"。2020 年，鄞州城镇常住居民人均可支配收入达到 73860 元，同比增长 5.4％，高于全市 0.6 个百分点；农村常驻居民人均可支配收入 42794 元，同比增长 7.1％，高于全市 0.3 个百分点。

2. 城乡面貌焕然一新

推出一系列民生生态工程，展现"生态惠民之利"；实施生态景观绿化，呈现"生态育景之美"；促进自治、法治、德治融合，展现"生态治理之基"。

（四）干部勇于担当作为

1. 工作执行力增强

鄞州成立由区委书记任组长，区级部门、镇乡（街道）共同组成的美丽鄞州建设工作领导小组，将生态鄞州建设目标管理考核比重从 16％提升至 23％以上，确保工作责任落实落地。

2. 以实际论英雄

生态文明建设考验着党员干部的责任心、使命感与担当精神。组织部门加大了"五水共治""垃圾分类"等工作在干部选拔任用中的权重。一批业绩突出的干部被提拔重用，少数工作不力的干部被问责。

三、存在的短板

（一）能源消费持续增长，高碳特征尚未消除

鄞州"十四五"期间将加快推进新型城市化进程，不断提升城乡居民生活品

质与幸福指数,为此将持续加大投资力度,完善民生基础设施,由此带来的高碳特征造成环境保护压力加大。

(二)企业环保意识淡薄,违规偷排屡禁不止

群众信访件及生态环境投诉件反映的问题主要涉及水、大气、土壤、噪声等污染。部分生产者直接将污水排放到管网、河道,造成水资源污染,企业环保设施形同虚设。一些餐饮从业者直接排放炒菜油烟,油烟扰民问题突出。

(三)资源要素供给短缺,环保投入压力较大

"十四五"期间,鄞州的居民用水、工业用水、生态用水呈现"三个增长"趋势,水资源供给薄弱极易造成水源及供水被污染。土地短缺需加大环保投入,但目前的财政资金吃紧。

(四)毁绿现象时有发生,环境督查亟待强化

一是农村山林被村民非法开采,生态破坏严重。二是农村环境综合整治"脏乱差"现象容易反弹,村民陋习难改,生态环境治理监管需趋于常态化。

四、对策建议

(一)构建"融合互补十能级提升"的"大产业"

1.形成高水平开放经济体制

聚焦"一带一路"倡议及长三角一体化、甬舟一体化、浙江自贸区扩区(涵盖宁波)等重大战略,与上海、杭州等都市圈产业融通互补,形成人流、物流、技术流、信息流和资金流交换机制,全面提升鄞州城市发展能级与区域竞争力。

2.打造高能级现代产业体系

一是依托鄞州产业基础和资源禀赋,发展新材料、智能装备、新一代信息技术等新兴产业,集成电路、电子信息、生命健康等未来产业,推进5G应用、区块链、人工智能、智能网联设备、智慧服务等。二是培育"154"千百亿级产业集群,即软件与新兴服务千亿级产业集群,汽车、高端装备、新材料、电子信息、智能家电五百亿级产业集群,关键基础件、时尚纺织服装、生物医药、节能环保百亿级产业集群。三是加快先进制造业与现代服务业"双轮驱动"和"两业融合"。做强金融服务、现代商贸等龙头产业,提升航运物流、国际会展、创意设计、专业服务等优势产业。四是谋划"十四五"时期重大项目库,引导扶持信息服务、电子商务、研发设计、知识产权服务、人力资源服务等行业向价值链高端延伸。

3.构建高效能经济发展链条

一是引进高端高质企业、强链补链项目。二是争抢高端创新创业团队,组建产业技术创新联盟,建设人才集聚中心。三是强化创业创新载体。高标准建设国家级双创示范基地,提升科创载体能级,建设省级电子创新产业园等平台;高水平建设宁波城南智创大走廊,对接甬江科创大走廊规划;高质量布局一批高端产业创新服务综合体,改造提升小微企业园。

(二)构建"景美业兴+和谐和美"的"大花园"

1.打造精美城市

一是精品开发城市区块。精细化打造中部科产城融合带、城南智创大走廊、甬江时尚东外滩、姜山田园城市卫星城、滨海山海产城融合示范区、环东钱湖绿色创新圈等六大新空间。二是精细管理城市生活。深化路面洁化、街面序化、墙面靓化、草坪面美化、水面净化"五面五化",提升城市管理系统化、专业化、智能化、专项化水平。

2.打造特美城镇

一是提升城镇特有风貌。加强城镇风貌规划设计,保护好山林、河流、田园和老建筑、古街巷、特色民居等景观。二是提升城镇特性功能。完善文体场馆、文化街区、公园广场等文化节点。三是提升特色业态。依托碧湖蓝湾、产业园区、龙头企业等发展都市工业、商贸物流、旅游休闲、养生度假,提高发展能级。

3.打造秀美乡村

一是推动村庄规划灵秀。引导做好村庄风貌管控、生态保护修复、乡土乡愁传承。二是推动村庄房屋秀气。改造农村破旧危房、历史老房、特色旧房,注重周边环境、街巷肌理、公共配套的统筹兼顾。三是推动村庄风景秀丽。开展村庄景区化创建,培育一批美丽宜居村、美丽乡村风景线。

(三)构建"环境整洁+美丽宜居"的"大生态"

1.大气环境整洁

严格控制燃煤、工业废气、机动车、扬尘等主要污染物及餐饮油烟排放。规范污染行业操作流程,如为企业的脱硫、脱硝和粉尘治理,家具厂等建设密闭的喷涂车间。整治建筑施工、矿山开采、渣土运输等扬尘污染,大力推广应用天然气、液化石油气、电等清洁替代能源。

2.水体环境清洁

推进水体环境治理和水质修复工程,开展省市"美丽河湖"、市级水环境示范镇村创建,强化水源涵养林和水土保持林保护。加强饮用水源和上游区域日常监管。推进截污纳管、岸坡整治、河道拓疏、生态护岸、景观绿化,提升水环境总体面貌。

3.绿地环境整洁

以"一城百园、一村万树"工程为核心,提升城市公园形象,彰显城镇公园特色,加强"口袋公园"改造,利用农村边角地、废弃地、荒山地、拆违地、庭院地等进行见缝插绿,全面提高区域绿化种植和养护水平。

(四)构建"要素生态＋多元监管"的"大机制"

1.生态环境督察机制

一是建立健全环境污染问题发现机制,深化行政执法与司法衔接机制,构建以环境信用评级为基础、以排污许可制为核心的精准监管制度体系,推动企业履行环保主体责任。二是完善风险防控管理体系,增强突发环境事件应急响应能力。

2.生态环境治理机制

一是完善损害赔偿制度,完善绿色发展财政奖补机制。二是加快生态环境数字化转型,升级环境监测监控能力。三是完善企业污染正向激励机制,推动环境资源要素向高质企业流动。四是建立常态长效服务制度,引导社会资本助力绿色发展。

3.生态环境监测机制

对群众举报件反映的环境问题整改情况进行明察暗访,全程监督。利用"周二夜学""三进三服务""爱护生态志愿者行动"等系列活动,全员参与绿色生态建设与生态环境治理,共建共享生态鄞州发展成果。

(作者单位:中共宁波市鄞州区委党校)

深入推进低效用地再开发的北仑探索及建议

张　杰

　　2019 年,北仑区低效用地改造提升工作全面启动,根据省、市有关要求和结合北仑区"两整两提"专项行动工作部署,以实现"资源集约节约、企业提质增效、产业迭代更新、经济转型升级"为目标,以推动企业高质量发展和土地高效率利用为主线,全区上下积极行动,各部门、各街道按照分工,机制建立、政策落实、全面排查、重点整治等各项工作有序推进,取得了阶段性的成果。当前,北仑区产业用地亩均产出低、土地集约节约利用效率不高已成为制约经济高质量发展的突出短板,加快推进低效产业用地改造提升工作刻不容缓。

一、北仑区产业用地现状分析

　　空间资源是发展的基石,一切发展必须建立在空间承受能力之内,北仑区自1987 年建区以来,紧紧抓住改革开放和临港产业发展,成功实现了跨越式的发展,但多年来"摊大饼"的发展方式挑战着土地的承载极限,发展空间已极其有限。截至 2020 年,北仑区建设用地面积占全区土地总面积达 40% 以上,远超国际标准 30% 的警戒线。在永久基本农田划定不得占用、占补平衡日趋困难的大背景下,北仑区的发展空间拓展问题可谓是异常严峻。

(一)全区土地资源的总体情况

　　2018 年 3 月 1 日,浙江省人民政府正式批复同意《北仑区土地利用总体规划(2006—2020 年)》(2014 调整完善版),明确了北仑区在本规划基期内的土地规划指标,按照"十分珍惜、合理利用土地和切实保护耕地"的基本国策,本着严格保护耕地资源,优先保护生态环境,统筹安排各类用地,严格控制城乡建设用地的精神,最终下达指标是北仑区截至 2020 年主要规划控制指标为:耕地保有量 16.94 万亩,永久基本农田面积 11.68 万亩,建设用地总量 35.23 万亩。从建设用地规模来看,本轮规划基期内北仑区全区建设用地总量为 35.23 万亩,截至2019 年,北仑区现有城市建设用地几乎没有,保护任务重,新增空间非常有限。各街道土地规划指标详见表 1。

表 1　北仑区本规划基期内各街道土地规划指标　　　　（单位:亩）

街道	耕地保有量	永久基本农田面积	永久基本农田示范区保护面积	标准农田保护面积	建设用地总量	城乡建设用地总量	新增建设用地总量	新增建设占用耕地面积
柴桥	30060	26085	12450	21540	24180	17970	3090	2340
大碶	21540	15405	5610	15750	48210	38265	4515	3570
戚家山	1020	705	0	0	20730	19770	540	330
霞浦	9420	8010	210	3210	30855	27930	3060	2340
小港	30690	22950	12600	24975	39000	31095	4455	2325
新碶	5145	3945	1095	2220	62100	52110	2310	1875
梅山	13170	5070	0	12975	26670	17460	5490	2655
大榭	2340	1560	0	0	31380	25455	1470	585
白峰、郭巨	32970	21300	6135	17925	36660	19770	6795	5175
春晓	23040	11775	1725	16500	32520	27870	5925	4680
全区总计	169395	116805	39825	115095	352305	277695	37650	25875

(二)全区产业发展布局的基本情况

2020 年,全区共有街道、村级工业企业集聚点 152 个,涉及企业 5531 家,产业主要为模具制造、机械制造、汽车零部件制造等。这些企业大部分为小微企业,存在着产业层次不高、资源利用效率低、社会贡献度低、工艺装备落后、环境污染较重、安全隐患多、分布散乱等问题。现有大部分规下企业亩均税收不足10 万元;大部分小微企业由于产业层次低、工艺装备技术落后,所贡献的亩均税收远低于平均水平,少数企业甚至仅产生每亩万余元的税收。这与土地、能源、环境容量等要素资源越来越紧缺的形势下全面提倡高质量发展、"亩均论英雄"的经济导向不符。在此背景下,优化土地利用空间,逐步用减少增量来倒逼企业转型升级,已成为必经之路,将存量的具有区位优势的土地再开发供应给符合国家和省市级发展政策、科技含量高、产品附加值高、节能环保的优质企业,能有效促进经济结构调整和产业转型升级,有助于应对经济下行压力,实现"稳增长"的目标。

(三)全区低效产业用地的基本情况

经全面排查和认真梳理,全区低效产业用地行业分布广、企业家数多、情况原因复杂、矛盾冲突多。全区涉及土地、楼宇、厂房等主要领域的低效产业用地主要情况如下。

1.工业厂房用地情况

经对大港高新技术产业园、戚家山工业园、霞浦工业园、白峰小门工业园、春晓生态工业园、柴桥工业园、大碶原汽配工业园及石湫工业区等七个低效重点园区企业的开展排查,涉及园区企业对象1246家,占地面积约16398亩。初步排查结果显示,亩均税收不足7万元的低效企业占园区企业数的比重为11.6%;低效企业用地面积占园区企业用地总面积的比重为24.8%。

2.物流仓储用地、商务楼宇和商业综合体情况

经对全区的仓储物流用地、商务楼宇和商业综合体进行排摸,结果显示,一是物流仓储用地,全区(除保税港区外)共出让(划拨)了140余宗仓储物流堆场性质地块,合计10000余亩,其中,码头港口占地约3000亩,大型工业企业仓储配套用地约2000亩。其中,用地1公顷以上的仓储物流企业有40家,合计4143亩,每年折合亩均税收3万元。二是商务楼宇和服务业功能园区,全区共有建筑面积1万平方米以上的商务楼宇或功能园区24幢,总建筑面积约135万平方米,总商务面积约70万平方米;楼宇入驻企业总数925家,楼宇平均入驻率约65%,其中3万平方米以上商务楼宇13幢,年均纳税总额3亿元左右,楼均纳税达到2800万元左右。三是商业综合体,区内三大商业综合体银泰城、富邦广场和博地影秀城总建筑面积115万平方米,入驻企业总数193家,入驻企业年均营业收入为900万元。

3."供而未用"和"用而未尽"土地情况

"供而未用"土地合计面积约140亩;"用而未尽"土地合计面积3054亩。

二、低效用地形成的原因和再开发工作中存在的问题

(一)低效用地形成的原因分析

总的来说,低效用地的形成是因为发展导向不明确,产业结构复杂。一是开

发区早期追求发展速度,因短时间的利益而忽视发展的质量,甚至脱离经济环境,未形成明确的发展导向指引企业入驻。二是土地出让政策不合理,降低准入门槛,低生产成本滋生了变相囤积工业用地的现象。退出机制不健全,审批程序烦琐,缺乏相关退出机制的指引、低效工业用地监管平台,管理机构一般在土地出让等少数关键阶段才可以实行管理职能。三是布局规划不合理,整合利用困难,低效工业用地分布较为散乱未能形成集中的片区,与高新企业用地需求相矛盾。四是工业用地市场化程度低,企业对于生产厂房的建设、管理等多为单方面参与,相比于专业的工业房地产开发商,企业所有者缺乏完备的规划理念。五是收购低效用地需要大量资金支撑,通过收购储备转型用地的方式,政府无论从资金方面还是从人力方面都有较大的负担。六是供后监管力度弱,违规成本较低,尽管前期的审批有严格的要求,但对中期使用缺乏有力的监管。

(二)再开发工作中存在的问题

从工作推进情况来看,尽管困难很多,工作推进不容易,但机遇与挑战并存,存量用地挖潜改造提升空间也大。主要还存在如下问题:一是企业意愿问题。列入低效用地再开发推进项目库中的项目,由于历史和企业自身等各方面原因,部分项目所涉企业退出的意愿不是很强烈,如三星重工、亚浆地块等。二是规划调整问题。中基物流、正大粮油、北仑电厂配套灰库、佰盛物流、集运基地、永发集团等地块,都涉及规划用地性质调整。三是低效土地流转管理问题。对于低效用地的出租、出售,目前还缺乏统一、规范的管理制度,低效流转情况仍然存在。

三、北仑区低效用地再开发的思考

综合采用政策引导、法规先行、堵疏结合、以疏为主、分类治理的手段,落实资源要素差别化供给保障措施,推动企业提档升级、转型提升,切实提高亩均产出和亩均贡献水平,实现经济高质量发展。

(一)总体推进思路

对已取得重点突破的重点区块,进一步排细工作节点,排实工作清单,及早解决规划调整、收购手续等节点问题,争取尽早落地;对推进进度相对落后的项目,梳理出难点症结所在,加强推进方案的策划,因企而异,明确提升方向,制订科学可行的工作计划;完善考核奖惩和监督检查机制,将低效产业用地改造提升工作与"两整两提"、高质量发展等工作结合起来,实行目标责任制管理,完成情况纳入区政府年度目标考核范围。

(二)针对"供而未用"土地

对于已经供地但企业拿地后超过约定期限仍未开工的,根据不同用地情况分类处置,对有意向开发的,督促企业限期内尽快开工;对于督促后仍无法按时开工建设,或者项目投资方停止项目实施的,按照原价收回土地,重新进行挂牌出让。

(三)针对"用而未尽"土地

根据供地合同约定条款、未使用类型和所处位置,采取相应的处置方案。其中,未按合同约定履约、存在土地闲置的,企业已经在落实新投资项目的,督促企业在限定期限内尽快开发利用;确实无法启动开发项目的,相应土地予以收回。对于已经通过竣工验收或合同中未有明确约定的,督促企业限期进行开发建设,确实无法启动开发建设的,相应土地予以收回。

(四)针对有协议的低效企业

对于与政府签订产业投资协议的用地企业,投产后运行期已满 3 年的,由企业提供相关税收达标证明,对未提供证明或不达标的企业,由投合局(招商局)牵头,会同自然资源和规划分局、财政局、税务局等部门,对企业产出情况进行审核,确认未达到约定的企业,按产业投资协议实施相关处罚责任。

(五)针对无协议的其他低效企业

对除上述"供而未用"土地、"用而未尽"土地、有协议的低效企业,以及部分占用空间大但产值较大的企业、成长性较好的科技创新型企业、符合"246"产业发展导向的优质企业之外的低效企业,按照不同情况,分类施策,实施如下工作措施。

1.推进小微企业入园

对于占地面积小、单位产出低、位置分布散乱的低效企业,企业仍有意向进一步发展的,引导企业集中进入小微园区,腾出原有发展用地,实现"腾笼换鸟"。

2.鼓励企业"零土地"改造

对有投资实力、有投资意愿、符合产业发展导向的企业,在符合城市总体规划的前提下,鼓励企业"增容减绿",在现有厂区内实施增资扩股、扩大投资,实施原址拆建、部分拆除重建或改扩建提高容积率。积极利用好"低效产业用地再开发"有关政策,鼓励企业积极实施改造提升。土地、能源、环保、金融等要素资源部门要全力做好保障服务,审批服务部门要进一步优化审批流程和审批速度,相关职能部门要合力破解项目推进中的困难问题,确保项目尽早落地。

3.鼓励企业建设"园中园"

对有意向利用自有土地建设小微园区的企业,允许采取多样化模式进行小微园区开发,建设"园中园",对经验收合格且达到标准地要求的园区,按照有关政策给予开发运营主体相应奖励。土地、能源、环保、金融等要素资源部门要全力做好保障服务,相关审批部门要进一步优化审批流程和审批服务,加速项目落地。

4.实施政府土地回购

对纳入全区整体开发计划范围内的,企业无意愿再发展、再投资、愿意主动实施关停腾退的,可由区政府签订土地回购收储协议,按照《宁波市北仑区土地收购储备管理办法(试行)》,对低效用地实施回购,并按照"低效产业用地再开发"有关政策给予奖励补助。

5.鼓励企业产出"回归"

对占用我区资源,但未注册在我区或者注册为分公司的,或税收、产值、营收等产出偏低的企业,要加强上门辅导,落实政策支持,鼓励企业注册落户北仑,吸引企业在北仑更好发展。同时加大协税、护税、查税力度,敦促企业提高产出和税收水平。对营收或产值达到纳库标准且成长性较好的未纳库企业,加强企业辅导和督促,确保应纳尽纳、应统尽统。

(六)针对重点优质企业

对提档升级成效明显、具有示范引领作用的企业,以及符合北仑"246"产业集群示范区建设导向的"龙腾"企业、高成长性企业、科技创新型企业,要进一步强化企业"三服务",加大资源要素保障和供给,加强政策支持引导,鼓励企业进一步发展壮大和提升能级。对有外迁意向的企业,要着重加强沟通服务,针对性解决企业的困难,让企业扎根北仑经营。

(七)针对物流仓储用地

综合采取审慎审批新物流仓储用地、用地出让签约增加明确税收要求的约束性条款、中心城区物流用地腾挪置换、多部门联合执法工业、农村三产用地改变土地性质违规经营、部门约谈企业商议转型升级和由资规部门依法依规收回土地等综合措施,切实改变仓储物流用地效益低下、环境压力较大的不利局面。

(八)针对商务楼宇和商业综合体

加快推进核心商务区项目建设,引导企业入驻核心商务区办公楼宇,聚集人气和商气,改善楼宇入驻率,激发楼宇效益产出,加大政策扶持力度。根据北仑区楼宇经济发展的新变化,完善楼宇经济扶持政策,考虑加大对现有楼宇运营商的扶持力度,对新建楼宇鼓励引入优质专业运营商,对其招商引资和创新运营进行奖励。同时对以互联网经济为代表的平台型企业入驻楼宇办公给予扶持,加大人口招商力度,吸引青年人才和优质业态向商务楼宇和商业综合体集聚。

（作者单位:中共宁波市北仑区委党校）